世界名人传记丛书

世界名人传记丛书

# 逃亡与异端
## ——布鲁诺传

〔法〕让·昊西 著

王 伟 译

商务印书馆
The Commercial Press
2014年·北京

JEAN ROCCHI

L'errance et l'hérésie

ou le destin de Giordano Bruno

© EDITIONS FRANCOIS BOURIN

本书根据法国弗朗索瓦·布汉出版社 1989 年版译出

# 世界名人传记丛书
## 新 版 说 明

本馆出版名人传记渊源有自。上世纪初林纾所译传记可谓木铎启路，民国期间又编纂而成"英文世界名人传记"丛书，其后接续翻译出版传记数十种。及至二十世纪九十年代，汇涓成流，结集出版"世界名人传记丛书"，广为传布。

此次重新规划出版，在总结经验的基础上续写经典、重开新篇。丛书原多偏重学术思想领域，新版系统规划、分门别类，力求在新时代条件下赋予作品新价值、新理念、新精神。丛书分为政治军事、思想文化、文学艺术、科学发明以及除上述领域之外的综合类，共计五大类，以不同的封面颜色加以区分。

丛书所选人物均为各时代、各国家、各民族的名流巨擘，他们的业绩和思想深刻影响了世界历史进程，甚至塑造了世界格局和人类文明。所选传记或运笔于人物生平事迹，或着墨于智识求索，均为内容翔实、见识独到之作。读者于其中既能近观历史、反思现实，又能领悟人生、汲取力量。

我们相信名人传记的永恒魅力将为新时代的文化注入生机和活力。我们也期待能得到译界学界一如既往的支持，使此套丛书的出版日臻完善。

商务印书馆编辑部<br>
2012 年 12 月

# 目　录

宇宙破天荒的人　　　　　　　　　　　　　　　　　／ 1

## 一　学生诺兰人　　　　　　　　　　　　　　　／ 7

逃亡
　　乔尔丹诺·布鲁诺如何决定与圣多明我大教堂决裂
　　并动身去漂泊？　　　　　　　　　　　　　　／ 9
穿越坎帕尼亚平原的土地
　　小布鲁诺如何感到了对知识的饥渴？　　　　　／ 19
被调和的天
　　在哪里乔尔丹诺·布鲁诺沿着天使的足迹前进……
　　为了超越他？　　　　　　　　　　　　　　　／ 32
有白色十字图案的红拖鞋
　　乔尔丹诺·布鲁诺如何对记忆术感兴趣并决定自己
　　要长高到直至无以测量？　　　　　　　　　　／ 38
围绕太阳的人
　　乔尔丹诺·布鲁诺如何成了宇宙公民？　　　　／ 45

## 二　欧洲上空的一颗彗星　　　　　　　　　　　／ 55

蝴蝶
　　乔尔丹诺·布鲁诺如何蛇行于意大利北部却找不到
　　倾听他的朋友？在哪里他开始整理和拉直思想中
　　某些模糊的经纬线？　　　　　　　　　　　　／ 57
在日内瓦的交锋
　　乔尔丹诺·布鲁诺如何进了班房以及被他戏弄的
　　加尔文教派教徒开除教籍？　　　　　　　　　／ 61

经院式的疯狂
　　乔尔丹诺·布鲁诺如何在图鲁兹寻找安宁又不得不
　　逃离刀光剑影？　　　　　　　　　　　　　　/ 68
意大利的魅力
　　乔尔丹诺·布鲁诺如何吸引亨利三世以及反之亦然？　/ 74
在思想的影子里
　　乔尔丹诺·布鲁诺怎样开始出版关于记忆力的著作同
　　时不忘记柏拉图的洞穴？　　　　　　　　　　/ 78
厌恶和欲望的循环
　　在哪里乔尔丹诺·布鲁诺想象回到了"漂亮城市"那
　　不勒斯，来到了塑有尼勒雕像的街区？　　　　　/ 89
行人的眼睛都朝着地上看
　　乔尔丹诺·布鲁诺怎样为了逃离新的厮杀的乌云而
　　来到了布彻柔？　　　　　　　　　　　　　　/ 98
《圣灰宴》
　　在一次与代表流行学究和穿着自满外衣的两个博士
　　的辩论中，乔尔丹诺·布鲁诺如何初次亮出了他
　　的推理？　　　　　　　　　　　　　　　　　/ 102
飞向无限
　　乔尔丹诺·布鲁诺如何穿过无限的空间，游览星球，
　　越过想象的天球围墙，写下了足以唤醒一整个公
　　墓里的人的篇章？　　　　　　　　　　　　　/ 111
数字和图形
　　乔尔丹诺·布鲁诺怎样确定数学表达形式具有不可
　　替代的作用？　　　　　　　　　　　　　　　/ 120

**不可能实现的妥协**
　　诺兰人怎样获得了一个牛津哲学教授的讲坛，他在
　　讲完三节课后又怎样被赶出了校门？　　　　　　/ 124
**狗棍**
　　乔尔丹诺·布鲁诺在哪里再次捍卫自己的正义？　/ 128
**我们、上帝、灵魂、物质**
　　在哪里乔尔丹诺·布鲁诺想到了物质具有灵魂这一
　　原理？　　　　　　　　　　　　　　　　　　　/ 132
**布彻·柔安乐窝**
　　在哪里乔尔丹诺·布鲁诺能为自己的宗教生涯做第
　　一个小结，并且看懂了英国人的现实生活？　　　/ 136
**概念的宇航员**
　　从哪里乔尔丹诺·布鲁诺看到了地平线上的一道新的
　　光芒并预告这道光芒将到达人们的智慧子午线上？ / 141
**一个没有恶兽的天**
　　在哪里乔尔丹诺·布鲁诺要改变天的所有的形象？ / 146
**一本火书的疯狂的孕育**
　　在哪里乔尔丹诺·布鲁诺阐明：追求知识的道路如
　　何与爱相似，这种追求如何要求具有英雄的品质？ / 152
**"权威在我们自身中"**
　　乔尔丹诺·布鲁诺如何因驳斥亚里士多德的可怜脑
　　袋而险遭石击，因而决定离开巴黎？　　　　　　/ 160
**"致杰出的菲立普·思德尼老爷"**
　　在哪里乔尔丹诺·布鲁诺为了更好地为对知识的疯
　　狂的爱做辩护而愤怒地抨击自然和庸俗的爱？　　/ 166

与有效的大自然合作
  在哪里乔尔丹诺·布鲁诺要从魔术中提炼真理，因
    而投入到一项巨大的工程中去？　　　　　　　　　/ 172

三　面对宗教裁判所　　　　　　　　　　　　　　　/ 191

威尼斯陷阱
  乔尔丹诺·布鲁诺不了解总督对教皇无所拒绝吗？　/ 193
在总督的眼皮底下
  乔尔丹诺·布鲁诺如何打算通过把手放在胸口上与
    审判他的法官们说话以迷惑他们，他又怎么失败了？/ 202
圣职部的法庭
  乔尔丹诺·布鲁诺如何不得不面对一次新的洪水般
    的指控？　　　　　　　　　　　　　　　　　　/ 212
莎士比亚反驳诺兰人
  绚丽多彩的斯特拉特福天才大剧作家如何以其《徒劳
    的爱的痛苦》来反对诺兰大哲学家的疯狂？　　　/ 219
"异端分子的锤"登场
  在哪里圣法庭决定乔尔丹诺兄弟应该受刑？　　　　/ 226
"你将是一团炽烈的火"
  哲学家乔尔丹诺·布鲁诺如何面对火刑？　　　　　/ 233
理性定律
  为何罗伯尔·柏拉尔曼想象他以力量战胜了这颗"骄
    傲的脑袋"是自欺欺人？　　　　　　　　　　　/ 239

# 宇宙破天荒的人

谁真正地认识他？

巴黎第十六区的一条小街和月球被遮掩的那一面上的一个环形山上载着他的名字。在罗马鲜花广场上的柴堆上死后四个世纪——这个死使他具有了与苏格拉底同等的地位——乔尔丹诺·布鲁诺又大举回来了。而且，这不是一个时髦。其第一批译成法语的著作出版；其反学究喜剧《坎德莱奥》（*Candelaio*）[①] 上演；在哲学和文学论坛上他被借作参考……

必须有这样一段长的时间，这股烟霭才得以消散，其文章才得以被触及，他才能够被依证据审判。他究竟有何令人可畏，这个男人？

他竟敢在欧洲到处大肆宣传一个不可思议的理论：人类，他说，不处在天地万物的中心，而是在一个居住着无数世界的无限的宇宙中，人类围绕着太阳运转，并且，上帝不能够处在这个无限的外面，上帝应该无所不在，在物质和我们的最深处。因此，让我们停止朝着天和偶像们举起我们的双臂，因为这个动作"令人恐怖"、令人厌烦。而他们则让他好好地领教了他们的厉害。三个教会驱逐了他。学院都赶走了他。宗教裁判所烧死了他。然而思想有时像水，它们在冰消雪融时汹涌澎湃。它们越过所有的障碍。它们在舆论中消失了一段时间后，又重新出现在不远处，而这时大家已不再清楚地记得它们的起

---

[①] 乔尔丹诺·布鲁诺的《坎德莱奥》曾由余阿尔耐（Jean-Noël Vuarnet）改编，并由佛朗西-孔德（Franche-Comté）省剧团于1987年上演。

源。关于思想发展的曲折性，布鲁诺有一个坚定的论点，他曾对其迟钝的反对者解释说，假如他们所支持的正在流行的观点"是真的，因为这个观点是古老的，但由之可以推断它在它还是全新的那个时候是假的。"他是有才华的。他不具备任何现代科学工具，也没有天文望远镜，也没有科学研究设备。他只有大脑、书、直觉和最大的勇气。乔伊斯（James Joyce）把他视作"现代哲学之父"，假如说斯宾诺萨、莱布尼兹、笛卡尔、伽桑狄、牛顿以及狄德罗从其著作中均得到了启发了的话，并不属偶然。

从罗马到日内瓦、图卢兹、巴黎、伦敦、维滕贝尔格、布拉格、赫尔斯泰德、法兰克福以及威尼斯，他勇敢地为其思想而战斗，他是，正如黑格尔所说的那样，"一颗飞越欧洲的彗星"。

一部著作接着另一部著作以迅如闪电的节奏问世，布鲁诺至今仍然以其年轻有为和卓越的勇猛令世界惊奇。作为哲学家和诗人，其诗歌的独特风格令人同时想起拉伯雷、阿尔托和帕索里尼；他也是一位天才的学者，通晓数种语言：从学者的拉丁语到那不勒斯港口匪徒们的黑话；一位众多著作的作者：从哲学对话和喜剧作品到关于魔术艺术和助记术的论著。这位基督的孩子，在我们这个世纪拂晓的时候，是最先反教条、反亚里士多德学说的思想家之一，一个杰出的异端分子——"异端的鼻祖"，伏尔泰后来甚至这样说——，一个大家必须在所有已经认定的地方都要小心他的人。只要读一读其论著《论无限性、宇宙和众世界》（*De l'Infini, l'univers et les mondes*），便可以发现其对天体和太阳的特殊运行轨道的认识，关于物质永恒循环的思想，不存在所谓的宇宙秩序的观念，对万有引力定律、物质永存原理以及现代物理原子说的暗示。他不仅批判亚里士多德的哲学，对超越因果律本身做了方法学上的开端，并且在宇宙物理现象中，瞥见了相对论的概念。整篇著作都浸透了他对宇宙令人惊讶的奇妙认识。第一个如此好斗的人，他寻求明确他自己与这个新宇宙之间的关系——这个由一位才华横溢的人以诗和大胆所提出的宇宙——，寻求为缩短这个宇宙与现代知识分子之间的距离做出贡献。"对于他来说，卡西尔说得十分好，正在我们眼前永不倦息地上演着的世界这个大剧目，确认了变化无限性这一深刻思想，而我只能在其中才能发现。正是理智的力量构成了进入无限的唯一模式，它向我们肯定了无限的存在，并告诉我们在一定的目的的范围内去了解其大小和边界，而不是去限制其范围的广阔程度，并且去了解包裹着它的法则，然后完全地进入其中。"

在无限宇宙思想这方面，在对思想理性原则的运用及运用方法这方面，布鲁诺不仅先于伽利略，也先于笛卡尔。笛卡尔哲学的确实性原则来源于这样一个基本的意识前提条件："没有存在便没有思想"（"我思故我在"由此而来），而这一原则则产生于布鲁诺的一个原则："Non c'è Dio senza mondo"（"没有世界便没有上帝"）。因此，布鲁诺曾有才能在哲学领域里引入了一次革命，这次革命与哥白尼在天文学和物理科学中开始的革命相似，这又是一次很快在欧洲各处蔓延的思想萌芽，而这一点在布鲁诺所有的贡献中并不属于最微不足道的。布鲁诺还是现代思想的开端和最初的混沌，因为同时，为了建筑新的必须先摧毁旧的，挣脱自身的枷锁，砸碎无知的锁链，从洞穴里走出来。

年轻的同时代人莎士比亚观察到了其所作所为，于是以论战的形式，向他做了一个调皮而又温文尔雅的致敬（即《徒劳的爱情之苦》）——据我们了解，在本书对此进行叙述之前，这一史实一直不为人知。他认为布鲁诺把手放在胸口上，布鲁诺那种蔑视世俗短暂爱情的方式，布鲁诺为了有更多的时间用于揭示自然秘密而夜里不眠等等皆是故弄玄虚。但是，当热情的英国诗人认为在"下面的"这个世界上，人性总是要行使其权力，即使在最无动于衷的哲学家那里也一样，并将这写入《徒劳的爱情之苦》时，我们的哲学家已经被囚禁在监牢里。我们现在是多么地希望布鲁诺曾经能够自由、热情和幽默地回答英国诗人的挑战啊。

另一位意大利作家阿吉来西亚（Aquilecchia）① 认为目前对布鲁诺所做的评论"抛弃了简单的方式以及那些最有启发性的有思想倾向的诠释"。事实上，这正是读维蒂纳（Hélène Védrine）、帕比（Fulvio Papi）、比翁迪（Albano Biondi）等人的文章时所感受到的。今天很少有作者仍旧敢说宗教裁判所是合理的。但是在法国，长期以来对诺兰人所采取的这种沉默态度可以说近似于拒绝听到其思想，因为这些思想太不合规范了。

当时的"布鲁诺案子"，其各点都与伽利略案件相似。从这两次相隔了 30 年的诉讼中，我们发现事实上是同样的法官、同样的起诉和审判方式。

布鲁诺比伽利略长 26 岁。这两个男人真应该在帕多瓦或威尼斯相遇。他们的宇宙观引起了在柏拉尔曼（Robert Bellarmin）领导下的宗教裁判所法官们的相同的反对。不同之处在于结局：布鲁诺拒绝发誓弃绝其思想于是被烧死，伽利略让步于是被隔离。在夏托和马尔考尼所著的关于伽利略②的著作中，他们认为布鲁诺之所以被判刑"除了因为他支持哥白尼太阳中心说以外，更因其世界无限性和永恒性的论点以及其它几个违背圣经的观点，比如关于形而上学的最后论断"。这是一个易于引起争议的观点，因为所有当时的官方文件没有明确说明判决的理由。然而只要去读一读其著作，一切便十分明了了。太阳中心说，包括库萨的尼古拉的观点，是遭到宗教裁判所判决的布鲁诺哲学的核心内容。伽利略所受到的谴责似乎不同，即其唯物

---

① 乔万尼·阿吉来西亚（Giovanni Aguilecchia）著有《乔尔丹诺·布鲁诺》一书，1971 年由 Ist. Enc. 出版社出版于意大利罗马。
② 夏托（Franco lo Chiatto）和马尔考尼（Sergio Marconi）著有《在权力和知识之间的伽利略》(Galilée entre le pouvoir et le savoir)，1988 年由阿利内（Alinéa）出版。

主义原子论①以及对基督教的体变教义的否认，后者是极其严重的异端思想。事实上，这两个天才是同一种敌视宽容情绪的受害者，他们被同一个机器碾碎，反改革的教会"并没有准备容忍有人来讨论其在意识形态领域和文化领域里的领导地位"。②

1979年11月12日，教皇约翰-保罗二世时，伽利略案件再次开庭。通过教皇的通谕《建筑者》，教会声称关于科学与宗教、科学发现与圣经之间的关系问题，他们已经做好准备要采取一个明确的措施。"教皇说，伽利略曾经阐明了认识论上的一些重要准则，这些准则对于协调圣经与科学之间的关系是不可或缺的。"

难道可以设想通过平反伽利略和忘记布鲁诺来解决这桩旧冲突吗？难道这意味着假定后者只不过是个有宗教幻象的魔术师吗？

这是历史遗留下来的问题，最终其地点和遥远的日期并不重要，然而越过种种的注释和分析，我们所面对的难道不是一出狂热崇拜的悲剧吗？

---

① 关于这一点，请参阅若东迪（Pietro Redondi）的著作《异端的伽利略》，伽里玛（Gallimard）出版社出版于1985年。

② 夏托和马尔考尼。

# 一

## 学生诺兰人

"命运在把盛着他的摇篮放在维苏威火山脚下,预备让他在一片炽热的天底下长大之前,已经给了他一颗炽热和激烈的灵魂和一个不安宁和不断运动着的想象力。"

——E. 塞赛特（E. SAISSET）

# 逃亡

## 乔尔丹诺·布鲁诺如何决定与圣多明我大教堂决裂并动身去漂泊？

使其宗教兄弟们异常惊讶的是其异乎寻常的自信，以及他在讲述一些匪夷所思甚至耸人听闻而他又无法证明的事情时所流露出来的那种真挚的表情……还有，他在攻击那些备受学校、国家政体、教会、学者以及王子们尊崇，古老得像我们这个世界一样的思想时所表现出来的好斗精神。究竟乔尔丹诺·布鲁诺兄弟从何时开始编造这些有害的虚构故事的？没有人能够确切地说出来。人们只是看到每次他提及太空时，他便完全被一种激动的情绪所控制，人们猜想也许一阵震颤这时正在通过他的脊背，这是一种他无法隐藏的陶醉感。有时他说要飞向星球，还说他正在进入到一个最大的神秘核心之中……

所有关于他以及他的这些不正常的表现的窃窃私语，都与1576年2月的一天不无关系。因为在这一天，他消失了……这是他一生中最重要的一天，因为在这一天，他从一个刚毕业的神学博士骤然变成了一个"逃亡分子"，一个流浪的研究员。这是决裂的一天。

年轻教士放下他的大串珠和皮腰带，在床上叠好他的羊毛肩衣和黑色外套。当他在桌旁坐下时，他瞥见靠近他的书堆明显地摆着一张留言。上面匆匆潦草书写的谜语般的句子让他非常地纳闷：有谁还会在晚课后想与他讲话呢？……他拿出一本藏在草褥下的伊拉斯谟的著作，但并不马上打开它。

正在坍塌着的蜡烛用其摇曳的烛光把他倔强的身影映在石灰墙上……他沉思着。

在这所斗室里没有表示虔诚的圣像。锡蜡烛盘周围躺着一些被烤伤了的小虫子。他沉思着，表情怪异，眸子里射着电光，又似乎被激怒了……俨然正在凝视着地狱里的情景。可是似乎没有明显的理由让他做出这副忧伤的面孔，确实没有。正是在这天早晨，那位美丽的嫫荷尕娜（Morgane）曾向他绽开了微笑。他与她在城墙外的新城（Castel Nuovo）附近和海边闲逛了一会儿。但是互相连手都没有碰一下……苏莲托崖和卡斯特拉玛赫山在灿烂的阳光下轮廓显得非常清晰……她依恋他什么？他的身体，他的灵魂，他刚刚获得的神学博士学位，还是在西卡拉（Cicala）山坡上一起玩耍的芬芳时光？……西卡拉！他心爱的童年的土地！他曾喜欢在棕榈树下奔跑，为收摘葡萄的女人们放梯子、递篮子。当她们为葡萄藤剪枝时，他为她们递小剪枝刀。在火山的对面，有山峦遮住了地平线……他曾经问自己——这个男孩不傻——如果说这片土地的巅峰之上就是世界尽头的话，那么其另一尽头又能在哪里呢？如果从地平线的最边上弯下腰去看，又会看到什么呢？然而，无论是在教堂里还是在饭桌上，人们从来不讨论这个问题。无论是父亲还是其朋友，没有人能够确切地回答这个问题……

年轻人的脸上重新恢复了平静。他再次放下书。一只夜蝴蝶在火焰的诱惑下，被烧着了翅膀。他观察着它，好像着了迷。这只醉心于火光的蝴蝶究竟是谁？它也许名叫乔尔丹诺·布鲁诺？或许是乔尔丹诺·布鲁诺想自己是这只蝴蝶？他究竟是谁？火焰？烧焦的木块？还是蝴蝶？今天早上太阳一露脸时他就开始在外面闲逛。过午后天气变坏了，这时，第勒尼安海变成了橙黄色的海，而那些不断地退去的波涛却有着白玉般的漂亮色彩。他加快脚步来到了离马萨门不太远的一个门廊下避雨,这里既肮脏并散发着难闻的味道。然而在这里,他重又陷入了沉思……他想在这个城市的广大地域上,大约居住着 30 万居民。在他们之中有多少人在从事工作呢?五万人,大概不会超过这个数字。无所事事的人占大多数,他们迷失在懒惰和淫欲中,消磨在苦难和被奴役中,沉湎在自己的恶习中……不必对再也找不到任何的公共设施和军事机构感到奇怪,不必对新艺术作品少之又少感到奇怪……军队已经变得毫无意义,他们甚至不能对付海盗们的骚扰——这些海盗不仅仅是土耳其人或穆斯林,还是基督教徒……人们甚至还看到有些那不勒斯男爵为其私利武装其私掠船,从城里最龌龊的地方雇用一些无赖来看守船上的苦力。然而不管如何,他却热爱那不勒斯这座骄傲和光芒四射的城市,在这里,甚至宗教裁判所也不能强加其法。他把这个顽强不屈、像儿童一样每天都能为自己的生活窃得一点幸福的人民装在心底里。

波尼法斯——这个体形不协调的狒狒、天生的窝囊废、精神残废、奥秘解说中的驴子——竟给他做了个默契的示意。波尼法斯——这个"大麦芒花和钱袋之果"薇陶丽娅的颓丧男朋友——,经常溜到住在对面的魔术师吕卡诺的家里,总是借口找薇陶丽娅,但是这并没有妨碍他对巴赫多的女人随便……这时,鸨母卢西娅夫人正好碰到"狂热之躯"的薇陶丽娅坐在自家门槛上,身边还有只黑狗:

"您在这儿,我的金母鸡……在外面!

—我在屋里呆不住,美貌的女子回道,因为我热,因为有火烧着我……紫心玫瑰,圣居迪勒花……哦,我整个儿都湿了……当我想起所有今天晚上来的这些男人……你给波尼法斯的女人讲了吗?

—我给她讲了真话,甚至讲得过于多了些,以至于她十分激动,急着想当众揭穿或者欺骗她的小波尼法斯[①]……"

---

[①] 摘自由余阿尔耐改编的乔尔丹诺·布鲁诺的《坎德莱奥》。行外之点(Editions Point Hors ligne)出版社。

我们的修道士脱下他的风帽。他很了解这些人。他曾经听吕卡、伯吕拉、那个大学生以及"大麦芒之花"向他倾吐……他当然记得这**悲伤的快乐和快乐的悲伤**的生活喧哗声。他远远地看见了炼金术士巴尔多、刀子脸扒手桑格伊诺、学究芒福里沃以及港口里那一群沆瀣一气的家伙。有一会儿他相信自己看见了挪亚方舟里的昆虫……如此多的歹徒、如此多的乞讨、如此多的花招和如此多的无病呻吟令他心情灰暗。他还看见了几个缩在大衣里的兄弟、那些戴着三角帽的小神父、闲逛的士兵、童子兵、戴着帽子的女人、装殓和埋葬尸体的人以及其他一些荒唐的小混蛋。吃雏菊的、吞马刀的、拔牙齿的、卖瓶子的、卖饺子的、卖鸽子的、卖乌龟的、卖细面条的、卖萤火虫的,小走私犯、扒手、投机商人、卖春妇、骗子、小号老师、诵读老师和笨拙的老人,他们俨然组成了一个绝妙的蚂蚁窝或一个无与伦比的化妆舞会。他曾为了消遣猜测他们其中可能哪些人妄自尊大,哪些人学究,那些人既愚蠢又学究,或者既学究又愚蠢,学究的水平不比愚蠢的水平低,哪些人狡黠,哪些人是假头目、骗子、土匪或地痞流氓,等等。

面对这样一个处于危机中的城市景象,布鲁诺一点都笑不出来。他是个哲学家,而正是应该让这个世界听见他的声音。他臆想当他发言的时候来到时这些人听到后的反应[①]:

"已经习惯了庸俗哲学的人,已习惯于塔牢里的黑暗的人,以及其他不能接受我的清晰的新太阳的人,都将惊恐万状,不知所措。然而过错不在于光明,而在于他们视力:光明愈是强烈愈是美丽,在出没于夜间的巫婆的眼里,它便愈是可憎和可恨。我要做的是一件艰难、罕见、特殊和危险的

---

[①] 摘自《论原因》,一部乔尔丹诺·布鲁诺在八年后出版的著作。(宇宙学和哲学)。埃米尔·那迈尔译。

事情：我要把他们从盲目的深渊里引导到光天化日之下，面对这些我们看来镶嵌在蓝色天衣上的、安静和纯洁的形形色色的星星。"

这时布鲁诺已经确信掌握了一样本来的知识。孤独一人，他不知与谁，在哪里，如何来讨论它。

圣西娅拉（Santa Chiara）教堂一下一下地敲完了五下晚祷钟声。在码头上，渔民们已经收起了他们的渔篓、双口吸虫和渔网。他朝码头及其小艇、快速小帆船以及杂乱停泊着的锈红色三角帆船看了最后一眼，然后缓缓地、似乎不情愿似地回到了他的斗室。

夜晚的阴影已经吞噬了墙壁。

他削好一支鹅毛笔，用优美的圆体字写道：

"尽管你只朝人类伸出了救援之手，然而你的慈悲和热情将换来忘恩负义，这种忘恩负义将像地球在其宽厚和慷慨的母性怀抱中孕育和养育的动物一样众多。因为，从个体之间的差异来说，人类能表现出地球上其它所有动物种类一起所能表现出的所有差异；每一个人所能表达出来的东西比任何一个动物种类整体所能表达出来的所有的东西更加丰富。因此，我们将看到一些人像被炫了目的鼹鼠一样，当它们刚刚感觉到一点纯净的空气时，便立刻又一边刮土，一边回到它们原来的阴暗角落里；而另外一些人，则将像夜鸟，一看到在发亮的东方泛起了宣告太阳即将升起的鲜红颜色，便立即缩回到它们黑色的藏身之处，因为它们的视力太弱……。然而，那些因阳光而生的动物，在经历了可憎的长夜以后，则一边感谢苍天的宽厚，一边准备用它们的眼球曲晶体采集期盼已久的阳光，然后用心、声音、手和热情来欢迎和热爱东方……

　　人们将去思考；羸弱、简单和记仇的羊群将咩咩的叫唤；牛群在放牛人粗暴地驱赶下将哞哞地叫唤；西勒诺斯的坐骑们将为了迷失的上帝们而大喊大叫以吓唬大多数的愚蠢巨人；野猪们将跳进污秽的窝，以其震耳的呼噜声使我们腻烦；虎、熊、狮子、狼和狡猾的狐狸，将从它们的洞穴里探出脑袋，从毫无遮掩的高处巡视猎狩的平原，从它们禽兽的胸膛里，发出低沉的叫声、尖叫和急叫声、鸣叫声、吼叫声和嗥叫声；在空中，在枝杈繁茂的蕨类植物的叶上，公鸡、鹰、孔雀、天鹅、斑鸠、乌鸫、麻雀、夜莺、小嘴乌鸦、喜鹊、大乌鸦、杜鹃和蝉将不失时机地反驳，并加倍地发出它们吵闹的叫声；在液态和流动的平原上，白天鹅、多色鸭、沼泽昆虫、声音沙哑的鹅和爱发牢骚的青蛙将用它们的叫声填满我们的耳朵。因此，将其温暖的光芒洒向我们享有特权的地球上的太阳，将看到自己被所有生存在这里的动物用它们从胸膛深处发出的声音陪伴、致敬或辱骂。"

　　想到这个不和谐的动物大合唱，他搁下笔，目光转向在桌上的折叠着的古怪的纸条。他在火苗上点着了它。他们在今天的晚祈祷之前究竟想跟他说什么呢？他站起身，踱来踱去，安静地沉思着，时而在那扇狭窄的窗前停下来，眺望月亮上的流云，或者倾听一下一个晚归商人的叫卖声：**海牛犊**。他有点觉察到了。他提到阿里乌，这是不谨慎的。他的言辞让他们不悦……就是这个：他令人不悦，他妨碍他们。也许应该不思考而呆在动物们的福乐中……够了！让这个卑屈的谨慎见鬼去吧！

　　他在约定的时间里穿过教堂大殿，脚步神经质，像前几次一样。一次偶然的机会曾把他带到了逝世于65年的郝达（Alphonso Rota）

墓前……啊，正是他剃发的那一年。郝达的兄弟诗人贝尔纳迪诺（Bernardino）逝世于去年，即十年之后……两个生命的终点，无限时间直线上的点……乔尔丹诺心情灰暗，但并不因亡故者们阴影的缘故。他在宣读礼拜堂的高处停了下来，这是一个最成功的礼拜堂之一，毫无疑问……在这里，提香又一次以崇高的方式得到了灵感：温柔的玛丽，在其胸口上交叉着一双精致的手，在她低垂的眼睛里是深不可测的喜悦；大天使加布里埃尔的手势纯真无瑕；高处，欣喜若狂的小天使们在厚厚的云里跳跃，圣光从这里落下……的确崇高。

他欣赏这样的才华。至于其它，至于画中深刻的含义，他已无法再相信了，至少不像大众那样天真地相信。这幅画面和这些人物与人类和自然界中最好的线条过于吻合。如果说所有已经获得并已得到凝固的"真实"是现实的漫画的话，那么已确定的上帝形象也变成了上帝的漫画。艺术家提香按照上帝的形象画了上帝并把它置于上面的位置上……而他却不知道在这个世界上不存在上和下，不存在神圣的天以及天使和大天使，不存在无瑕的圣母。当然应该信，而为了信只要来到自己的最深处，相信上帝离自己不远，每个人都拥有上帝，并且他存在于自己的内部，还有……

靠圣托马斯基督这边的门在阴影中咯吱地响了起来。

他就要确切地知道人们想要他做什么了。

一个教徒，头埋在斗篷里，在半明半暗中悄悄地走到他的跟前。

他低声地说，"兄弟，他们正在准备起诉你。冷静点，冷静点……别急，承认错误就是了……

—什么错误？

—你并不是不知道：是你昨天犯的错误，你戏弄了神甫们……真诚地悔悟吧……一切都会好起来的……愿上帝保佑你，我的兄弟……"

这是1576年2月的一天，神学博士司祭乔尔丹诺·布鲁诺就这样了解到修会省会长将对他执行纪律。因为他阅读了异端禁书。因为他以深入的方式讨论了那些他们从其初修期起便禁止他读的书籍，从西塞罗到卢克莱修……在所有人的眼里，阅读这些禁文就等于是在吸收其思想。他知道这类的出轨行为会受到怎样的惩罚，也知道他们将要给他贴上什么样的标签。是的，他还记得在修道院的方形花园里，当着几个神甫的面，他试图与蒙塔尔西诺（Montalcino）辩论。蒙塔尔西诺什么都没有读过，因此他对什么都不怀疑。他说异端分子是些无知之辈，因为他们甚至不会使用经院语言来表达。布鲁诺则想让他明白，那些没有使用经院语言的作家仍然惬意地表达了他们的思想。简而言之，这是另一种语言，很易于使用，况且是早先教会神甫们所使用的表达方式。他解释道，"比如阿里乌，经院哲学学者说他认为圣子的生成是自然的行为而不是旨意的行为。我们可以用经院哲学语言以外的其它语言来陈述这一思想：即圣子不具备与圣父同样的实体，正如其它的创造物，圣子也产生于神的意愿……圣奥古斯丁曾经参照这句话。"

好几个神甫的脸色立刻变得像生病的西班牙人或食虫蜥蜴一样。他们大喊渎圣，乔尔丹诺为异端分子辩护！年轻人反驳道，"不，不，你们误会了，你们把语言和事实混为一谈了。我只是说我们应该试图了解一点，即除了我们的语言以外还存在着其它的语言！"

这次争论其实没有一点必要，尤其是，30主教会议最近颁布的一个教谕明确指出，圣母玛丽亚之始胎不属原始过错普遍性的结果，因此大家应该停止在这上面继续无休止地和不着边际地推论。

布鲁诺知道惩罚将要落到他身上后并不感到意外，但却忧心忡忡。他完全了解这些审判官们的狭隘天性，他们全是多明我会修士，他们在坎帕尼亚各处审理外面的案件时都会有点兴奋。他不能确定他的案子将如何成立，但是确认教会不会原谅这种思想偏离，况且，他已有过几次小"前科"——拒绝崇拜画像，公开地对三位一体表示怀疑，对众多的圣事和经院哲学表现了过多的反感——，况且，多明我会修士这些**黑犬和白犬，常吠兄弟**——老百姓为他们起的绰号——的使命就是与奥古斯丁的兄弟们一起共同地维护正统思想，捍卫圣言的原始纯洁性……他将不得不去接受惩罚，一日复一日地坐在食堂的地上，每顿餐只有面包和水，没有权利布道和讲课甚至学习，因而成为一个活死人；他将不得不跪着乞求审判官们的宽恕，说自己不是一个"顽固分子"，只不过是个"无知"；不得不向其反对者、上级、所有胸无点墨的仆从、嫉妒的司铎、心怀恶意的奴隶们请求原谅；不得不否认自己的信念，摈弃其所有的阅读以及古代的、基督以前的或者其它时代的作者；更糟糕的是，他不得不佯装忘记了他们，屈从于邪恶和愚蠢的虚伪，把他的思想意识托付于这个等级制度，放弃所有的研究，包括放弃个人走向上帝的可能性；他将不得不站到其他人的行列里，并且像他们一样地思维和表现……

乔尔丹诺喜欢辩论。他善辩，显然极具讲演天赋。他喜欢反对意见，但是他永远都不会跪在这些侮辱人的指控者们的脚下……

这正是他在心里对自己发的誓。他不会让自己像一个庸俗的枪乌贼一样被软化。永远不！这个案子将不会开庭。

那么今天晚上，他的确没有其它的选择：他必须疾速溜之大吉。他将带走藏在衣服里面的几份笔记和自己的信念。他将拯救他置于一切之上的东西：其思想自由及其研究和怀疑的权利。他将离开圣多明我教堂及其发霉和腐败的神学气味，离开所有诵读经书的修士们：忧郁的奥尔唐修，瘦削的色哈菲诺，哭丧脸的卡玛郝托，老阿柏郝吉，疯疯癫癫的格利高里奥，神秘的黑基纳尔多，傲慢的波尼法修以及特别可敬的唐郜夏郝尼，他总是流露出一种高贵和无比惊叹的表情，眼皮快速地眨来眨去，并不停地走来走去，眼睛因真福而圆溜，额头因载着思想而沉重，同时低声念着一句像是警句的话："哲学家来不了这里和那里。"为了到陌生的地方去，到北方这个四海鼎沸的广阔世界里去历险，乔尔丹诺将离开父母、朋友、家乡、伊尔皮尼亚山、青年时代的土地以及眼前的这些墙壁，在其中他曾度过了12年的读书年华。他将处在最极限的孤独中……

"我满怀悲痛地离开，"他对自己说，"离开母亲的怀抱，挣脱父亲的双臂，抛弃朋友的关心……时间将平息仇恨和怒火……正如圣经里的回头浪子，我将回来，回到西卡拉，回到父亲的家里，**站起来并服从，我的神童儿子**……"

夜晚降临了，开教士会时大家发现诺拉的乔尔丹诺兄弟缺席。他的寝室在一楼，离以前圣托马斯住过的寝室只有两步远，神甫们在这里发现了其邪恶行为的不容置疑的证据：他竟敢暗中阅读圣克里索斯托和圣罗姆的著作。这些书上或者有禁读的批示，或者其书页已被审查官们粘住。

## 穿越坎帕尼亚平原的土地

### 小布鲁诺如何感到了对知识的饥渴？

1548年大赦年年初，布鲁诺出生于坐落在西卡拉山里的一座房子里，这里靠近圣保罗·贝尔斯托路，离诺拉小镇只有一里地。这时，在这片富饶的"耕地"上，巍然耸立着维苏威火山，有一缕淡淡的白烟从其中升起，宛如其羽毛饰。这里的人们一箪一瓢，并常常互相讲述一些曾发生在城墙里和城墙外的关于战争和厮杀的颇为骇人听闻的故事：比如汉尼拔及其大象的故事，这个残酷和背信弃义的敌人在这里被古罗马军团打败（但是讲故事的人这时压低声音说这个侵略者在诺拉有联盟，当然这是另一回事……）；苏拉出发迎战马略的故事；阿拉里克洗劫城池和哥特人、蛮族、萨拉森人、匈牙利人围攻城池的故事；以及人们尚未忘记的洪水以及继之而来的瘟疫的情景……奥古斯特殁于诺拉，提比略曾来这里为其庙宇题词。唉！光荣的城墙现在已经荡然无存，12座宏伟的城门只剩下片砖断瓦，古建筑的雕刻部分被用来装饰新建筑物，在新建的墙里处处镶嵌着带着头盔的古罗马战士头像、利林斯式柱头碎片以及圆形雕饰里微笑着的神话人物。然而这些石头则支持着诺拉人的一个信念：在这个世界上极少有像诺拉这样的城市一样生活在如此丰富的历史沉积上。但是古代的繁华——当地的纹章图样是一个丰饶之角与**幸福之乡**两个字——只是一个正在消失的记忆。人们还说，在被火山熔岩吞噬的庞贝古城里，有命名为诺拉的街道和城门，就像在那不勒斯城里一样……诺拉城曾是主教府所在地、旧贵族的聚居地和商品集散地。每年一次的圣保兰（saint Paulin）纪念节日在这里举办。一位古罗马领事曾带着其夫人苔尔西娅从波尔多来到这里照料圣人菲里克斯的遗物。而现在诺拉厌倦了连绵的战争和灾难，诺拉想被忘却。其后代的品质已被夸赞得太多：血气方刚、五官精致、性情炽热然而情绪易变……其美丽的天空已被歌唱得太多……

菲理普——未来的乔尔丹诺——这时尚不怎么看得见正俯身于摇篮看他的父亲的脸。乔尔瓦尼是位地位低微的贵族，他被强制为大贵族服务，最初在邻城卡塞塔伯爵唐巴勒塔扎尔·阿卡维瓦的麾下，然后是高尔多巴的伟大的上尉恭扎罗·菲尔南德的孙子塞萨公爵，不久，将成为那不勒斯副国王的封臣唐阿斯卡尼奥·皮纳特罗的手下，然后，托莱多大名鼎鼎的阿尔瓦公爵菲尔南多·阿勒瓦尔兹，他是西班牙菲利普二世的右臂，这位专制公爵将统治那不勒斯人民12年，他坚信"镇压比爱更能够让一个帝国稳固"。在布鲁诺父亲的战友中，有一位叫作高斯唐左，他也许是《圣灰宴》——这会儿在襁褓中手脚正不停地乱动着的小菲理普的一部未来著作——中的一个人物，另一位雷奥纳尔多·桑多利奥，是罗马宗教裁判所成员、圣瑟维里纳枢机主教吉里约的兄弟。

乔尔瓦尼事实上经常带着他总是夸耀的佩剑远离家中。有一天，当他正在离小菲理普的摇篮不远处做事情的时候，他的孩子着实让他大为惊讶了：他呼唤父亲的姓！这实在太意外了，尤其是他还从来没有吐过一个字！父亲冲了过去，正好来得及杀死一条正在他的宝贝身边碰运气的蛇。后来在好长一段时间里他们在家里常常提起这段意味着菲理普稀有早熟的插曲。

出身于萨沃里诺（Savolino）的母亲芙罗丽萨（Fraulisa）对小菲理普的影响是决定性的。从很小时起他就已开始在母亲温馨的裙下学习阅读。她给他讲故事，念文章和诗歌，念唐斯洛的手稿，这是一位战士诗人和家里的朋友，他则经常讲一些奇妙的事情。很快他就特别喜欢听诗人朗诵这种美妙的云巅之旅的诗作：

"现在我朝着美好的愿望展开我的翅膀，我愈是发现在我脚下有愈来愈多的空间，我愈是朝着风儿伸展我飞快的羽翅，愈是轻视这个世界，愈是要飞向天空……"

菲理普童年的日子在一种利于观察和思考的温柔氛围里流逝，有时在母亲身边读书，有时与亲密的朋友相聚，远洋轮船船长奥多阿尔多·西卡达、法官瑟维里诺、瑟扎利诺、里贝利奥、劳迪尼奥、乔万、米努托劳、安托尼奥·埃皮库霍……父亲的战友们把他们的战刀挂在门后……"我从来没有像这样幸福过！"其中的一位在一次盛餐后喊道，而父亲则接着碴儿说："你从来没有像这样疯狂过！"而这位确实需要在一顿好酒好菜之后疯狂一下，从而忘却其烦恼和命运！是的，这是父亲想要说的话，这个太少在家里、总是带着军刀随其主人东南西北的父亲。

芙罗丽萨觉得自己形单影只没有错……哦，多么温柔、多么关怀备至的母亲……

小菲理普爱看走在街上的士兵、牧羊人以及那些骑在土里土气的驴子上的多明我会兄弟。有时候他去看他们在家里喝黑得像火山土一样的芒吉亚给哈酒。他观察地上和天上的虫子、石子儿、岩石、树叶儿和草儿、植物、色彩鲜艳的田野、母牛和阉割过的小公牛、葡萄树以及朱红红葡萄酒或玫瑰红红葡萄酒酒屋。他怀着一种难以描述的微妙情感，一种几乎是宗教的情感，从200多米高的西卡拉山上，欣赏美丽的田野和郁郁葱葱的神奇的大地。在右边的平原上，是西米提勒大教堂的巴雪里卡式钟楼，其建筑者是早先的基督教徒们；在中间是诺拉大教堂；在左边庞大和危险的维苏威火山突然出现在雾中。在他身后，是这堵修道院于12世纪砌成的墙……在这个属于隐居者的地方，他倾听蝉鸟喀嗑地叫唤，倾听斑鸠、乌鸦、麻雀、夜莺、喜鹊、大乌鸦、杜鹃以及其它创造物共同歌唱的这部神圣的田园曲，倾听火山沉闷的隆隆声，倾听这些圣人与魔鬼的故事以及这些充满了胜利的号角声、格斗的吼叫声和咚咚的战鼓声的血淋淋的战斗故事。

像家里其他的成员一样，菲理普信教并遵守教规。一天晚上他出去买东西，走在一条布满灰尘的路上，当他来到保尔休斯教堂附近的一个偏僻山脚下（这里过去曾是鼠疫患者的公墓）时，"一些小石子儿好几次强有力地蹦起来，每次之间间隔时间不长，接着便长时间地猛力地打击他的头和身体，然而他却没有因此受到任何的伤害，一如其他受到这种袭击的人一样。"[①] 可见布鲁诺也有过这种属于幼稚年龄时的天真，在这个年龄里，有魔鬼住在黑暗里，他尚不会区别感官幻觉与简单的现实，也不会区分心理上的感觉与真实的身体体验……

在这段易产生幻觉的年龄里，小布鲁诺不仅曾有过这种极度的惧怕，而且也曾在这片"举世无伦的天宇之下"，经历过有益健康的欢愉。在很长的时间里，他仍然记得那些小姑娘们的妩媚妖娆的脸庞：姥多米亚、玛丽宫朵、表姐妹们或其她的姐妹们，尤其是女朋友吉好丽亚，她曾如此地打动了他的心弦以至于他后来写下了这样的诗句：

> 这个女子的深爱唤醒了我的思想，
> 这个女子让其她所有的美女，
> 在我的眼里变得黯然和乏味，
> 这个女子独自富有了至美和至好，
> 我看见从森林里出来的正是这位女子：

---

[①] 摘自布鲁诺1590年出版于亥姆斯泰特（Helmstedt）的《论数学魔术》。很多关于古代奇迹的手册都有对这种现象的描述。

> 狄安娜，我的女猎手，
> 在美丽的仙女伴陪下，
> 在坎帕尼亚金色的土地上，
> 四处追猎着我，于是我对爱神说：
> 我向这位女子缴械。①

小布鲁诺也用心观察生活在这个奇妙大自然里的人和物，他写下的记录往往极为细致甚至稀奇古怪：

"上帝指示在弗朗兹诺的瓜地里有两只甜瓜在今天中午的时候熟透，但是，它们只是在三天后才将被摘下来，那时它们已经不好吃了……；阿尔贝兹的妻子娃姒妲在卷烫鬓角的头发时，将烧断57根头发，因为烫发钳过烫……；从一个奶牛的粪堆里，生出了252个蟑螂，其中14个将被压死……，27个将因翻身而死，22个将在一个小洞里生活，80个将到院子里去散步，42个将躲到紧靠门的葡萄枝蔓下面……其它的将去历奇。"

在诺拉的一所私立学校里读书的最初几年里，他便表现出了其早熟的才智。七岁时，他已通晓拉丁语，大家看见他运用哲学文章和评论就像其他的孩子玩羊跖骨游戏一样。这时他已经厌恶听语法课，并且对高谈阔论的人毫不留情面。有一天，老师万图拉在讲解圣福音书中"还给凯撒原本属于凯撒的东西"一节时，认为在这种情况下有必要向大家列举出所有他从不知道什么鬼年鉴里摘录下来的罗马钱币及其印纹和重量，借以显示他是多么的博闻强记。在讲道结束时，一个

---

① 摘自《论英雄的疯狂》。本书由米歇尔（Paul-Henri Michel）校正并翻译。巴黎，1954年，漂亮书信（Les Belles Lettres）出版社。

诚实的男人走到他面前说：

"我的神甫，请发发慈悲，借给我一个金币吧。"

而神甫回答说他也在乞丐的行列里。

"如果是这样的话，"布鲁诺暗想，"这位可尊敬的倔强神甫与那些精于词句却不关心现实的人都一样倔强。"

14岁时，渴望知识的布鲁诺，为了学习文学、逻辑和辩证法，来到了那不勒斯这个像热锅一样沸腾的城市。

十分天主教的那不勒斯城于是把自己及其数不胜数的教堂、宫殿、大理石、金子、城墙……呈现于他的双眼和感官。外国人常常情不自禁地说这个城市是世界上最美的尤物之一，它超过了热那亚，甚至君士坦丁堡。那不勒斯海湾长7里，常年阳光明媚，美丽得简直无与伦比。在它背靠着的山坡上，则布满了树林、葡萄园、修道院和村庄。没有一个从其它的地平线上升起的太阳像这里的这个如此得炽烈，其"金币"之称号在这里比在任何一个其它的地方都更加地名副其实。拂晓时，人们看见它在维苏威火山后显露，继而它映红笑逐颜开的波斯利普山坡和宇宙中最美丽的港湾的心脏：这时平静得像一面镜子的港湾盛满了来来往往的船只。远处，从雾中突然闪现出因提比略之溃败和美人鱼暗礁而闻名遐迩的卡普里岛。正是朝着这些礁石尤利西斯堵住了自己的双耳，正是离这里不远处，阿里巴勒投身到和谐的快乐中和迷惑人的卡米侬的爱抚中。维吉尔曾在萨莱诺对面的波斯利普山坡高处的一个四面是砖墙废墟的地方休憩……

年轻人喜欢钻到赛季欧·迪·尼罗区弥漫着烤鲻鱼味和肝汤味的街道里，或在挤满了水手、商人、说书人和强壮的漂亮女人的港口小酒馆附近溜达。那不勒斯应该是欧洲最美的首都。有哪个城市能与它所拥有的教堂相媲美呢？其大教堂因其奢华以及自从圣热那霍的血液溶化后每年所出现的奇迹而极为著名。在其它著名的教堂中，皮埃蒂格霍大教堂因其大祭坛上奇迹般的画像和夏末阳光下的仪式队伍而闻名遐迩。还有圣乔尔瓦尼和圣西亚日教堂、大门崭新的格苏教堂、尼诺的圣安吉尔教堂、圣瑟维利诺和圣洛朗左教堂以及全意大利最美、装饰最丰富的教堂之一圣使徒教堂，还有圣马尔提诺教堂！……因为这些财富、这些教堂、这些宫殿、这个海湾、这座火山，那不勒斯大概被嫉妒了。还因为这里的天以及这里的独一无二的太阳……

在这所私立学校里，布鲁诺幸运地遇到了两位优秀的老师。他大概在一生中都保留着对他们充满了崇拜的记忆：一位是有阿威罗伊主义倾向的哲学家萨尔诺的桥万·万桑左·科勒，另一位是其哲学主导老师，不可知论者德奥菲罗神甫。二人似乎都具有坚定的理智，而且，他们的教学开放、多元、批判，甚至有些偏离城里所有"语法学家"们正在施教的官方亚里士多德理论。

阿威罗伊是一位12世纪时的阿尕亥那哲人，科勒倚仗其名声——尽管他自己也是亚里士多德学说的信徒——创想出了一个名曰"双重真理"的巧妙理论。他认为——尽管他没有言明——一些理性的见解是有价值的，即使它们有时有悖于宗教理论。由此，他得出唯理和宽容的理论：理性不会去冲撞和摧毁信仰，他说，有一些见解应该得到尊重，而尊重则首先是解释和理解。

布鲁诺曾从一条芬芳的路来到了那不勒斯，可是在这里，他却看到了阴沉的街道以及穷人、违法分子、小偷、肆无忌惮的警察、妓女、一群粗鲁半裸的人和一个大杂院……在这里他遇到了罗圈腿的则扎、身体扭曲的瑟卡、痴痴呆呆的梅内卡、大鼻子道拉、驼背波芭、流涎的安托尼拉，以及巴希勒将很快在其《故事的故事》里描绘的暧昧和令人疑惑的人物。布鲁诺每天都去观察独裁的雇佣兵。这个独裁炮制规范并实施着专断的愚昧的统治。

他不再满足于倾听别人。他想理解和了解生物以及物质的第一起源。他不喜欢那些经常把毒眼两个字挂在嘴边的人，也不喜欢那些手腕上佩带小珊瑚角的人，"这可以避邪"，他们说。这些人在城里轻易就恶语中伤，对看不顺眼的人就说"他有点**毒眼**"。然而为了解救自己，只要往他的脸上泼上一杯水，不管是什么水，就可以切断其巫师般的眼睛与被它们注视的人之间的空气柱……火枪也可行。有**毒眼**的人就像蛇或癞蛤蟆，蛇或癞蛤蟆盯着自己的猎物，是想让其掉入自己的口中。人们还说，假如一只大癞蛤蟆被扔进了一只盛满了乙醇的罐子里后一命呜呼了，但是它的双眼仍然睁着，如果您在它死后 24 小时内看了它的眼睛，您自己将染上**毒眼**，并昏迷不醒……人们说，把海浪推向海岸的来自于南方和西方的风能够让火山兴奋起来……人们说……但是为什么指南针总是指向北方呢？

他想理解这些神秘的事情并揭开它们的面纱，解开大自然之谜。人们不敢谈论这些上溯至时间之前夜的事情，因为害怕其中包藏着魔鬼。

这时天文学家阿尔多·伯朗达提（Aldo Brandati）从远处赶来看菲理普的天象。他对他预言说他的命运是英雄式的，"正如那个希腊半神一样，当他还在摇篮里时其命运便已经由一条蛇的预言性的拜访所预示。"少年人微笑不语。他不太喜欢被奉承。他已经读了阿勒博马萨尔（Albumasar）的《天文系》（*Flores astrologiae*）以及其它这类的论著，他已经开始了在这方面的思考：他不愿意相信所谓的万能星体力量，以及星象学据此所提示的天数，即使在他内心的最深处，他也因这种力量赋予他的直觉潜能而感到纷乱不宁。也许在天体与人体之间存在着某种交感，但是一味地听凭星体的决定，将导致不承认人的自由意志以及对自己的行为不负责任。每想到一个法庭竟能够让像塞克·阿斯克里（Cecco d'Ascoli）这样的人在鲜花广场上被活活地烧死，菲理普便义愤填膺：只因他胆敢犯了为基督占星算命的罪，然而众所周知所有的教皇以及其他的大人物都不能不去咨询他们的算命先生。他的思想沸腾了，一块哲学的酵母已在其中开始发酵了。

为了生存布鲁诺打一些小工，有一段时间里他当马车夫。在节日里，城里到处挤满了流动商贩，街上的民众欢腾则让他感到恐惧，然而，当人们在每座圣母像前放烟火时，当来自卡拉布里亚或阿布鲁齐的艺人们用吉他、鼓、风笛、铃、响板等演奏出一片巨大的喧闹声时，当其他的人为了忘却苦难又跳又唱又喊的时候，他却去看晚上在广场上表演的木偶喜剧。在这个挤在挂着彩妮帘的窗前和坐在石板地上直至戏台前的人群中，他津津有味地欣赏布娃娃们之间自然而又意味深长的即兴对话，通过它们的语调和语言习惯，可以认出是城里的某个名人……观众对此看得明明白白，因此他们笑得前仰后合。这份幽默、自然和快乐，是在这个专制的国家里所能够品味到的最真挚的东西之一。然而诺兰人不太喜欢集市的日子。

　　大城市里的喧闹、暧昧和浅薄的疯狂气氛与布鲁诺思索的习性过于相悖。他曾在公共广场上仔细地观察人们戴的面具，一如他在大学里观察老师们的脸。他曾面对面地看玩杂耍的、演闹剧的、玩魔术的、叫卖商品的和戏台边上报幕的人，他们或者戴着帽顶耷拉下来的圆羊毛软帽，即著名的贝雷帽，或者虚张声势地戴着一顶被弄得凹凸不平的、或尖尖的、或带角的、或插着公鸡毛的大帽子。他非常了解这些娱乐别人的人，他们把脖子上的毛发剃得干干净净直至肉皮里，就像那些阿拉伯奴隶或那些被判在船上划桨的罪犯一样。他了解他们的厚颜无耻的眼神，他们的圆的或公山羊式的或逗号式的或嘉布遣会修士式的胡须，他们的苍白的或闪亮的议事司铎鼻子、锅脚鼻子、骨骼嶙峋的或臃肿的脸和贪婪的、豁牙的或淫欲的嘴。

　　他朝那些大力士、女舞蹈演员、脸上搽着白粉的小丑以及头发上抹了发膏的正在街角讲废话和傻话的少年花花公子们扔去了不少的冷嘲热讽。他挖苦卖袋装毒虫粉的"里约那大师"和讲诙谐历史轶事的独眼人……可是，这些滑稽演员以及他们的小伎俩，这个站在双颈诗琴上唱歌的跛子，这个用一根棒头上有一只鸡蛋在闪闪发光的棒槌敲打一只会模仿杜鹃叫的"铃鼓"的人，这个在脖子上放着盛满了水的玻璃杯和瓶子、同时一边喊叫一边拍一个理发洗脸盆并能保持平衡的那不勒斯人，或者这个让母狗练声的曼图亚人，或者这个让山羊用两只蹄子走路的巴马人，这个让别人用锤子敲其胃部的土耳其人，或者这个为了卖掉其具有神力的蛇毒解药，一边挥舞着饰有骇人的龙和蛇的大战旗、一边滔滔不绝地讲着蛇咬伤和咬死人的恐怖故事的阿里左大师，都没有能够让他笑起来。

在诺兰人的眼里，这些卖让豆角从锅里跳起来的菜谱、神奇不灭灯芯、恶性感冒獾油和哲学油的商贩，这些卖喝后可吸引财富的精华饮品和戴上可以在黑暗中看见一切的眼镜的商贩，这些卖灭鼠灰浆团、冻疮羊脂和记忆油膏的商贩，[①] 已不再神秘了。

布鲁诺喜欢躲到安静的学习室里或图书馆里。他已经隐约地看到了自己研究和发现的一生。在完成中学学业时，为了提高知识水平，正如所有打算从事研究的人，他只有两种选择：穿上法袍或法衣。比如多明我会兄弟们的法衣，况且他们掌握雄辩的艺术，这是攻克灵魂的途径。人们说嫉妒者往往选择法袍，爱上了文学和荣誉者则选择法衣。17岁的布鲁诺于是去敲了大圣多明我修道院的门，并遇到了对其早熟感到非常惊奇的昂波罗奇奥·巴斯卡（Ambrogio Pasqua）院长。6个月后，在对他做了一番仔细的调查之后，他们让他穿上了法衣。这件事甚至还引起了某些人嚼舌，他们含沙射影地说他只不过是打算找一个清静的地方，以便献身于艺术。不管如何，那不勒斯没能腐蚀他的灵魂，而且，在与这个宇宙大城市的相遇过程中，布鲁诺铸就了自己的个性。

1565年6月15日，俯伏在教士会议大厅的中央，前额触地，双

---

[①] 巴纳卡瓦罗（Tommaso Garzoni de Bagnacavallo）在其《世界所有职业的宇宙广场》一书中，后来西莫尼（Renato Simoni）在一篇关于"意大利生活"的文章《Maschere》（n° 4, janv. Fév. 1951）中曾描绘这条街的小世界，大家从其中汲取了不少素材。

臂交叉成十字,年轻人听到昂波罗奇奥问他道:"我的儿子,您想要什么?"他于是按照仪式的要求回答道:

"上帝和您的慈悲。"

院长请他起身,然后在他面前竖起那个木十字架,这意味着向他重申教会里所有的苦修规矩,从明天起,它们将成为其生活中的一部分:放弃外界的自由、完全服从、放弃个人意志、贫穷、对身体和心永不放松戒备的必要性、屈辱、无为、六个月内的绝食、永恒的生活节制、不眠和肉体痛苦。"愿天主他完成对你已经开始做的善行",他结束道,于是所有的兄弟都重复道:

"愿天主他完成对你已经开始做的善行,阿门。"

布鲁诺把他的俗世衣物掷到院长脚下,然后穿上教会的衣服:白色的道袍很宽绰,由一条皮带系住,皮带上挂着一串用自然木料做成的玫瑰念珠,然后在道袍上面再披上一件白色法衣。然后他从头上套上一个带风帽的圆披肩,即尖顶风帽。一位兄弟还交给他一件黑色的披风和一顶也是黑色的尖顶风帽,预备偶尔出门时穿以保护其自身的纯洁性,它们与白色正好相配。另一位兄弟为他削发,只给他留下了一圈头发。

这时,布鲁诺成了教士,于是,所有的兄弟共同向造物主神灵发出了颤动的呼喊:"来吧造物主神灵!"然后,他头上戴着尖顶风帽,跟随着队伍,被领到了大堂里。在那里,他接受一个高级教士为他洒圣水。现在他整个儿是神圣的了。院长在最后一次提醒他将等待他的艰难道路后,给他指定了一年的时间作为初学教士的试验期,同时,为了纪念乔尔丹诺·克里斯普神甫,为他选择了乔尔丹诺的教名,而乔尔丹诺·克里斯普神甫的这个名字则又是为了追念圣多明我的继承人,因此,这个名字使得他"在已经听到圣音的虔诚信徒中"永远与众不同。一个教士书记员作了档案记录:"接受原来在俗世中名为菲理普的诺兰人兄弟成为教士。"

"主宰世界的上帝，祝福我吧。"初学教士重复道。

"主宰世界的上帝，祝福我吧，愿万能和慈悲的上帝恩赐给我们一个安宁的夜，并让我们的生命（像今天一样）在完美中结束，"昂波罗奇奥·巴斯卡接着说，"兄弟们，要保持节制和警惕，因为你们的敌人就像一只吼叫着的狮子，正转来转去地寻找可以吞噬的对象。"

"我们的救援就在上帝的名字里。"唱诗班齐声欢乐地答道。

乔尔丹诺·布鲁诺朝《天主经》深深地弯下腰，悄悄地念几句，接着便是最后的《悔罪经》。然后他加入到唱诗班里与兄弟们一起吟唱，晚祷包括三段圣诗，接着是耶稣志愿躺在死神臂膀中时说的话："我主，我把我的灵魂交回到你的手中。"接着是驱逐本夜幽灵的圣歌《你的光芒》与和平赞歌《我主，现在你可以让你的仆人和平地离开了》以及向天使祈祷："哦，主宰世界的上帝，请光临寒舍……请你的天使住在这里看护我们……""伟哉天后"，最后，修士看最后一眼"晚间之星"。"哦，慈悲！哦，温柔！"……

现在，他回到了他的空荡荡的寝室里，重又独自一人。那不勒斯睡了。他想起了维吉尔的一首诗：

"夜里，当地球整个儿沉寂时，当天体们运转到其行程的最高处时，在整个宇宙里，倦于工作的身体平静地入睡了，野蛮的森林与大海也憩息了……"

渐渐地乔尔丹诺在这种刻苦的生活中找到了一种不平静的快乐。他学习如何以圣多明我为榜样，像一个圣多明我会修士那样为了捍卫信仰总是处于战斗状态，总是能够用语言或笔去纠正、劝戒和说服。一日复一日，一小时复一小时，他的研究在一种细致的虔诚的节拍中进行着：晨祷、弥撒、昼与夜的司铎弥撒和每周至少一次的公共改正错误教务会，而他把这些仪式看作在研究过程中所必须作的一次次呼吸。

乔尔丹诺对他的上级就像对他自己一样地真诚，一年以后，他便让他们认为其觉悟的纯洁和坚定程度足以使他能够越过六品质这一难关。

于是，他在隆重的仪式中进入了大学生的行列。就像着衣仪式那天一样，他俯伏于地，面触地，听见问自己同样的问题："我的儿子，您要什么？"再一次，他向院长回答："上帝与您的慈悲。"然后他跪在院长脚下，院长把他的双手放在自己的双手中，然后宣告誓愿："我，乔尔丹诺兄弟，我发愿保证服从上帝，服从真福的多明我，服从您——我的神父和按照圣奥古斯丁教规和多明我会总章主持本修会的总主。"

就这样乔尔丹诺离开了教民的行列，加入到为了同纯洁派异端作斗争而于1215年创建的多明我会修会。因此他应该成为布道者和乞讨的传教士，他应该会向公众演说。他知道他的生活模式将会像一个"完美的"纯洁派修士的生活模式一样朴素，但是，他的研究将成为生活的基本内容，甚至排在做圣事之前。

在上帝之下是圣多明我，他通过肉眼可见的高级修士来管理多明我会修会，而他则服从上帝。在这里对宗教服从的要求显然非常地严格，但是，这是在一种爱的情感里的服从，其表现方式是圣卡特琳——锡耶那城的卡特琳是多明我会修会在多明我之后的第三位人物——和托马斯所理解的方式：至高无上的纪律，但同时不忘记上帝"不愿意以死罪来强加其教规"……因此其宗教变得"完全宽容、完全快乐和完全芳香"，它是"地上的乐园"。适合于乔尔丹诺的正应该是这些，一如下面概括多明我会修士精神、被显耀地雕刻在位于黑白十字架上部的遁形纹章里的这个词也应该适合他一样：VERITAS（真理）！这是"战斗的呐喊"，乔尔丹诺这时感到自己是一个真理的骑士！

## 被调和的天

在哪里乔尔丹诺·布鲁诺沿着天使
的足迹前进……为了超越他？

在那世纪中期，天主教会杜绝所有有关对自然的研究，因为这些研究有可能与圣经唱反调，教会的绝对权威延伸至与神学混淆在一起的哲学领域。其真福的上层阶级则怡然地生活在一种损害教会根本的奢华生活中。早在布鲁诺之前一百年，佛罗伦萨的多明我会修士萨伏那洛拉（Jerome Savonarole）就已经揭露它是一个"已经在全世界的眼里暴露了其羞耻的""娼妓"，其"有毒的呼气"已经"上升直至天空"。萨伏那洛拉为其英勇的行为付出了生命的代价。马丁·路德烧了教皇的一个谕旨，并在其德国维滕贝尔格教堂的大门上张贴了他的九十五条论纲，他这样点燃了一场已经酝酿了好几十年的起义之火。1546年他去世时，宗教争议蔓延到了欧洲各地。面对这场反对罗马的奢华和腐败生活的耶稣教改革，天主教的反改革的反击缓慢但毫不留情，这是一场继革命之后的反革命，因为这关系到天主教在思想上的专制和在世俗上的权力。

可是，耶稣教的令人忧伤的严肃和艰苦的生活与罗马的堕落一样，很快就让其信徒们感到了绝望。其解救的药方并没有对已暴露的问题起多大的作用。然而这时由菲奇诺、皮科·德拉·米兰多拉、伊拉斯谟、拉伯雷、龙萨……等思想家开创的一个乐观的人道主义思想正在逐渐地被大众接受，这些思想家们打算以他们的方式调和天和地，同时为人间的快乐平反。他们相信人类及其自由的意志，同时不中止相信上帝。这还是一个充满了激烈对抗的时代，比如：1525年，伊拉斯谟与路德决裂；拉伯雷在其《第四本书》里斥责日内瓦耶稣教徒卡尔文是个"被魔鬼俯身、招摇撞骗和反自然的败类"；龙萨则说"日内瓦是小传教士和小司铎。"

当然，这不单纯是一次宗教危机。一百年来飞跃发展的知识，就像是受到了挤压的植物汁液，有粉碎旧式社会结构的趋势。思想意识则在一些不可忽视的历史事件的共同作用下发展：资产阶级的上升、重大的技术发明——比如印刷术、农民起义、百年战争及其带来的不幸后果、1453年土耳其占领君士坦丁堡、西班牙人和葡萄牙人发现新大陆、神话般的东方之旅……

同时，中世纪的思想以及用以表达这些思想的艺术也在逐渐地衰弱，现实主义和自然主义正在崭露头角。现在的问题是要理解**一切**，而且更确切地理解。看问题的眼光拥有了更多的空间、距离和深度。这种眼光意识到了远景和缩影的概念。有不同的眼光，就有不同的头脑，反之亦然。人们这时要抓住动态、变迁、屈膝、偷盗、奇光异彩以及转瞬即逝的时刻。前景变得诗情洋溢，浮于表面的形式沉没到了深刻的内容里。表达方式的个性化促使艺术家们摆脱文风和流派，从而能够去观察自然、雷电、风、天空和骤雨。宗教的感觉能力本身也在改变。艺术这面时代的镜子表现殉道者的痛苦，它开始大胆了：血变成稠腻的红色，人体的创作令人心动。艺术作品开始越过上帝，表现地球上广泛的活动和快乐。精密科学——尤其是数学——在结结巴巴地发言以确立自己的地位。欧洲就好像是一首船，这时上面已经聚集了来自各个民族的天才。商人和艺术家们在旅行。国界正在形成。人们的国籍越来越明确。知识的价值也意欲为这一时代潮流增加其厚度、深度、空间和第三维。在世纪初，列奥纳多在其机密笔记本中写道:"太阳没有移动。"他幻想实现一个"飞行的机器",一艘"潜水船"和一些"用来看月亮的玻璃"……他怒斥那些与他对立的"自我膨胀、装腔作势、拿别人的劳动成果来包装和点缀自己的"作者。他拒绝在别人做的思想模子里铸就自己。一如菲奇诺或皮科·德拉·米兰多拉的继承人,他要保存自己的思想自由。

就在布鲁诺穿上初学修士的法衣时,在从1545年持续到1563年的一次永无休止的特兰托主教会议上,天主教反改革运动一方擦亮了他们手中的最后的武器。年轻人并不是一点都不知道他的城市正被卷入一场冲突里。把教义的纯洁性和对教义的忠实置于一切之上的天主教这时对异端观点给予了强劲的回击。它重新拧紧了其机器上的螺母,现在轮到它来宣讲严格和节制了。它的野心勃勃的计划是:首先,使知识归统于教会的控制下,然后,使其官僚体系、特权以及妙不可言的政治-经济政权永远地持续下去。

意大利与整个基督教的西欧一样,深深地陷于理论的混乱中,信仰已不再是从前的信仰。火焰在摇曳,人们只能看见一堆温和的灰烬和一些四处散落的木炭。当然人们仍然在建筑罗马圣-皮埃尔大教堂,油漆西斯廷教堂,创造一些卓越的圣母像,然而,已不再有乔托或者希玛布的内在之火,这一点显而易见。帕多瓦、佛罗伦萨、克森扎和罗马的造诣最深的学校对探索世界更有兴趣,他们已不再有心情来捍卫这种崇拜或诠释圣经。当无知的低级教士们继续耽于最为放纵不羁的日子时,那些高级神职人员则在富裕的生活里萎靡不振,他们都把福音书丢给了西塞罗。

然而这时的意大利则是一个思潮的前卫,这个思潮的创造者们以其作品的热情、富丽、辉煌和丰富令世人惊讶。在罗马,有一些古代雕像刚刚被发掘,它们的造型能帮助驱散幽灵……正是在意大利思想的进步最快,正是在意大利,批评的精神和对独立的情趣启发了文艺的复兴。

正统教从罗马开始展开其力量和实施他们的战略。它在制服了除北方以外的国家后没有停止反击。教皇保罗三世恢复了宗教裁判所这个中世纪的旧机构,其使命是与"所有背离或攻击天主教信仰的人作斗争,并揭露可疑分子"。机构的主干由多明我会的修士组成。他们的任务与从前一样,是要把法庭重新抓到手中以保卫正在受到包围的堡垒。他们和他们的辅助警察一起组成了最出色的天国伸张正义者军团。至于禁书目录则是一个创新,目的是让他们的秩序延伸至书籍的封面上:有害书籍登记簿被设立,对那些敢于不识别禁书的出版商,也预备了严格的惩罚措施。教堂也有武器和部队保卫。

于是,大家看见最杰出的人物和信仰的反叛分子们纷纷逃离宗教裁判所。他们走遍欧洲寻觅一个可以呼吸的地方,首先是格里松斯,而后是法国、英国,在巴泰勒米惨案和安特卫普遭劫掠后,他们则很快地转向东欧的国家,波兰、波希米亚……在这些人之中意大利人最多,他们的流亡将唤醒很多人起来反抗现行的教会。

布鲁诺则不中断其研究,而且他喜欢那里的有利于研究的氛围。哲学的三年对他来说是一次新的严格的考验。为了走向上帝,他现在已不再选择惬意的虔诚之路,而是走上了一条复杂的思辨之路。这条道路令他非常地满意,尤其是因为反改革现在尚未对教师的职业意识进行严格的管理,至少,其松懈的程度足以让这个好奇的学生可以在学习圣经以及神甫们的著作的同时——也多亏某些默契——博览各种来源的古代书籍。他给自己赠送的这份运气简直不可估量!他可以进入到意大利最有威望和馆藏最丰富之一的图书馆。这个图书馆从八世纪初起尤其拥有各种文字的古代书籍如拉丁文、希腊文、希伯来文、阿拉伯文……为了撰写证明天主教思想的《神学大全》的第三部[①],天使般的圣托马斯·阿奎那本人曾来到这个图书馆。圣多明我大教堂

---

[①] 修道院坐落在教堂的后面,圣托马斯的居室在修道院的一楼。在其居室的门口,除了一些用以装饰的大理石板以外,还有一座18世纪雕塑的圣人半身像。

因他而成为统治整个意大利南部和西西里岛的宗教、思想意识和政治中心，诠释着传统神学文化的力量和威望……伟大的圣托马斯"哑牛"——宗教兄弟们为他起的绰号——之后三个世纪，布鲁诺现在正沿着他的足迹前进着。

圣托马斯·阿奎那的著作曾是一次雄心勃勃地尝试，即在教会的控制下，建立一种朝着自然、具体现实和人类开放的文化。在一个驻着恶魔和幻觉的运动着的世界里，哦，这是一项多么困难的工作啊，这又是一项多么不可或缺的工作啊：因为必须试图看清楚地球上的东西，而同时又不冒犯天，尤其是在解释它们的时候无论如何不能忘记天，否则就被视为嫌疑者。在没有永恒圣父的干预之下就不用想打开一个躯体或弄懂露珠、雨或者萌芽的过程。为了开始解释地球，必须先听听天的意见。古代的亚里士多德的确已经囊括了一切：他把动物、石头、天体的运动、物理现象、政治体系都进行了归类，更可贵的是，他已经接触到了事物的本质，即生长及组织。其百科全书式的浩瀚工作成果被阿拉伯思想家们传到了欧洲，当时，他们在自然科学和哲学领域里都先进得多。这是一位一边谈论上帝一边研究地球上的东西的希腊思想家！人们大概立刻就被其著作所诱惑了。托马斯之前的第一次思潮，旨在推翻这个全知的亚里士多德。其阿拉伯弟子阿威罗伊也有错，其结论倾向于物质主义，然而他却捍卫既赫赫有名又令人恐怖的"双重真理"，根据这一理论，这位思想家既可以谈论科学向他证明的东西，又不必为会与圣经唱反调而伤脑筋。

受其老师大阿尔伯特影响的圣托马斯虽然得出了不同的结论：他拿来亚里士多德的论点，但是他却把上帝放在了更为明显的中心地位上。天与地因此得到了调和：真理只有一个。而这样就可行！

与圣托马斯（逝世于1274年，1323年被封圣）一起，我们可以走出疯狂的幻想世界来进行推理。这是一次神奇的改变。在一个由天使、灵魂和上帝安排一切的世界里，大家却可以谈论一切。从此，天主教思想拥有了一个清晰、冷静和不可触犯的纲领，所有一切在其中都能找到自身的位置和对自身的解释。这个纲领已没有任何改动的余地。它只需要监督人们对其思想体系是否尊重，同时不让打开盖在研究这个锅上的亚里士多德-圣托马斯主义锅盖。这种情形持续了三个世纪之久，直到哥白尼、布鲁诺和伽利略时代。

布鲁诺吸收了托马斯主义。他的老师们似乎很看重他的才华，尽管他们有时被其大胆的问题所触怒。但他们往往原谅这些心灵上的小过失，并认为一个多明我会修士的灵魂比之其它任何一个灵魂都更应该永远避免谎言和伪装。当一个人倚仗多明我鼻祖并以真理为座右铭时，还有什么比开诚布公地表达自己的想法更符合逻辑和更加可以接受的呢？简单、正直、忠诚、坦率、真诚正是对一个未来的传教士所要求的品质。

**真理**？怎么才能知道客观的真理？这位多明我会学生没有权利在前进的途中让自己的精神消遣。乔尔丹诺很快就明白他将比他的老师们走得更远。更远和更强，他将推倒知识的界石。很快，他的意志将撞到不可更换的法律上。因为他固执地要注视圣经中的不明之处，他开始被提醒注意规矩。圣经于是乎在他眼里变成了一些自相矛盾和不确定的警句格言。他绝对想知道为什么。他的老师们更情愿固执地反驳异端理论，诸如摩尼教、阿里乌斯教、佩拉热教以及其它一百种出自时间前夜的扭曲理论。当现时还有很多的蒙昧时，就要去埋葬死人，真是莫名其妙，布鲁诺暗想。必须越过所有的界限去寻找。

"噢，真理，不要逃走，请和我在一起！"他每天都这样对自己说。

不久他将因其超凡的记忆力到罗马去。

# 有白色十字图案的红拖鞋

乔尔丹诺·布鲁诺如何对记忆术感兴趣
并决定自己要长高到直至无以测量？

　　动身之前乔尔丹诺最后看了一眼在烟雾缭绕下的那不勒斯圆形竞技场，这时，从其完美的锥体中，正冲出一股高高的和浓浓的灰色烟柱。然后，他踏上了通往罗马的古老的漫漫的山路，路的两边长满了夹竹桃树、爱神木树、石榴树、无花果树以及爬架葡萄树，可以说世界上没有比这更美的路了。这时他刚刚满20岁，他感到很幸福，因为罗马教皇请求听他背诵文章。教皇，即教父，他也是整个天主教世界的国王，一个最有权力的人，毫无疑问，他在这个世界上最有权力的人的行列之中。

　　这第一次大旅行尤其满足了他的一颗贪得无厌的好奇心，他想通过自己——而不是通过朝圣者们对其华丽的教堂和盛大的仪式所作的惊叹不已的叙述——来认识这座圣城。在他们的描述中，罗马的一切都是无限的、无数的和巨大的，然而，世纪的异端分子们却写了一些另外一种色调的东西。对于马丁·路德来说，罗马已经成为"一个盗贼的洞穴、所有邪恶集聚的肮脏地方、罪恶与死亡以及地狱的王国"。法国七星诗社诗人乔黛勒（Jodelle）认为它是"一个污秽不堪的妓女"。乔尔丹诺并不是一点都不知道这些言论，也不是一点都不知道关于教会之长在公共场合和私下里的行为大相径庭的窃窃私语，以及，在罗马这些教会之长拥有最多妓女的事实，以及瞻礼前一日和四旬斋的绝食规定，一如对贞洁的要求，都不是为他们而制定的……

对此乔尔丹诺将能够做出自己的判断。现在他必须去朝拜七个教堂。他当然要在这个"修道士世界中最修道士"的城市里倘佯，他也不会忘记位于城市心脏的历史所在地——老城，它的残垣断壁和废墟已经让他颤抖了。

他感到罗马城一片沸腾，人们正在打扫、翻新和美化这座不朽的城市，它要证明自己是天主教世界的无可非议的首都，如果说它尚还不是整个基督教世界的首都的话。在私自溜出去的那一次，他去看了那些遗址：和平神殿、协和神殿、酒神巴科克斯神殿、太阳神诸神殿、朱庇特·斯塔多神殿和雷神朱庇特神殿、密涅瓦神殿的半圆拱、幸运神殿的柱廊、东方大理石的十根廊柱……他还看到了在西面的那块高 58 或 60 尺的塔尔珀伊亚崖石。

在街上他无法不遇见教皇。当时，庇护五世或为了露面或为了朝圣无所不在。这时，在威严缓慢的节奏中，教皇及其随从于一次视察返回，他们把他们的信念留在了所有他们经过的街道上。走在队伍最前面的是宫廷马队，之后是教皇陛下本人，高贵的老人身着白色服装、头戴红帽和丝绒风帽，其坐骑是一个白色小走马，马背上的红色马鞍饰着金丝绦和金线流苏。一阵阵低低的赞叹声伴随着他的前行，而且，在他经过时，人们纷纷摘下帽子并在胸前画十字。教皇的身边走着三个戴着紫色无边圆帽的枢机主教、他们的武装侍从和一百个着赭石色和蓝色制服的士兵，长枪贴着他们的大腿。现在过来了另一只有同样装饰的小走马、一只骡子、一只漂亮的白色战马、一只轿子以及两只"衣架"——它们各自驮着一个担着行李箱的粗布马鞍架。乔尔丹诺和带他的高级修士等待最后的持戟士兵过去后进入到圣彼得大广场，广场的对面便是基督教世界最宏伟的大教堂。"金银和服装无法让我们与上帝相似……因为上帝是赤裸裸的。"诺兰人想着。

他在脑中保存下了教皇瘦骨嶙峋的脸、宽阔的额、疲惫眼睑下炯炯的眼睛及其从强劲的小胡子下面延伸下去的长长的和苍白的大胡子。诺兰人的向导、赫彼巴（Rebiba）枢机主教阁下这时向他介绍这座仍在建设中的辉煌的教堂，在这个庞大的工地上，已经有好几代英才前赴后继，布拉曼特、拉斐尔、米开朗基罗……

"这是建筑艺术迄今曾经尝试的最为大胆和最令人惊奇的工程。在三角楣上，您可以欣赏到乔托的那维塞拉，能看得出来，它被修改了一点……耶稣，您看，正在暴风雨中帮助皮埃尔在水上行走。全部，我希望您能看见全部，包括半圆拱上面的一颗球，共有 408 尺，比佛罗伦萨大教堂更高。在这样一个高耸的建筑面前，很少有人不感到某种惧怕。想象一下在天上看到上帝这位住在我们达不到的一片光辉里的太阳时的情景和注视圣母天后这位美丽的月亮时的情景①……"乔尔丹诺则觉得："刚才在街上走过的队伍在水平方向所展开的气势比这座建筑以高度所展开的气势更加地伟大。"毫无疑问，这时天主教重新挺直了腰杆……他不喜欢这种修士-教皇排场，也不喜欢这些盛大的、虔诚超过狂热的仪式。罗马这时让他感到无限地不舒服……不仅仅是因为昨天他偶尔看到了一个可怜的人被押在一个盖着黑呢布的耶稣十字架后面，几个脸上蒙着布的男人和城里的几个贵族以及一流人物跟随着。两个穿着带风帽的无袖僧衣的僧人陪伴着这个被判死刑的囚徒，他跪在囚车上，为了不让好奇的人看到他的脸，他们一边为他讲道，一边让他不停地吻一个耶稣像。他不去看绞刑，但是，关于行刑之后而施行的严厉措施以及耶稣会会士怎样对人民大喊大叫，训诫他们以此引以为鉴的事情他不是一点都不知道……或许乔尔丹诺不愿意知道这里因为一个想法而监禁人，因为一个偏离的词而没收一

---

① 此建筑只是从 1605 年起才改建成拉丁十字形，从此以后，上面的半圆拱不再具有其原来的从远处看到的效果。

本可疑的书，包括那些反驳异端分子的书，因为在反驳的同时，这些书提及了异端分子的错误……或许他不愿意知道他明天将要见到的这位目光锐利的大人物也曾经是一位多明我会修士，也曾经是伦巴第的一位宗教裁判所法官、枢机主教和苏特里（Sutri）的主教以及那个可怕的卡拉法（Carafa）保罗四世的右臂，卡拉法曾担任了十年的宗教裁判所大法官职务……也许他不愿意听到刚才一个圣彼得教堂的议事司铎高声宣读的拉丁文教皇诏书，诏书宣布了无数种被开除教籍的人，尤其是胡格诺派教士和所有拥有教会一部分土地的教会之长。宣读这篇被固定在栏杆上的在一大张黑色塔夫绸上书写的诏书，整整用了一个半小时……也许他不愿意看见在台伯河对岸他们嘲讽一个**招魂巫师**的方式……

　　罗马想通过捕杀自己的虱子使自己变得更加得美丽。这点尤其使他反感。

　　一只钟慢慢地敲着尖脆的钟声。他走了进去，看见在一个华盖下，教皇陛下坐在一把稍高的椅子上，他穿着打褶的紧袖法衣和红色披肩。他单腿跪在地上，教皇为他祝圣。他站起身，走几步，再次屈膝，接受第二次祝圣，然后再向前，他感到脚下的地毯比突尼斯羊毛更柔软。来到地毯的边上时，他双腿跪地。一个侍从过来从教皇的右脚边撩起他的袍子。乔尔丹诺弯下腰来吻那只有白色十字图案的红拖鞋，它似乎比一片金翅鸟羽毛更为精致。教皇有着父亲般的神态，他鼓励他完成学业和圣职。他说会见一位来自他钟爱的修会的年轻修士使他感到很幸福，因为他自己曾是一位多明我会神甫，还说，他的特殊记忆力的声誉一直传到了他这里，他希望亲自来认识和评价。乔尔丹诺则说，人们在教皇面前说的这些恭维话将使他继续依恋他以往一直依恋的神圣教会和教皇，他将尽其所能为他们效劳。至于他的记忆力，他补充说，只不过是大圣多明我的老师们和上帝赐给他的恩惠。

正在成长的哲学家这时究竟在想什么呢？无以得知，但是很有可能他感觉到了教会正激烈地反对改革，另一方面，他被邀请参观的所有这些奇迹般的场面能够迷惑富人和穷人，无知者和学者，但是，毫无疑问，不能迷惑智者。

他决定把其第一部著作题献给教皇这位耶稣的代理人。这位他了解其虔诚和严厉的教皇，还在登位以前，曾敢于抗议某些重大的丑恶事件，比如，提升一位13岁的梅迪西斯为枢机主教。他也许能够理解诺兰人的关于人类秩序、强者和弱者以及善者和恶者的思想。这部著作（现在已失传）事实上是一部讽刺作品。布鲁诺在书中描写了在可怕的洪水这一天所发生的怪异和不公平的事件。在那只著名的方舟里，动物们应该按照正确的秩序就坐，结束它们之间关于席次的纷争。然而，没有一件事情是简单的。毛驴差点失去它在船尾的首席座位，因为与相对撞击来说它是一个更易于尥蹶子的动物。另外，如果不是绵羊羔和山羊羔的话，那么又是哪些动物被赋予了代表生物世界中最高贵部分的使命呢？关键在于最雄性、最无畏和最勇敢，而且这些品质缺一不可。于是在那些最凶猛、最具侵犯性和最可怕的动物中进行了挑选。就这样，应该去天庭的到了天庭，它们享有不会给予其它动物的特权。布鲁诺并且预先向那些可能对这个故事产生怀疑的人做了答复：请稍稍抬起你们的眼睛看一看：在黄道十二宫中是谁在带领前卫队伍，用其强有力的角打开新年的这个动物又是谁？

教皇如何接纳这份辛辣和尖刻呢？他对这位年轻僧侣的特殊记忆力又究竟如何想呢？……

布鲁诺这时已经热衷于记忆法是肯定的，他应该已经开始酝酿写14年后才印刷的关于记忆法的书，这将是他的第一部大作。他对记忆法的这种热衷只是最近才萌生，也许是因为读了吕勒的《大艺术》（*Ars magna*）以及其它几本这类的书籍，比如，乔万尼·巴提斯塔·德拉·波尔塔（Giovanni Batista Della Porta）的著作，这位对魔术着迷的作家刚刚在那不勒斯出版了一部译成拉丁文的作品《记忆艺术》(*Arte del ricordare*)，当然他也因其喜剧作品而著名……

学生乔尔丹诺真正地被这些圆盘所吸引了：在其中的某些表格和图形里，知识的元素由某些字母来代表，转一转圆盘，其中的某些三角形和圆形便形成不同的组合，每一种组合便是某些最微妙的问题的答案。这是受到了古人的启发，古人曾以这种方法向世人揭示大自然的奥秘。现在他要使这种借助于图形和符号的方法系统化，使之最好地适合于记忆力……

他涉猎这些东西就像在玩智力游戏，但是从这里他开始幻想一些新的方法，以便用来探索天及其星座和发掘一些仍旧晦暗但肯定奇妙的知识领域以及那些他从光辉灿烂的无限智慧巅峰上猜测的地球……也许正是无限性这一幻想启发了他对记忆法的热爱。于是他对记忆法的兴趣很快就演变成了一项他必须要做的事情。因此他必须对众多的学科之谜、理论和普遍概念进行核查并重新思考。这项工作非做不可。他必须寻找，再寻找，一再寻找，为此，他要在所有的记忆法中搜集……他用以积累知识的好战精神现在已不再属于一个努力的学生的行为，而是表明了他采纳了人类的一个古老的梦想，即寻求理解太一和理解上帝，并意欲超越这个梦想。既然是同类之间才能彼此理解，或许他也必须试图成为上帝的同类。如果说上帝存在于万物之中——他每天都在加深对这一点的信念——，那么上帝一定也在他的身上。他必须长大，大到直至无以测量。他必须在脑中保留住这句话：不存在不可能的事情。必须认为自己不是凡人，有能力弄懂一切，无论是艺术、科学或生物。他必须上升到比所有高度更高的高处，进入到自己的最深处，用思想同时拥抱所有的东西：时间、场所、物质、质量、数量……

关键不在于会背诵别人的文章，用希伯来语向教皇朗诵《圣经·旧约》里的诗篇《丰德曼它》(*Fondementa*)曾经是一次娱乐。没有比这更傻的了。更值得的是理解和评判著作,以便从中汲取所有的甘蜜。罗马会晤增强了他的一个信念:如果他通过知识接近神圣的话,世界上任何一个力量给予他的热忱和关心都与这个教皇曾一样多,这是为他打开所有大门的非常有益的力量。

人们传说基督曾在爱保利(Eboli)停留。乔尔丹诺·布鲁诺呢,则来到了距爱保利五公里以外的坎帕纳(Campagna),他必须到坎帕纳的圣巴托洛米奥教堂做第一次弥撒。1570年他被任命为副助祭,次年,副祭。1572年的下半年,在那不勒斯城里的另一个修道院里住了一段时间后,他回到大圣多明我教堂开始学习神学,这将是一次仍旧要持续4年的教育,包括以圣托马斯·阿奎那的《神学大全》为教材的思辨课和一门伦理课。1575年7月,他作了两个学士学位论文[1]答辩,皮埃尔·伦巴第[2]对其第二篇论文有一定的影响。他并不自相矛盾,他不隐瞒自己对"天使"的欣赏,尽管他在作领圣体和其它圣事时被一些经院式的极为细微和令人厌倦的问题所折磨。事实上这些后来被他在法庭上用作借口的神学上的东西并不怎么让他感兴趣。他太热爱那些在夜里秉烛阅读的文章了。

---

[1] Verum est quicquid dicit D. Thomas in《Summa contra gentiles》和 Verum est quicquid dicit Magister sententiarum。

[2] 皮埃尔·伦巴第(Pierre Lombard)当时是巴黎主教(约1100-1160),《格言书》(Livre des sentences)的作者,这本书后来成为神学教学的基本教材,他因此又被称作"格言大师"。

# 围绕太阳的人

## 乔尔丹诺·布鲁诺如何成了宇宙公民?

学业结束时,乔尔丹诺·布鲁诺读了希腊语和拉丁语古典著作、菲奇诺评注和出版的柏拉图的著作以及在威尼斯、里昂、法兰克福等地……出版的亚里士多德的著作。他还读了阿维森纳、阿威罗伊、卢克莱修、泰莱兹(Telesio)、帕拉切尔苏斯、库萨的尼古拉、皮科·德拉·米兰多拉、阿格里帕·德·奈特贤(Agrippa de Nettesheim)、吕勒以及一些被译成拉丁文的阿拉伯语和希伯来语作家,以及所有曾经致力于把哲学从神学枷锁里解放出来的作家,当然还有教父们和杰出的圣托马斯……他也高度评价伊拉斯谟,是他引导他去读了那些不被赏识的宗教和哲学文章。他还发现了圣保罗和其他的"邪恶"作者,读了他们的旧版本书简诗,比如犹太教徒伊本·盖比鲁勒和泛神论预见者巴黎教授大卫·迪南(David de Dinand)。他研究"古人"和"现代人",并进行比较……

他在寻找什么?

当然是真理,但是还有呢?

他在这种克罗齐后来说的"高贵的不连贯"中寻找,但尚还不知道他将会找到什么,然而在一片弥漫的光亮里,他感觉到他寻找的东西就在手边。他这时生活在一种兴奋和激昂澎湃的特殊的情绪中,这是即将在光天化日之下爆发的"疯狂"和激情的前兆。他在锻炼自己的哲学。

他十分了解教材的作者托马斯如何成功地从其时代所拥有的各种科学知识中汲取益处以为其信仰所用，其步履亦维艰，但从某种意义上来说很明智。科学知识的发展自上古以来就一直——可以这样说——墨守成规和停滞不前，它们的局限性使得托马斯甚至能够把它们全部一览无余。[①] 布鲁诺已经发现了托马斯思想方法本身所构成的阻滞：即他把现实中的知识拴在了书本上。即使是圣书，也只能导致一种僵化。他明白了教理问答书形式下的官方亚里士多德哲学如何成了一堆平庸、啰嗦和散发着霉味的论文。他明白了如何现行的体制向背诵者和好学生大开其门同时又拒绝了所有研究上的努力和所有大胆的想象力。

当然布鲁诺从来没有想过要直接攻击圣托马斯这座理论大厦，但是他确信这一点：即知识必须与信仰分离。这再简单不过了。正是在教会拒绝这一分离的情况下，他才渐渐难以忍受修道院这一桎梏。这些不遵守惯例的想法很多来自库萨的尼古拉，布鲁诺不隐瞒他对这位比他长一个半世纪的痴迷数学的神学家、政治家和教会领袖的景仰。库萨的尼古拉已经建立起一个与无限性这一概念和人类的知识价值这一概念有内在联系的自由理论，对他来说，真理是无限的，而人类的智力由于受到了自然的限制，不能希冀全部拥有知识。因此，所有的知识是有条件的和相对的。人类唯一可以肯定的一点是他们对真理和上帝的无知。这个对"无知"或者"论有学识的无知"的认识，应该促使知识之间的界限得到越来越清晰的明确。对于库萨的尼古拉来

---

[①] 艾柯（Umberto Eco）在"圣托马斯赞"（《虚假的战争》，《论哲学的安慰》，*De consolatione philosophiae*）中，自问如果在今天这位圣人会写出什么样的文章来，这一思考似乎与诺兰人在这点上提出的问题相似。"他想，他会对马克思主义、相对论理论、形式逻辑、存在主义和现象论给予思考。他也许不会评论亚里士多德，但是评论马克思和弗洛伊德。他也许会改变其推理方法，然而这些新的方法会变得不如原来的和谐和随和。也许最终他会发现，他不仅不能够而且也不应该建立一个像一个完美的建筑物一样的确定的体系，而应该是一个可活动的体系，一部活页的《大全》，因为一些历史事实的暂定概念会进入到其科学百科全书里。因此，我不能对你们肯定他是否还是基督教徒，但是让我们去猜测吧。"是的，也许他正像上面所描绘的那样。

说，真理就好像是一道地平线，寻找它的人试图越来越接近它，但他永远不能一次就达到所有的地平线。

布鲁诺喜欢《论有学识的无知》一书[①]里的下面几行字：

> "没有人比已经明白下面这一点的人更与真理接近：即在神圣的东西中，他要找的那个东西将永远被他错过，即使他已有很多的进展。我们常常看到一些哲学猎人……枉费功夫：因为他们没有进入到"论有学识的无知"这个猎场中。唯有柏拉图比其他的哲学家看到的东西多一点，他曾说他很难相信有人发现了上帝，还说他更难以相信的是那个发现了上帝的人还能够让其他人认识他。"

库萨的尼古拉把无限性的概念放在了神学和宇宙论的范畴中。他认为，一个没有边界的宇宙因而不能拥有周边和固定的中心，因此，人类不可能处于宇宙的中心，而是在星球之中的一个"高贵的星球"上，并且航行在一个没有边际的宇宙中。在其它的天体上，也许生存着一些有智慧的生物……通过暗示三倍伟大的"埃及的"赫尔墨斯的一个思想，库萨的尼古拉指出在这个宇宙中上帝既无所又无所不在。

但是，他的这一番话并不代表着他正在构想一个新的天文学理论，他说这个世界与唯一完美和完全可以理解的上帝是对立的。布鲁诺自问：难道不能反过来说无限的世界才是唯一适合上帝的图像？不久以来，诺兰人已经开始研究《天体运行论》的第六章（$De\ revolutionibus\ orbium\ coelestium\ libri\ Ⅵ$），这是一部罕有、"难觅"的著作。尼古拉·哥白尼——此著作的作者——剥夺了地球在宇宙中的中心位置，并描绘了地球的昼日运行和在一年中的运行。他对太阳行星系重新做

---

[①] 库萨的尼古拉：《论智慧》（$De\ venatione\ sapientiae$），第十二章。

了描绘，把太阳放在了天球的中心。这本书于 1543 年在纽伦堡出版，其印刷版只是在同年的 5 月 24 日才到达其作者的手里，确切地说，在一段长时期的病程之后作者咽下最后一口气的这一天。哥白尼曾把这本书寄给教皇保罗三世亚历山大·法尔内塞，并这样题词道："假如有一些不诚实的人，尽管他们不了解数学，他们仍旧允许自己去评价这方面的东西，并且依据某些被巧妙曲解的圣经里的段落，敢于指责和攻击我的著作，我一点也不感到担忧，而且，我蔑视这些人的鲁莽的评判。"

一个比上述这些人更诡诈的神学家昂德里·奥斯昂德（Andreas Osiander）在一篇可疑的绪言中说天文学理论是一些为了预测天文现象而制作的数学模型，"它们是真是假最终并不重要"。某种意义上的智力游戏。可是正如亚里士多德的宇宙一样，哥白尼的宇宙也有界限。他的宇宙被装在并且被局限在天球的里面，太阳在天球的中心，在太阳的周围，升起一些运转着的轨道，这些轨道载着镶嵌在上面的行星，就好像是托座上的宝石。

深思熟虑后，布鲁诺觉得应该保留哥白尼日心说中真实的部分：太阳是静止的。因此是人类在空间徜徉……这一令人瞩目的发现，当时却不为人知，亚里士多德和托勒密的弟子们对整个欧洲隐瞒了这一发现。在意大利，数学家墨霍利科（Maurolico）希望哥白尼消声匿迹；在维滕贝尔格，普瑟尔（Peucer）认为不能传授哥白尼的学说，"因为它既荒唐又不真实"；在法国，拉缪斯认为应该把天文学从所有的假说中解放出来，博丹同样也排斥哥白尼学说；在瑞典，奥劳夫·吕特（Olof Luth）教授的出版于 1579 年的第一本天文学教材甚至没有提到哥白尼的名字。然而，如果哥白尼是对的……亚里士多德是错的的话，那么就应该让后者的学说体系崩溃！布鲁诺决定支持这个不为人知的哥白尼，但他要走得更远。当然，他说地球不是世界的中心，但是星星并不围绕着太阳运转，也没有被钉在巨大的天球上。如果说地球自转的话，那么其它的天体也不是固定不动的，它们与我们之间的距离也不是相等的，而且，它们也不属于某个天球。如果这一理论与事实相符的话，那么昂德里·奥斯昂德这个哥白尼的可疑的作序者，就是一头"只会操心给驴喂莴苣吃的无知的驴[①]"。

更进一步：如果不存在天球，星星也没有被钉在天球上面的话，我们就应该与库萨的尼古拉一起把空间设想为无限的。布鲁诺就这样从哥白尼、库萨的尼古拉以及其他古人的思想中得到了启示，创立出一个崭新的宇宙：每个星星是一个自由的太阳，有众多的生物世界。

无限的空间是不断更新的创造、永不衰竭的涌现和无限创造力的唯一果实。为了让库萨的尼古拉的论点具有更加具体和真实的特性，诺兰人就像一个上帝一样，用羽笔一下就把地球放在了无限的空间里。这个创想使得人类飘忽不定，同时，粉碎了宇宙中上下的概念。这是一个看起来使人厌恶的创想，"这些无限空间里的永恒的沉默让我感到恐怖"，帕斯卡很快将这样说。而诺兰人想：如果宇宙是无限的，那么上帝也在其中。

乔尔丹诺·布鲁诺并不是一个被天启迪者，这一关于宇宙的新创想并没有在某天早晨在他睡醒时安安静静地来到他的脑中，而是在经历了方法上的怀疑和对各类文献执著地研究后才获得的。几年后，他将有机会提起这段令人头晕目眩的脑力劳动时期。1591 年在《论无限性》(*De Immenso*) 中的一段写给哥白尼的文字中，他明确了这段时期：

"在这里，我祈求你的保佑，我应该尊敬你的思想的你，一整个昏暗世纪的侮辱没有能够诋毁你的天才的你，愚者们

---

[①] 摘自乔尔丹诺·布鲁诺的《圣灰宴》，"对话三"，赫尔桑 (Y. Hersant) 译，爱克拉 (Eclat) 出版社出版。

震颤的窃窃私语没有能够窒息你的声音的你。我祈求你的保佑，高贵的哥白尼，在我童年时你的著作就已经敲击了我的思想，现在我看清楚了这些当时我的感觉和理智都认为是假的东西，并且，我认为它们是发现。"

这席话表明布鲁诺过早地读了哥白尼的著作，以及在超越他之前消化这些著作所用的时间。

布鲁诺这时对宇宙的无限性已有了最大限度的信念，并想要从中得出最重要的结论，因为没有任何实验工具，他于是在各个世纪中积累起来的杂乱无章的假说中寻找依据。正是在这里，他表现出了一个分析家的才能。后来他说这种推理方法是思想进步的主要钥匙：

"……我们比我们的祖先年纪更老，我们的人生道路比他们的更长，至少从判断事物的能力这点来说……。与再生的天文学——天文学也许因他而复活——一起生活了很短时间的欧多克索斯的判断能力与比他晚三十年的卡里伯（Calippos）相比不能更加地先进，因为后者能够在多年中在其他人的观察结果的基础上得出自己的观察结论。同样，喜帕恰斯（Hipparque）应该比卡里伯知道得更多，因为他经历了在亚历山大大帝逝世后持续了196年的天文学发展时期。同样，罗马几何学家梅内劳斯（Ménélaos）研究天体不同运动形式时是在亚历山大逝世462年之后，正常情况下他应该比喜帕恰斯拥有更多的信息。那么，在亚历山大逝世1200年之后的默罕默德·阿让桑斯（Mahomet Aracensis）就应该知道得更多了。最后，几乎是我们同代人的哥白尼，〔生活在〕这一日子的1849年之后，因而他看到了更多的东西。然而，一些曾经生活在他们周围的人，或者，大批的现代人，因为没有比前人更专注，他们的眼光还不如前人深邃，这是因为第一种人和第二种人都没有去体会前人生活时代的思想，更糟糕的是，无论是第一种人还是第二种人，都像死人一般地度过了属于他们的时光。"①

布鲁诺拥有了自己的财富：宇宙无限性思想，然而他却无以证明。谁会听他呢？他必须自己建筑这个新宇宙，然后，从这个新宇宙到一个新哲学……不触碰"天"？他知道这是不可能的，他必须运用计谋。他将去寻找，他将在很多的国家留下自己的足迹，即使需要冒最大的危险。

他想着自己的无限的孤独：

"我对你说两件事情：第一件，人们不会杀害一个外国医生，因为他是为了来传授这个国家尚不了解的医术；第二件，对于一个真正的哲学家来说，整个地球只是一个国家。

－但是，如果人们既不把你看作哲学家和医生，也不把你看作本地人呢？

－我不会因此就不太是。

－谁会相信你呢？

－神们造就了我，我自己承认我自己，还有，大凡有眼睛的人看得见我。

－你只有极少数且没有名望的人做你的证人。

－这些极少数且没有名望的人是真正的医生，因为几乎所有的人都是真正的病人。

－［我将这样说］：'我最杰出的主'或'神圣的陛下'，

---

① 摘自乔尔丹诺·布鲁诺的《圣灰宴》，"对话一"，埃米尔·那迈尔译。

正如有些东西只能通过手和触觉来感知，另外一些东西只能通过听觉、味觉或眼睛来感知一样，自然这个物质只能通过智慧来领悟。我的对话人大概会嗅到这句话中有挖苦的味道，于是反击我说：'是你没有智慧，我比所有像你这样的人拥有更多的智慧。'

——如果一个盲人说你是个盲人，并且说他看到的东西比那些认为自己能看得见的人更多，就像你想象你自己那样，你更不会相信了。"①

事情将不会简单，但是布鲁诺看得很对：只有有智慧的头脑才能领会自然。在他几个世纪之后，一个人的头脑将建筑关于相对论的最大胆的理论并对这些理论进行实验，其它的头脑将想象那些直径只有几公里、密度超高、猛烈自转、燃烧并放光的东西——那些距离地球一千光年的类星体的机能。布鲁诺预感到的正是这种创造性的思想的魔力和头脑的力量，这是人类所拥有的最重要的工具。博览群书为其思索提供着原料，从这些思索中，将涌现出一些全新的概念以及一些看来过于大胆的证明，他将很快不再能够将它们只为自己保留着。

在古代的亚里士多德思想中有哲理吗？他将对亚里士多德以及被他称作为"诡辩家"、"虚构故事家"和"学究"的假哲学家们发起强劲的进攻。亚里士多德将成为他的头号敌人，因为他认为正是他庇护了他作为僧人所遭受到的所有社会的、政治的和宗教的卑鄙行为。②

随着研究和发现，乔尔丹诺的信仰一天天地一片片地剥落，愈来

---

① 摘自乔尔丹诺·布鲁诺的《论原因、原理和统一性》一书的"对话一"，埃米尔·那迈尔译，今日出版社出版。

② 维德里那 (Hélène Védrine) 后来说，"应该在其无节制地攻击中，在他们的不公正的暴行中，看到一个心理上的投射；亚里士多德之所以受到了如此的嘲弄，主要是因为他代表着学院、科学、思想以及真理。如果他只是意味着宗教权威的话，布鲁诺也许会放过他。"摘自《乔尔丹诺·布鲁诺的自然概念》(*La conception de la nature chez Giordano Bruno*, Vrin, 1967)，维汉出版社，1967年。

愈苍白,直至蜕变,并且被一种不同的和近似怀疑主义的宗教感觉所替代。追求真理的道路要求他推开禁忌。在这段日子里,他每天都感觉得到哲学家们在为他增添力量,他愈是思索他们的思想,他愈珍爱他们,他愈是要逃离教会的阴影。现在他被一样无法解释的东西所俘获,他的推理淹没了他的宗教情感。修会在反复教导他禁止追求真理的同时,无意间却触发了他对无限知识的向往。

奢华的祭坛上摆满了枝形大烛台,具有魔力的唱诗单调地重复着,忧伤的钟声,各种仪式的排场,所有这一切都开始与其探索者的命运相悖。吻遗物、吻圣托马斯的遗骨以及那些支离破碎的残片超出了他的能力,当他应该用圣水和圣灰在额头上画十字时,他便同时对自己说"我用我的头脑思想"。他在自己身上感到的这种灵感是他通过书在努力理解这个世界的过程中所产生的。他再也不能设想上帝怎样为了以食物的形式更好地进入我们的身体而能够化作面包和酒。他怀疑,而且他怀疑的范围越来越广:比如玛丽亚的贞洁、圣体的基本教义以及变体的神秘性。在其信仰中留存下来的东西的确已不再像天主教,甚至也不像改革了的基督教。他的上帝与其兄弟们的上帝绝然不同。乔尔丹诺拒绝接受自己没有明白的东西,对自己的怀疑也不会保持沉默……

为死者服务和祈祷这种深深悲伤的仪式,使他感到难以忍受……乔尔丹诺·布鲁诺正在慢慢地摆脱教义的禁锢,他的用卓越的知识征服空间的梦想,正随着香炉里的烟柱升上高处。他的思想正在大圣多明我的围墙外嬉戏,他的思想已在教会之外。

当他用手摸着自己头上的圆顶时,他知道有一天他的头发会重新长出来,所有仍旧把他与教士这一称号系在一起的绳索将在受到第一下震动时崩断。一个猎捕知识的女猎人狄安娜肯定在某个地方等待着他……

布鲁诺仍旧沉默着,他在读书,他在储备,他正在使自己成为一个化生：即一个馆藏丰富的图书馆与一个充满生命力的智慧相结合后的化生……1576年2月的一天，他将抛弃那个让他受煎熬的修道院，急急地踏上通向罗马的路，这是其即兴人生旅途的第一站。正如他自己后来所说的那样，他将成为"宇宙公民"和传播自己的思想的传教士。

# 二

# 欧洲上空的一颗彗星

"我向空中
展开自信的翅膀
我不惧怕水晶、玻璃
和任何的障碍,
我划破所有的天空,
升向无限。
当我从我的星球
朝着其它世界迸发
并进入天野时,
我把人类能看到的东西
远远地抛在了我的身后。"

——乔尔丹诺·布鲁诺:
《论无限、宇宙和众世界》卷首诗。

**蝴蝶**

乔尔丹诺·布鲁诺如何蛇行于意大利北部却找不到
倾听他的朋友？在哪里他开始整理和
拉直思想中某些模糊的经纬线？

这个从一个城市飞到另一个，从不停息的蝴蝶是乔尔丹诺，在四、五天内，他从卡普阿、加埃塔、丰迪、特哈西娜、普利维诺、韦莱特里这条路来到了罗马。刚刚在一个朋友家中躲藏下来，一个来自那不勒斯的消息说他正在被追查，于是他又被迫重新上路。他不确切地知道往哪里去，总而言之朝着北方。在大家都更喜欢生活在城市或学院的围墙里的时代，他这样流浪不能不引起别人的注意。在否认其宗教基本教义的时候，他知道，在自己的最深处他怀疑耶稣基督的神圣性，也许是基督教的神圣性，但最糟糕的事情是，在脑中有这些想法的时候，他的身上还穿着道袍。他如何才能够在一个村庄的广场上或在一个学校里逗留片刻，说一点他敢于想的东西？向谁说，真的？这里不像在西方国家，在那里人们这时还没有开始烧死巫师。当到处都有教廷圣职部的人时他又能到哪里去呢？也许哪里都不应该有他……

它飞呀飞呀。他这时刚刚脱下道袍，他要悄悄地到乐利希（Lerici）港去，路上要歇息九次，在红希格里那、圣劳亨左、圣希尔科、希耶纳、彭特德尔斯、卢卡、马萨和桑扎那过夜。到达乐利希后，从那里他登上了一只前往热那亚的船，他到达那里时是 4 月 15 日。船沿着群山起伏的海岸航行了 40 海里,他有生以来的这第一次海上旅行令他陶醉了……

在接下来的两年中,他将这样在意大利的国土上流浪,寻找一个值得停留下来的地方和合适的听众。

蝴蝶的翅膀有可能被烧着,被光烧着……他在这儿或那儿教一些课,有点儿偷偷摸摸地,但是越来越想去帕多瓦及其学校,在那里大概有思想朝着变革开放的人。在热那亚,他仍然教授亚里士多德的《天球》、托勒密的蠢话以及传统的天文学,这是一件令他最难以忍受的事情,然而必须活着。有一次在路上他发现人们崇拜一件奇怪的遗物:"那位配得上驮我主到橄榄山上的圣母羊"的尾巴。1577 年底在诺里(Noli),他在一个渔民的家里租了一间卧室,因为他这时在一个男生学校里当语法老师,尽管对此他自己也感到有点吃惊。继而连续四个月,他在距诺里 20 里地的吉多巴尔多给一些贵族教天文学课,于是他成了一个庄园的家仆。当受到怀疑时,他便悄悄地离开,然后继续做一些零散的工作聊以为生。他认识了很多人,农民、商人、街头演滑稽戏的以及旅行者等。然而,对于一个对自己的前途已经有了灵感——尽管这个灵感现在还比较模糊——的人来说,这样的生活未免过于平凡了。

他寻找,他不停地寻找。在都灵他自嘲地说"他没有找到适合口味的工作",于是他从都灵经过波河谷地来到了辉煌的威尼斯城。终于来了!他想。可是他应该是很快就泄气了。人们说这座城市最后一次遭受鼠疫的蹂躏是在 1576 年,这次鼠疫使五万人丧生并留下了深深的痕迹:哀悼、恐惧和忧伤。清洁工们这时正在不停地用灰汁彻底地清扫城市各区,卫生长官正在整治,宗教人员正在组织感恩祈祷活动。过往的旅行者被隔离了起来,之后,人们都对被隔离过的人怀有戒备。布鲁诺在这里只停留了两个月,刚刚够让人印刷一本书:《时间的符号》,他曾请一位名叫赫米乔·南尼西(Remigio Nannici)的多明我会修士阅读这本书。在帕多瓦——哦，失望！——所有他找到的东西，便是多明我会兄弟劝说他出于小心应该尽快地重新穿上道袍。他立刻再次穿上了道袍，因为要去布雷西亚和贝加莫……事实上，他每每到处引起兴趣和惊奇，然而到处他又引起担心，因而到处对他关上了门。他必须走得更远，到国外的土地上去。

1578年他30岁，这年年底，他离开了遭受鼠疫袭击的米兰，然后沿着布法劳尔、诺瓦拉、韦尔切利、里窝那（在皮埃蒙特）、西瓦索、都灵、圣昂伯劳吉和苏萨这条传统的道路翻越了阿尔卑斯山，来到了诺瓦莱斯市瑟尼山脚下的一个藏在雾里的驿站。因为付不起一个轿子或一个雪橇，于是他借助一个骡子继续前进，这是一座没有危谷的山，出了这条长七里、满是石子、倾斜和崎岖的小路便是山顶。极目远眺，他看见二里地以外低处的平原上，有几处小房子，几片湖水和几个喷泉以及皇家信使办事处，这是一个从未被瞥见的国度，这里没有树木，却布满了雪板。诺兰人让胸中吸满这高处的空气，他感到了自由，终于自由了，并且有一丝大概那些越过围墙的蝴蝶们才了解的醉意。从都灵开始人们讲法语。布鲁诺懂得这门语言，但是他必须做一些努力才能让别人懂得他，当然懂拉丁文的修士除外。

从拉那布尔和梅利安山到位于日内瓦南部16里的萨瓦省内的尚贝里就很近了。终于到了！他直觉地知道，在这些享有特权的地方，他需要把自己稳固地锚固在一个俗权中才能够自由地表达。但是，一个更高级和秘密的力量命令他去瞄准托勒密、亚里士多德、经院哲学、过分的虔诚和过去等等这些靶子，他身上负有的一个广泛革命的使命——他也许还没有意识到这点——要求他去与旧思想算账。

尚贝里曾是萨瓦公国的首府，这时成了一座魅力四溢的商业小城。在城中的莱斯和阿尔邦小溪畔，坐落着法国教团设立在法国的27个修道院之中的一个。在其旧同宗的住所里，他找到了一个简陋的藏身之所。这时正值冬季。乔尔丹诺十分恐惧无益和有害的闲逸。他于是着手整理在过去的两年中在阿尔卑斯山那边积累起来的手稿和笔记。他现在的工作是"为了突出某些阴暗部分的模糊的轮廓，就像画家；为了整理和拉直某些经纬线，就像织布工人；为了放置最深的基础，就像建筑工人"。然而他很快就意识到，充满田园诗情的尚贝里并不是一个让人可以心境平静地做哲学的美妙地方，如果他不想浪费时间的话。在与一个意大利神甫聊天时，他收到一个无价的告诫："在这个国家里，你不会找到任何的同情，如果你不想饿昏的话，还是到日内瓦去看看吧。"

布鲁诺立即收拾起他的全部物件与打狗棍。既然他的宗教身份不允许他在已经变得不再宽容的法国国土上逗留，那么就去日内瓦吧。

# 在日内瓦的交锋

## 乔尔丹诺·布鲁诺如何进了班房以及被他戏弄的加尔文教派教徒开除教籍？

为了避开饿狗、狼和人面两足动物——黑暗里的强盗，乔尔丹诺·布鲁诺只在白天赶路。1579年的春天，他穿越一个贫穷的农村，看见那里到处是葡萄园、草地和荒地，只遇见了几个耕牛套车和几个流动商贩。过了罗纳河上的一座升降桥后，他来到了一座设防城市的大门前，警卫的男人都身着红色服装，手中提着长矛，佩戴着一个黑灰色的市徽。日内瓦。

"耶稣教的罗马"或"耶稣教徒的林荫大道"，就像人们称呼的那样，似乎很安静很有秩序。乔尔丹诺闲逛着一直到河边，然后走过倾斜的马路，径直来到圣皮埃尔大教堂和马德莱娜教堂。诺兰人不想信任他的第一感觉：安全的感觉。他看见为了完善防守和构建改革主义者的领地，整个儿、整个儿的城区被夷为了平地。他知道38年来改革之父第二加尔文在这里建立起来的政权非常地强硬，而且这种强硬，也许因萨瓦公爵试图推翻加尔文政权而反复地围城，在一种惧怕的感觉中更变本加厉了。这个坐落在改革的欧洲最南部的首都，像一颗深深地盯在天主教腹地里的楔子，同时，这座城市也是来自意大利、西班牙、朗格多克地区和多菲内的所有流落他乡者和自愿流亡者所看好的一个汇聚的地方。这点乔尔丹诺也知道，况且，他在这里遇到的第一个意大利人就给了他"大避难所"的地址,这个组织于 1550 年为这些流浪者而创建,在其中,意大利人能接触到欧洲各国的甚至土耳其的避难者。①

在这个大避难所里,他找到了几个那不勒斯人,他们也同样被意大利社圈所接纳。有些意大利人在这片天下生活已有一个多世纪。他们是来自奥斯塔、伊夫里亚教区、都灵以及皮埃蒙特地区、甚至米兰、卢卡、佛罗伦萨、博洛尼亚和威尼斯的商人。反改革运动一开始,就有来自南方——从阿尔卑斯山直至马耳他岛,从撒丁岛到利凡得的威尼斯属地——的受迫害者来加入到这些商人之中。在这些人中大多数是文化人,艺术家、作家、科学家、宫廷和军队里的人、贵族或大庄园主等等,这是一个最名副其实的贵族阶级。很多人人格颇强,渴望发现,表现着一种美妙的自信,以至于有时把自己当成上帝的密使。乔尔丹诺没有用很多时间就观察到,这些先驱者们与他们的易于接受宗教教导的同代人,在智慧上受着同样的限制。"真信仰"的传送者新教会宣讲返回到原始教义,即无三位一体和无原罪教义。"通过修行来克服邪恶"并不是一件轻而易举的事情,因为还要爱"不值得爱的人"。血液循环的发现者哈维的先驱人,西班牙医生米歇尔·塞尔韦可怖的结局还萦绕着所有的记忆。当时在场的几位老者说他死时的场景至今仍然历历在目。他们把塞尔韦用小火点着,是的,慢慢地烤着,就像烤一只活家禽。可怜的人被指控讲了亵渎神圣的话。受到阿里乌的启发后,他竟敢怀疑基督教的奥义,他简直是一个魔鬼!老者们还说在 40 年代中,正是对异端分子的猎捕伴随着鼠疫的横行。乔尔丹诺不需要更多的解释便已经明白。他很快就了解到当地的神权政治统治者即加尔文的继承人贝札的想法与其老师的想法一样:"盗贼们不在绞架下聚集。"他与最近去世的庇护五世之间也没有

---

① 巴尔纳维(Elie Barnavi)与菲尔东(Eliav Feldon):《弗朗西斯·朴西的道路》(*Francesco Pucci*),阿歇特(Hachette)出版社,1988。

距离，后者曾说为了天主教，在我们所能够做的事情中，"没有比以虔诚的热情去公开地迫害上帝的敌人更能取悦于上帝的事情了"。事实上，日内瓦和罗马这两个教会都有一个同样的司法原则：谁信仰上帝，谁就归属于教廷圣职部或尊敬的日内瓦教务会议；谁不信仰，就犯了亵渎神的罪，就只配被判处死刑。这里与那里一样要用强迫宗教信仰和让人折腰的办法来拯救人们的灵魂。日内瓦与罗马所施行的迫害同样地完美无缺，至于毫不宽恕这一点，彼此都没有留下让对方可以羡慕的余地。

加尔文主义政权置每个公民于教会的权力之下，教会的领导机构是议会，议会则由严格选拔出来的牧师组成。教会每个星期开一次修道会议，每个月开一次牧师会议。为了让福音精神统治城市，教务会议协助国家和教会监督风尚和道德。如果说乔尔丹诺对于等待他的曾有过某种幻想的话，那么他只要阅读一下这里的**信仰训言和告诫**：

"基督教教会之长和行政长官承担着十分神圣的责任，他们的臣民应该自觉地服从他们的统治，遵守他们的法令和宪法，不拒绝他们要求的经济责任，即：人头税、通行税、年贡或公债，或社会义务和国民临时任务等等诸如此类的事情。而且，我们不应该仅仅使自己服从他们——他们理所当然地、他们的责任也要求他们维护他们的优越地位，最好还要忍耐那些像暴君似地滥用权力的长官，直至我们能够合法地从他们的桎梏下解放出来。"

总而言之，这里不是一个讨论问题的理想地方。

乔尔丹诺这时当然无懈可击，只要他不说话，但是他有必要保持警惕。宗教狂热也能变得可憎。贝札刚刚向拉缪斯宣称："日内瓦人已经做出了一个不再改变的决定，即无论在任何知识领域里，他们理所当然地不背叛亚里士多德的崇高的感情。"响鼓不用重锤敲!

　　诺兰人下榻在一个旅馆里,他想再看一看!他很快就明白了。鼠疫去年刚刚消失,令人恐慌的气氛仍旧时时出现。人们已不再去寻找鼠疫精,即那些不幸被指控把死尸肉片或鼠疫病人的衣服与油脂掺合在一起,然后涂在门上来传播瘟疫的人。不找了,这一个歇斯底里刚刚结束了。可是就在刚刚不久,公布了大斋戒:人民被请求在上帝的审判面前默思和悔改,而且,统治机构被请求不要放松对每个私人生活的监督,他们的着装和日常伙食也一样。关于着装,从头至足都有细致的规定。比如规定"任何男人和任何女人手上不得带两只以上的戒指,除了新娘在其婚礼的这一天和第二天被允许带一只以上的戒指"。乔尔丹诺去拜访了维柯侯爵,他是本城意大利福音教团的始祖,那不勒斯人,逃亡后皈依了加尔文主义,现在负责保证他的同胞们有良好的举止。在询问过他是谁,他来日内瓦是否为了留下来和信奉这里的宗教等问题之后,这位侯爵没有忘记给布鲁诺提出许多关于行为的好建议。

　　"我回答了他提出的关于我个人的问题,"布鲁诺解释道,"并向他说明了我离开修道院的目的,我还补充说我不打算接受本城的宗教,因为我不了解这个宗教是怎样的,以及,我希望在日内瓦住下来,在这里完全自由地和安全地生活。侯爵建议我无论如何先脱掉我穿的道袍,于是在离开他后,我便找人给我做了几件衣服和一双结实的鞋子。侯爵与其他几个意大利人给了我一把剑、一顶帽子、一件外套和一些生活必需品,然后,他们还为我找到了一些印刷校对的工作,以便维持我的生活。我便这样生活了两个月,有时去听意大利语的或法语的布道,其中,我听了好几次巴勒巴尼

(Nicolas Balbani) 的讲课和教堂布道，以及卢卦（Lucquois）讲福音书和念圣保罗的书信。但是当我听到向我宣布如果我不能决定信奉这里的宗教的话，我就不能在这座城里长期居留，否则我将得不到任何援助的时候，我便毅然地决定离开这里。"

这是后来他向威尼斯宗教裁判所所做的一段陈述。然而在这一点上，布鲁诺没有说出全部事实，事实上，当他再次上路时，他已别无选择。

五月，身着民装，带着佩剑，他在日内瓦大学以"神圣神学教授"的头衔作了注册。不久他在那里遇到了一个叫德·拉·法依（Anthoyne de La Faye）的沙托丹人，这位哲学教授还持有帕多瓦的医学文凭并担任中学校长，也就是说，负责监督班主任、孩子、指定处罚以及挥舞罚杖。布鲁诺想看，想听，为此，在某种意义上来说，他也收到了罚杖。

当他听这位德·拉·法依抑扬顿挫地宣讲亚里士多德的绝妙驴语时，几乎蹦了起来。既然手边有印刷工具，于是他就没有能够阻止自己用一份小册子反驳他。可是这一次布鲁诺倒霉透顶，这位德·拉·法依先生还是拥有无限权力的贝札的助手以及一个野心勃勃的政权求职者……于是乔尔丹诺进了班房。

1579年8月6日星期四，晚餐之后，他以及在场的学者们，听到了对他的指控："曾经以印刷品反驳并辱骂德·拉·法依先生，并在一次听德·拉·法依先生讲课的过程中，数出了在其教授内容中的20个错误。"他的印刷商朗·贝尔容（Jean Berjon）当然也被诉究，他拼命地为自己辩护，并推说意大利人曾向他肯定这是一篇与哲学没有任何关系的无害文章。这个可怜的人还是被关了一两天——对哲学的复杂性进行思考所需要的时间，并被判罚款25个弗罗林——考虑到"其不太宽裕的经济条件"。

8月10日星期一，布鲁诺重又见到了太阳：在高呼谢谢上帝、谢谢法庭和谢谢上述的德·拉·法依之后，他被释放了出来。但他被要求到教务会议承认错误，并亲自撕毁他的诋毁短文。8月13日星期四，他来到了这个高级司法机关。他开始被审问，不仅针对这篇短文，还针对他在理论上的游移，以及他曾敢于用"教育者"这个可疑的词来称呼日内瓦教会的牧师们这一事实。布鲁诺则玩文字魔术，耍花招，并提出所有这些告发都不符合事实，因此，他既不想道歉，也不想认错，他甚至解释说他受到了迫害。然而，他很快就必须后退，承认所有的"错误"，其中包括曾经有好几次以不同的方式戏弄牧师们。他们于是训诫他，并请他遵循真正的教理，即加尔文主义教理。他于是让自己变得顺从起来，回答说他已经准备好接受惩罚，因为他绝对要从这个厄运中出来，他最终承认诋毁了上述的德·拉·法依，捏造了他没有说过的话，确实做了被指控的事情……他承认他们应该给他一些好的警告，他应该认识到自己的错误……

书记官在审讯笔录上记录下了给本城老爷们的建议，请求他们"无论如何不要忍受这样一种人，他会把我们的哲学搅得乱七八糟。"他还补充写道："警告处分以及禁止他参加圣餐式[①]的决定在他被释放前已向他传达。"

8月27日星期四，笔录有了后续：

"免除开除教会与保留警告的处分

菲理普·布鲁诺，学生，本城居民，在教务会议出庭后被开除教会，因为他曾经对牧师们以及一个叫作德·拉·法依的中学校长使用诋毁的言辞，鉴于他认识到犯了大错，并

---

① 禁止参加圣餐式，意即被开除教会。

承认应该给予他好的警告，因此被释放并可以重返教会，上述警告以及免予开除教会的决定已经向他传达，对此他已经以感恩祈祷的行为致谢。"

亚里士多德才是诺兰人的目标，而绝不是一个神法学院的教授这样的人物。上述对这次冲突的梗概，让人隐约瞥见到了被告的鲁莽、论战才能、灵活的战术，以及当强大的水流使他偏离航道并把他冲向暗礁时他具有的敏捷的操纵本领。为了脱身说感谢上帝和日内瓦法庭，布鲁诺大概一点都没有感到为难。在撕掉他的小册子时他应该克服了不少。可是，他已经走了这么多的路，并不是为了进到一个单人囚室里然后在其中腐败。他也是想投石问路，看看是否能在这里讲他的哲学……他应该认识到了既不是地方也不是时候。至于言论自由，日内瓦不比罗马好。走……

他在加尔文派教徒那里的经历，只是一个简短的阶段，刚好是一段够他用来学习印刷和雕削刻版工作的时间。也是，在走得更远去播撒自己的种子之前，受辱……和初试锋芒的一段时间。

# 经院式的疯狂

### 乔尔丹诺·布鲁诺如何在图鲁兹寻找安宁又不得不逃离刀光剑影？

走！但是为了怎样的将来？如果改革的教会也像罗马教会一样深深地愚钝和宗派主义的话，还能指望哪里呢？在哪里可以以哲学家的身份生活呢？

被第一个外国城市以如此令人难堪的方式排斥。逃亡者深思着。难道他应该闭上嘴巴而安安静静地写？辩论也许不是最好的表达方式？乔尔丹诺没有能够克制住自己的本性。他是一个过于细致的观察者因而不能佯作无动于衷，他过于自信因而不能接受服从和缄默，个性过于炽热因而不能模仿半睡半醒……他酷爱辩论，尽管已发生的这一切，却并不后悔曾经蒙骗了这些愚蠢的日内瓦审查官。而这一点正是这次经历积极的一面……

他又没有嫁给日内瓦！

关于旅行的目的地，这时他已不再有很多的选择了：他应该往西方去，到被宗教战争摧残不堪的法国去，当然他并没有忘记在尚贝里听到的应该小心的忠告。九月份在里昂时，整整一个月他徒劳地寻找适合他的维持生活的办法。他总不能靠替人占星算命来营生吧！怎么办？他的志向是"说话"，是宣传他的思想。教书应该是个好办法。因此他应该在一个有学院的城市里生活，学院是他能够希望遇到善意的耳朵的唯一地方。

他于是南下至瓦朗斯、阿维尼翁和蒙彼利埃，接着经过一些有笃信宗教的西班牙人、来去无踪的大兵、匪帮和武士出没的没有把握甚至危险的地方……也许图卢兹？

布鲁诺听说过图卢兹，因为正是在这座城市里，在一幢后来成为圣罗曼修道院的房子里，多明我神甫创建了多明我会修会。教皇曾请求他首先与当地的纯洁派信徒作战，而不是喀尔巴阡山脉残酷的野蛮人……布鲁诺还知道这个宣讲福音的故事：如何，在离图卢兹不远的方掬（Fangeaux）这个造反的地方，天主的人多明我，按照奥古斯丁的准则并增加了几个教规来开始建立他自己的修会。那还是在普鲁伊（Prouille）附近……我的路经过那里吗？多明我首先把争取过来的一些正在走向异端的年轻女子关在了他的玛利亚圣殿的隔壁，目的是把她们造就成第一批修女。这些祈祷的和忏悔的处女们，要夜以继日地负责监督和维持一个感恩祈祷室，好让多明我与其兄弟们全心全意地投入到前沿阵地上的战斗中，同时这些修女们为了他们的事业而祈祷。人们称多明我为**狂热的灵魂守护人**，那些被他制服的异端分子则说他是"一个诱惑者"……

是的，布鲁诺是通过多明我而了解了图卢兹，然而并不是一颗游客的虔诚之心推动他进入到这个富饶的法兰西第二城市的围墙里。他来的原因更简单，因为图卢兹拥有基督教四大学院之一，这座学院与博洛尼亚、巴黎、牛津齐名，是正统教的堡垒之一。学院由约翰二十二世创建，后来英诺森十一世增设了圣马德莱娜、圣马提雅尔和圣凯瑟琳中学等等，学院的声誉主要因其神学和法学学科。这些城墙仍能勾起回忆，当教皇禁止阅读亚里士多德的时候，这里仍然教授亚里士多德，几位古希腊语翻译，如圣托马斯的合作者墨尔贝克（Guillaume de Moerbeke），最终圆满地完成了他们的工作。应该在这里还能找到这种美好的独立和研究精神的痕迹，虽然时光已经流逝了一个多世纪了……

和平统治着图卢兹，然而有点古怪，因为就在四年前，曾有四百个巫师、异端分子和无神论者被烧死，在市政府周围各处，还能看到被焚烧了的房屋废墟。人们经常谈起火枪射击。好几次，轻型炮和轻型长炮分队在士兵和骑兵的卫护下朝着贝亚恩的方向出发。贵族们大声地贬低这个"不幸的敕令"，它让胡格诺派教徒像在从前的那些令人伤心的日子里一样自由地行动。离城市不远的地方，富户们正在把他们的家私运送到安全的地方。古怪的和平，真的，但在布鲁诺眼里，它隐藏不住可怕的宗教狂热的蛛丝马迹。

因此，在一个耶稣教占四分之三的国家里，坐落在加龙河畔的图卢兹是一个天主教的重地。它的围墙非常地可观，几乎是圆形，用砖砌成的墙体和高大的塔楼十分地坚固，炮弹只能在上面炸成窟窿，但打不开一个缺口。城里还耸立着众多的不同寻常的钟楼，几乎就像是在那不勒斯。在60年代时，这里的改革教会曾经非常活跃，但是在一些炮声响过之后，在一些相互的屠杀之后，天主教在城市的围墙里面占了上风。朗格多克地方长官亨利·蒙莫朗西-党维勒从1563年起徒劳地试图施行平衡两个阵营的政策。争取王国的统一和宗教自由则成了亨利三世"在政治上"的两项有理智的原则。

布鲁诺刚到这里时就已经观察到这一政治方针在图卢兹难以实现。从邻近乡村来的避难者以及他们诉述的关于教堂被抢劫和教士利益被损害的事情看，城里有一种被围困城市居民所表现出的集体性精神异常现象。20多年来，所有的天主教信徒都撤到了这个玫瑰色的首都里。最先是耶稣会会士，1565年那年他们被赶出了帕米耶，1569年夏尔特尔修道院大屠杀后的幸存者和这年逃离易斯勒-汝尔丹的勒扎特的老圣安东尼修院的方济各会修士继踵而至。布鲁诺去逛圣德萨兰乔治广场和皮埃尔广场以及主要的街道，但这些街道比那不勒斯的托莱多商业林荫大道要狭窄。他从苹果大街和富尔泰那大街去参观圣乔治教堂以及奇异和令人难忘的雅各宾教堂。但是他还一直记得自己是个弃教者，如果偶尔不幸被盘问，会让他后悔的，因此他不长久耽搁。雅各宾教堂的七根中心柱把大殿一分两半直至宽大的半圆形后殿，他很欣赏这棵以其 22 根叶脉支撑拱穹的"棕榈树"，然而并不一直走到陈列圣托马斯遗物的地方，他没有拜物的心，从大圣多明我修道院拿的骨头对他来说足矣……不管如何，他在自己内心最深处承认，这个用杂有粉笔蓝和血红色的黄色石头和红黏土砖建成的多明我会教堂，是南方哥特式建筑的一个奇迹，它有着自豪的神态……它高喊着朝着上帝上升的愿望……可是上帝在每个人的身上，神圣的火花……

不管如何，有时在这里他又找到了在别处曾经感觉到的一种魅力，这是每一个从不安全和尘土飞扬的大路上来的人所有的放松的第一感觉，这是一种掺杂着对这个城市有好感的秘密的感情，因为这座城市曾经抵制过可怕的反异端分子的战争，它实在太熟悉为了捍卫主教秩序从香槟省、勃艮第和佛朗德勒南下的英诺森三世十字军连了……它还经历了 1562、1567 和 1572 年大屠杀的痛苦。不管如何，图卢兹似乎又重生了，它仍是欧洲唯一的文人社团"快乐知识连队"的城市。

风儿——布鲁诺认为是它从大洋那边带来了新鲜空气——，时时加强，在加龙河岸边掀起一些玫瑰色沙卷，那些有雅致突饰的砖房也不乏魅力，当地的口语能令他想起遥远的和亲爱的卡帕尼亚口语，他感到自己被诱惑了。在通往加斯科涅路的圣希普里安桥那边，他观察到人们正在用琢石建第二座桥，然后在巴扎克勒门附近建第三座，从那里又可以看到几座壮丽的磨坊和驮着小麦和面粉的驴队……他的住处离那里只有两步路。

他正在考虑如何从一个耶稣会神甫那里得到宽恕。出于谨慎？为了给自己重新找到一个宗教好名声？为了表明他与加尔文教派信徒之间不可逆转地断绝关系？内心的需要？然而他的努力徒然。他是个叛教分子，他的案子无疑归属于罗马。然而这点却没有阻碍他很快通过竞争获得了常任哲学教授的职位。阅读课的教材应该是……《论灵魂》（De anima）——一部亚里士多德的关于灵魂的论著！这是一个他在教授德谟克利特时忘记的残酷的幽默。他很快又增加了物理、数学和吕勒思想等其它的课程，并作了一些关于萨考巴斯克（Sacrobasco）的"天球"的讲座。这样的生活延续了 18 个月。他充分利用这段时间写了一部关于吕勒记忆术的论著：《伟大的钥匙》（De clavis magna）（一直没有找到这本书的踪迹），并同时为他将来要写的著作做笔记积累。

在 1581 年的整个夏天中，图卢兹比平常更加骚动不安，教派之间的厮杀肯定即将重新开始。大家都磨快短剑，擦亮铠甲上的鳞甲。天主教徒不停地起来反对国王陛下在其和平协议中给与胡格诺教徒的好处，尤其反对给予他们驻防重地。他们自行组织了起来，"为了维护天主宗教，反对异端分子的侵犯"。为了谨慎起见，新教徒们也把自己武装了起来。这些筹备工作应该被认为十分重要。18 年前，在这座城里，在乔治·阿马尼亚克、枢机主教斯特尔兹（Strozzi）、阿尔比主教和蒙吕克的倡议下，产生了神圣联盟的第一批队伍，这个狂热的天主教组织让他们的权力像触手般地延伸到整个王国。其成员在法国议会的领导下，投入到反对"造反分子"的武装战斗中。在"让我们与基督一起牺牲"的口号下，几年来他们一直说要进行一个新的"十字军东征"。通过他们别在衣服上的白色十字架可以认出他们。已退休的元帅和刀手专家老蒙吕克看得差不多，他说战争已经不远了。"因为，只要有两个宗教同时存在，法国就有分裂，有混乱，不可能有其它的出路，"他补充说，"更糟糕的是，这不是一件一劳永逸的事情。其它的纷争比较容易和平地解决，而宗教纷争则一波未平，一波又起……"

确实，图卢兹很宗教。

最近，这里害怕来自加斯科涅的进攻。百花诗会因此被取消，主要的钟楼上有哨兵站岗，老桥的市政长官带人在圣希普里安巡逻，好几个城门被关闭，其余通行的门被严加把守，并对过往行人严格搜查。人们到处搜集铁链以便封路……

当然尊严的法国议会新主席杜朗迪力图让骚动的人们安静下来，但布鲁诺明白他必须赶快放弃这个地方，尤其是他的新教学方法不停地引起亚里士多德卫士们的不满和抱怨，他冠之以"经院哲学的愤怒"。就像庞达古一样，"当他看见他的老师们像熏制的鲱鱼一样被活活点燃时，便不在那里久留"，布鲁诺急急地离开了这个不怎么适合于哲学的宗教狂热的开水壶。永别了，巴扎克勒磨坊、漂亮的磨坊女工和圣塞尔南……

逃亡已持续了五年。这个有千言万语要说而又不得不缄默和逃命的男人，仍然在观察罗盘上的方位标，试图找到一条正确的路。这次他决定北上巴黎。在那里，有一位国王，人们说他对思想上的事情感兴趣，还说他疯狂地热爱意大利，在他的庇护之下，他也许终于能够表达了。

# 意大利的魅力

### 乔尔丹诺·布鲁诺如何吸引亨利三世以及反之亦然？

他这时33岁，既英俊又热情，当其尖锐的黑眼睛不探索物或人时，他的轮廓精致的脸庞便总是沉思和忧郁着，但是一旦他开始讲话，他就会立刻让一些奇妙的地平线出现。人们听见他轮换使用无数不同的语调——神圣的或世俗的或讥讽的，把抽象的概念混淆在诗歌里，不考虑流派的形式，滔滔不绝的话语犀利、形象、丰富得以致令人困惑不解，有时又像小丑一样临时编造一些诙谐和滑稽。总而言之，他辩才无碍，他有语言天赋。假如这时尚未出名的莎士比亚不是他的小弟的话，人们便可能说他像莎士比亚。他有所有让学生们喜欢他的东西。

1581年夏季末，迷人的乔尔丹诺来到了巴黎。这时母后的芭蕾喜剧正在排练中，大家等着一场奇迹般的演出。嚼舌的人将会说国王尽做荒唐事，其实亨利三世并不像谗言所肯定的那样任性和浅薄，当然，大家看见他迷恋猴子和鹦鹉，与他的狗们耍闹，整个一个季节在玩比尔开包，并热衷于狂欢节。也许隐蔽地工作与炫耀地作乐是其弱点，然而他首先是位政治家，一个完成己任后不放弃自己对美的趣味和兴致的君主。高挑，略微挺胸凹背，眼光高傲，但毫无造作，永远有尊严的优雅和自在。他身边的人在他身上认识到一个敏捷、尖锐、十分清晰、具有神圣的理解力和正确的见解以及惊人记忆力的头脑和他的祖父佛朗索瓦一世所不具备的"倾听和花时间写作的耐心"。他也喜欢插科打诨、挖苦人和倾听被他邀请的人。

这是一个知识分子,而且他与一些知识分子走得很近,一个喜欢安静、学习、耕耘,以及与剑相比较更喜欢用头脑来统治的男人。他刚刚以一种卓越的方法安排了他的办公室:在候见厅里设立了一个可以讨论伦理和哲学问题的学院。在这种动荡的时代,这是些不能被原谅的作风和态度。就是这样。还在嘴上没毛的年纪,他曾在亚尔纳克和蒙贡杜尔作战,但是他没有感觉到自己有一个战士的灵魂。作为法国人的国王,他继承了一个不可能实现的任务,即让只想着厮杀的天主教徒和耶稣教徒和平共处,况且这也不只是为了宗教的理由。九年前的圣巴泰勒米惨案是其母亲卡特琳·德·梅迪契的一手。这个老母后还活着,但是现在她只是宫廷以及家族的仪表顾问。她做每件事之前必须先要得到他的同意。意大利人则评价她仍旧是一个"头脑像其身体一样强壮的伟大公主",并且"为了所有基督教徒及其国家的利益,希望她长寿"。国王则有自己的国务顾问,博丹是现代"君权"以及其它"政策"的创始人。是他在陛下的和平条约上和博留(Beaulieu)敕令上签了字,给予除巴黎之外的全国各地信仰自由。但是这个和平条约从来都没有能够减缓战争的速度,尤其是在南方,在朗格多克地区,攻占城市和屠杀一直是两个阵营之间司空见惯的事情。贝尔热拉克和平条约和普瓦蒂埃敕令则损害了胡格诺派教徒的自由。人们说国王在迂回。不如说他为了避免最糟糕的形势在操纵。当宗教改革运动和神圣联盟从其两边寻找一个替罪羊的时候,国王便处于危险的位置上,无论他从哪里转身,亨利都看见其一半的臣民请他压垮另一半。

去年他有点患抑郁症。

他的自豪的风度掩饰不住一颗被虚弱的身体困扰不堪的灵魂。有人悄悄地说他不会有老骨头了。这一点使其政权被笼罩上了一层阴影。去年冬天在圣日耳曼，为了治疗腿上的脓肿，大家看见他把脚放进一个刚刚被杀死的牛嘴里。那么他迷信。或多或少，正如所有的人一样。但他又是一个优秀的天主教徒。他笃信无玷始胎，对这一点直至最近仍有很多的争论，他把好几个善行置于玛利亚的庇护下。但这并没有妨碍他在其宫殿里倾听路过的耶稣教徒智者⋯⋯一个开放的男人。

30岁时，他已经有了一个漂亮的人生经历：16岁时是王国的少将；然后做波兰国王直至不能够继续忍受远离故乡的痛苦。回法国时他经过意大利。啊，威尼斯！⋯⋯那奇迹般的欢迎仪式，至今仍然令他魂牵梦萦，惊叹不已⋯⋯从圣马可到圣吕西，这些表演，这些沿着大运河两岸、在所有饰有珍贵织毯的窗户上以及在屋顶上用灯光组合成的百合花、金字塔和车轮以及这些灯火通明的宫殿。

威尼斯督治墨塞尼格请他到海湾船长的帆桨大木船上就坐，船上万火千灯，140个身着黄蓝色塔夫绸的斯拉沃尼亚桨手让船向前行驶⋯⋯在圣尼古拉·迪·里多，一个由帕拉第奥设计、丁托列托和韦罗内塞装饰的凯旋门已经被竖了起来⋯⋯这艘"半人半牛怪物"载着其甲板上的一行人，到达了佛斯卡里宫，宫里面陈设着皮具、黄金、稀有布匹、古代武器以及闻所未闻的华丽家具⋯⋯在宫外注视着他们的人群中，有许多漂亮的女人⋯⋯哦，开始执政时的无上荣誉是多么地温柔。他钟爱意大利，一点都不错。他曾在一个佛罗伦萨文人考尔比内里的指导下学习意大利语，他还选择了著名的伯宏（Davy du Perron）作他的数学和哲学老师⋯⋯

没有人对其演说才能提出异议。全国三级会议的代表们，当然还有其他人，目睹了他如何娴熟地成了神圣联盟的领导，目的是不被它倾覆⋯⋯

他说的话不够多。一个威尼斯人说："初接触时，可以说他太傲慢了——那个自豪的风度！——但是继续接近他时，就会感到他彬彬有礼，比其他人更加地和气，这样就调和了大家对他的尊敬和感情。"

乔尔丹诺·布鲁诺应该让这个国王，这个书斋和工作室里的男人，听见自己的声音。正好他来巴黎讲30来节课，内容是关于"圣托马斯著作中的神的特性"。他已经与驻巴黎的威尼斯大使莫霍和十分具有影响力的修道院长昂古莱姆取得了联系。

亨利三世是位多情的国王："当我喜欢的时候，往往走上极端"，他对其偏爱的顾问维尔怀侯爵说。其实大家都知道他无分寸地喜欢一些人，并且给予他们恩惠。他喜欢意大利人。有人计算了一下，他给140个意大利人发年金：其中82个皮埃蒙特人，21个那不勒斯人。他的城堡里随处可见阿尔卑斯山那边来的人：园丁、喷水池管理工以及各种娱乐活动的设计人和制作人等等。不久以前，他请了著名的威尼斯喜剧团来巴黎和布卢瓦，那些热劳斯人，当他在泻湖上时，他曾极为欣赏他们。在他的音乐家们之中，百分之四十七的乐器手和其中的百分之七十六的小提琴手是意大利人，百分之二十八的宫廷歌手以及百分之百的喜剧演员是意大利人。

法国开始讲法-意语。"没有一个比您更帅更有趣的威尼斯人吗？"国王对讷韦尔公爵说。国王自己则喜欢与佛罗伦萨和威尼斯大使讲托斯卡纳语。于是这位威尼斯大使对他说，在首都有一位从那不勒斯来的哲学家，他赋有令人瞩目的记忆力，人们传说他善于运用助记术。

1581年夏末，母后的芭蕾喜剧一直在排练。一个由铃铛手、笛子手、竖琴手、小提琴手、古键琴手和诗琴手组成的乐队刚刚诞生，这是意大利模式。去年的斋前四天的假面舞会将要更新。这并不是奢侈，必须疏解内战时期的那些过于残暴的特性。

有人在门后听到跳芭蕾的人谈论黄金时代、持久的内部和平以及"残酷和非人性的铁器的季节"已接近尾声。为了"以永远的和平和富饶把它装扮得更美丽"，神们愿意留在法国。

乔尔丹诺·布鲁诺来得正好。

# 在思想的影子里

乔尔丹诺·布鲁诺怎样开始出版关于记忆力的
著作同时不忘记柏拉图的洞穴？

那么亨利三世喜欢意大利人。他兴趣盎然地去认识他们之中的最有知识者，在他的眼里，他们不是外国人，而更应该说是他的朋友，譬如卡珀尼、孔第、萨尔韦提、卡达涅，他们的后代从此成为受人尊重的绅士，再比如雷兹或其兄弟拉·图尔、圣塞韦利诺的该亚斯、拉·米朗德的庇科、洁若拉米、比拉格的安德烈和查尔、杰·伯朗卡斯、颇·颇·托兴伊或蒙·邦迪尼。

国王也被所有有关记忆和哲学的东西所吸引。他的这一个倾向大概来自于他的祖父佛朗索瓦一世。因此，当他听说有个叫作乔尔丹诺·布鲁诺的那不勒斯人最近在左岸讲了一整个系列的精彩讲座时，便想认识他，于是他下诏请他在一个下午的召见时间来卢浮宫。他打算从他那里了解助记艺术和创造艺术，同时自忖这个会记忆的意大利人真的具有自然的天赋呢，还是他会一种更应该归属于魔术的诈术或记忆方法。

布鲁诺对这一邀请感到非常地满意，尤其是因为他已经感到了巴黎院士们对他的无声的敌意。巴黎大学是中世纪经院哲学的重地，其大门被十分小心地朝所有的新思想关闭着。进这所学校发扬其所学，或经过一次"能力"考核，是布鲁诺想都不用想的问题，更不用说拿剃发礼证书来为自己申辩了。索邦神学院这个正统教义的最坚硬的卫道士是不可接近的。

国王陛下在向诺兰人提过一些问题后，便轻松地得出了结论：他记忆读过和听过的东西的能力与魔术实践毫不相干，完全是得之于其个人的天赋。布鲁诺则十分的高兴。他急切地把刚刚用拉丁语写成的并已在一个叫作古尔班的出版商那里出版的著作《论思想的影子》（*De umbris idearum*）题献给国王。回应很快，国王任命布鲁诺为法兰西学院特别教授，这个高等学府由国王的一个先辈创立，确切地说，是为了避开索邦神学院对所有新人文科学和革新的反对。诺兰人成了王室的教授，成了王室教授团的一员！这是何等的运气啊！这又是何等的不可估价的成功啊！其不安定的宗教处境也许永远不允许他冀望一个平常的讲坛，因为他被禁止去望弥撒，然而望弥撒是成为教师的一个不可或缺的条件。现在他拥有了这个以前甚至不敢梦想的身份，可以免遭亚里士多德分子对他的可怕打击。他最终可以在平静中工作了。

当然宫廷的门对他敞开着。从这个时期起，布鲁诺成了法国国王及其政策的纯粹拥护者。他想这位很基督、很圣、很信仰和很纯洁的君王会很平静地对自己说："我曾经三次得到了天国"，因为他了解到他曾经写过这样一段文字：愿爱好和平的人得到真福，愿有一颗纯洁之心的人得到真福，因为"天国"属于他们。他已经确信亨利三世爱好和平，想在安宁和笃信宗教中为他的人民尽可能地保留住至福，不喜欢听到战争武器的声音。然而战争这时正在地球上主宰着某些独裁者和公国的盲目的胃口……

在这种受到上帝恩宠的情况下，诺兰人又变成了图书馆虫。《论思想的影子》写得像是一篇关于助记术的论文，在书中他列出了如何通过归类的方法达到迅速和牢固地记忆的目的……从某种意义上来说这是一本时髦的书，因为这时很多人都想找到一个毋庸付出许多就能让自己变得聪明起来或显得聪明的诀窍。书里有一些吕勒、一些菲奇诺、一些皮科……有点庸俗，从某种意义上来说。布鲁诺难道还没有把从那不勒斯起就一直如此固执地缠绕着他的新哲学原则整理清楚吗？他怎么能够信笔涂抹出这样一本显然是没头没尾的小书呢？事实上，对助记术的研究这时对他已不再是一件用以消磨时间的无足轻重的知性的兴致，它们已成为一个基本的研究项目，目的是使已获得的表面上乱七八糟的知识有一些秩序，同时找到一些聪明的办法去主导知识，从而主导现实。记忆术因而对他来说已成为一门关系重大的艺术。

比如，人类从一开始就已经注意到在所有的感觉中视觉最强。大脑最易于回忆起图像，只要把想要储存在大脑里的材料分门别类地归放在一些给人印象强烈的图像后面，就能希望能够根据生活中的需要重新找到这些材料。罗马的演说家，像西塞罗和昆体良，就早已使用助记术。比如，他们首先记住一个熟悉的建筑物里的一系列地点，然后在每个地点上放上一个图像，这些图像将帮助他们回忆起讲演的章节。讲演者在演说的时候，在每个地点采撷代表讲演内容的图像，就这样他在大脑中跟随已经记忆好的路线。这种助记方法不只局限于建筑物，它还可以利用其它的给人印象最深刻的图像，比如天上的图像和黄道十二宫。后来，多明我会的修士，尤其是大阿尔伯特和圣托马斯这些志愿把神的话传达给人民的神甫们，也都证明了他们对这种助记术倾注了细致的注意。

布鲁诺则把所有这些传统都拿了过来。

当我们仔细阅读这部著作时，便看得见其新哲学已在书中崭露头角。某些小句子和一些正在成熟的思想反映了一个溁析的过程已经完成以及其内心正沸腾不息。多明我会修士所教授的绝妙传统文化在他那里现在是颠三倒四。书名《论思想的影子》一如其后来的书名一样地漂亮。在书中他总结了一个将永远伴随他的视界，这是一个对柏拉图的洞穴的讽喻：在这个洞穴里，人们生活在黑暗中，从孩童时期起就被用链锁住，不能转动头颅，不得已只能看着他们对面墙上画好的图像，洞穴的上方被一缕光线照亮，有一些现实中的物体从光前经过，它们的影子显现在墙上。这个洞穴就是人们居住的地球，使人们瘫痪的东西是他们自己的幻觉和偏见，影子经过时，他们便把它们当成现实。如果他们想要砸碎自己的锁链，从幻觉中解脱出来，就必须从这个阴暗的洞穴中走出来，让自己习惯于炫目的阳光，他们的灵魂将在阳光里找到真理。

"必须从思想的影子里走出来"，布鲁诺说，然而他已读到并永远记住了一个圣哲的不祥预言：

"……那个试图解开缚住人们的绳索、并让他们爬上坡的人，如果一旦他们能够以某种方式把他抓在手里并且能够置他于死地时，他们便置他于死地，事实上，这是毋庸置疑的……"[1]

"他们不能忍受你的灿烂的新太阳，他们将会发慌……然而阳光没有错"，诺兰人想道。

死威胁着哲学家，他知道这点。但是他看见自己在那个洞穴的外面，他对这个圣哲说："过去我坐在思想的影子里。"[2] 而思想的影子，他还认为，随着思想的水平而变化，就像物体的影子随着时辰而变化一样……

因此为了生活在光明里，就要知道一切。

布鲁诺开始排列那些他认为最富有表达力的图像，它们也是其时

---

[1] 柏拉图的《理想国》(*La République*) 第七部，洞穴的神话（同时暗示苏格拉底之死），在《雅歌》(*Le Cantique des Cantiques*) 中也有对此景的描述。
[2] 柏拉图：同上。

代的重大的图像。

"在原始的自然中",他解释道,"数字和元素处于一种混乱的状态中,然而它们并不排斥条理和顺序……。为了管理记忆,有必要把这些数字和元素排列有序……其方法就是使用一些有助于回忆的形式……"

他把一些名单放在牡羊座和金牛座的图像后面,并加上他的建议:"我对你说,如果你对所有这些东西给予注意,你就能掌握一种形象艺术,这一艺术会以一种卓绝的方式帮助记忆以及所有的大脑活动。"

诺兰人也运用日历的图形,即 12 个房屋的图形(每座房屋有 3 个图形),比如,为了把生活中的重大主题归类:

出生　婚姻
财富　死亡
兄弟　宗教
父母　统治
儿童　善行
疾病　入狱

他也借助于黄道十二宫十度的 36 个图形,行星的 49 个图形(每个行星 7 个图形),以及函数的 29 个图形等等。在这些图形后面,他排列了现实中的各类事物,诸如植物、动物、矿物和形容词的术语以及发明者名单。于是不知不觉地他创作了一本奇异的著作,它也许是,简单地说,第一部百科全书的胚胎。

在发明者的名单里能找到喜帕恰斯这位古代最大天文学家之一,阿基米德与其《天的型式》,色诺芬与其《无数的世界》,柏拉图与其唯心论,吕勒与其助记艺术……还有,在这个名单里,他还放上了一个新研究员的名字：

*IOR In clauim § umbras*，

即，乔尔丹诺本人，"影子的钥匙"的发明者。

布鲁诺还罗列了当时以及过去所有时代的各个方面的知识，包括一些复合的、带有魔术和宗教倾向的知识。"因为，"他解释道，"思想构成了事物的主要形式，所有事物的形成由思想开始……，我们必须在我们身上形成思想的影子……以便思想能够适应各种可能的形成方式。"就好像在车轮的转动中一样我们在自身中形成这些影子。如果你了解另一个办法的话，那么就去尝试它吧。

为了形成一个转动的和运动的、能够产生联想的记忆力，他把所有列出的名单放在一些圆纸板上，这正是对吕勒车轮理论的一个完善。

布鲁诺奇迹般丰沛的文思——这点我们很快就会了解到——大概很多都应归功于这种对记忆的组织和对其想象世界的极度地调动。

比如，为了讥讽一个学究，他很快就请出薄伽丘、彼特拉克和其他饱经磨难的作家，求助于俄耳甫斯、缪斯、提提尔（Tityre）和昂菲庸（Amphion），援引出古代的杰出人物：阿喀琉斯、埃涅阿斯、赫克托耳、皮洛士、普里阿摩斯、土尔涅斯（Turnus）、狄多、阿夏特（Achate）、克洛伊斯、勒达、海伦、德谟克利特、梅尼普（les Ménippes）、帕拉斯的侍从们、密涅瓦的旗手们、墨丘利的后勤官们、朱庇特的顾问们、阿波罗的乳兄弟们、俄媲美忒（Epiméthée）的军官们、巴克科斯的秘书们、俄道尼（Edonis）的鞭打手们、底阿斯（Théase）的舞女们的唆使者、梅纳德斯（Ménades）的诱惑者们、巴萨里得（Bassarides）的那个推卸责任者、米那劳尼德（Minallonides）的骑士们、女神爱捷利的情人、底马高皋那（Démagorgones）的盾牌、狄俄斯库里的变动理论、庞塔莫尔夫（Pantamorphe）的财政官们、大祭司长亚伦的替罪羊……就这样,他常常像一个文字编舞师,让一连串的名字像跳一连串出人意料和令人晕头转向的芭蕾舞动作一样从其记忆里涌出。

愿所有的知识之轮转动!愿发明者之轮和发明之轮转动!愿整个过去被毫无顾忌地、毫无保留地、毫无限制地、毫不小心翼翼地搅拌、复苏、充氧、重新思考,重新思考被称作通鬼神魔法的希伯来人的旧传统以及埃及人的、毕达哥拉斯的和柏拉图的哲学,愿每个人畅游其中并大把地汲取,愿米开朗基罗、拉斐尔、提香等顶级大师们创作的不朽画像、古埃及象形文字和国王祖父曾经酷爱的卡米卢斯(Camille)传奇戏剧的形象能够帮助记忆,愿最终从所有这些知识里诞生出统治混乱的方法!

记忆艺术的符号、这些符号的组合以及它们彼此的关系已经不再只是帮助找到讲演思路的简单助记窍门,它们已成为一种思想的方法,就好像在一个有生命的镜子里,而生命是复杂的。这些符号及其应用体系覆盖着知识的清单,符号与其代表的客体之间的一致性将延伸成为思想与客体之间的一致性。

有人对这一研究很不以为然,布鲁诺很了解这一点,于是在书的开头,他便引用了一句诋毁他的方法的话:

> "最圣哲的神学家和最敏锐的文学鼻祖普兹考特曾宣明,从蒂吕斯、托马斯、大阿尔伯特、吕勒以及其他的一些无名作家的艺术里得不到任何的益处……"

没有关系,已经被揭示的艺术正如正在升起的太阳,属于黑夜里的创造物们则纷纷地从它面前逃遁。正如三倍伟大的赫尔墨斯[①]的书

---

[①] 《赫尔墨斯主义文集》(*Corpus Hermeticum*)。

中恰如其分地写的那样：它建筑在"不能失误的知性"基础之上并且蔑视"感觉的欺骗"。

布鲁诺是个魔术师，真的吗？还是一个沿着魔术师们——也就是说那些最早的探求者们——的足迹前进的探求者？

还有上帝，他是布鲁诺的第一公设，他在阳光下能被看见吗？不能，哲学家回答，人们不能直接地了解无限的原因和绝对的存在，而只能了解其一部分映像。布鲁诺向我们解释道：

"大自然以各种各样的物质来实现其各种各样的创作，思想则统一地来认识它们……有时在一定的范围内，自然能够用一切来创造一切，知性或理性则能够认识一切的一切。同样，基于各种各样的形式物质又被赋予了各种各样的形式，因此，被称作消极的知性基于一切也能被赋予各种各样的形式……"他还建议道："因此，如果你能够的话，就去用你自己的力量去尝试识别、协调和组合你收到的图像，这样你就不会疲惫你的思想，你就不会纷乱你的智慧，你就不会让你的记忆混乱不堪。"①

因此助记术可以把我们引导到各个方面，呼唤我们的智慧，呼唤一个自由哲学的开端，这个哲学的基础将是对人类发现自然……和自身秘密之能力的无限信任，正如作者借用"第一柏拉图学派哲学家"普罗丁的话所隐喻的那样："只要正在注视的那个人的眼睛仍旧被图像吸引着，他就尚未被爱侵占，但是一旦他的思想从图像里拔出来回到自己身上，并继续设想这幅已不在视线里的图像时，爱就会骤然而至。"从这里怎么能够看不出一种当时罕见的对主观性的认识，布鲁

---

① 耶兹（Frances Yates）曾分析了这种创造冲动。她认为布鲁诺的这部不同寻常的著作提供了"一把打开其所有哲学和世界之门的大钥匙"（摘自《乔尔丹诺·布鲁诺与赫尔墨斯传统》，戴尔维出版社）。

诺把情欲和知识混在一起了。这也是我们将在其《英雄的疯狂》中再次发现的主题。

继《影子》之后，布鲁诺又写了一部《记忆艺术》（Ars memoriae）的著作。之后同年，另一本关于助记术的著作《喀耳刻的歌声》（Cantus circaeus），这部著作通过两篇对话对在《影子》中论述的艺术做了更为具体的阐明，书中淡淡的讽刺风格将很快在一部哲学著作①中像鲜花一样地盛开。这本在吉莱印刷的《歌声》将被题献给国王的非婚生兄弟亨利·昂古莱姆，布鲁诺称他为**伟大的劳动者**。然后将是《建筑学概要》（De compendiosa architectura）和《吕勒艺术评论》（Complemento artis Lullii），一本关于重建吕勒技术要素的著作，他把这本书题献给了威尼斯大使莫霍。布鲁诺终于打好了起步的基础。

前面说过他此刻在巴黎。他在左岸离索邦神学院相去不远的地方住了下来。他勤勉的光顾馆藏特别丰富的圣热内维埃夫图书馆，宫廷从现在起也有规律地邀请他。在这个宫廷里聚集了一些具有巴洛克倾向的人物，他们同时也是社会上最有影响力的人物。在这个错综复杂的圈子里，最优秀者和最低劣者比肩而立。按照陛下的意愿，知识分子在这里扮演着很重要的角色，其中有一个年轻和重要的德·伯宏，他是来自诺曼底的一个渊博的学者，其父耶稣教牧师最近皈依了天主教，不久他将成为枢机主教和亨利四世的宫廷司祭，也就是说一个国家的重要人物。后来的"巴黎值一次弥撒"② 有点出自他的想法。当他踩着豪迈的步履，带着披肩和剑登上奥古斯丁大厅讲坛讲授哲学或数学时，布鲁诺感到自己欣赏这种气质的男人。人们说他生来就是为

---

① 《驱逐趾高气扬的野兽》，乔尔丹诺·布鲁诺，1584 年出版于伦敦。
② 巴黎值一次弥撒：这是一句亨利四世在皈依天主教时说的话，后来成为一句法语成语，意思是为了得到某种重要的利益，即使做出某种或多或少损失名誉的让步或出尔反尔的言行也是值得的。

了教书，他是另一个皮科·德拉·米兰多拉，他能够谈论任何科学，并且也赋有一个奇特的记忆力以及一个非同一般的坚定个性。具有一颗绝对善于思考的脑袋，为了使社会和平回归，他比其他任何人都做出了更多的努力。三年前，他竟敢在国王耳边低语下面这句有点肆无忌惮的话："陛下，今天我用很好的和显而易见的理由证明了上帝的存在，但是如果陛下明天乐意再给我一次召见的话，同样用很好的和显而易见的理由，我将向您显示和证明根本没有上帝。"国王听后勃然大怒。然而，德·伯宏尤其证明了他是一个对各种形势都有好建议的人。他将为这个人们更换宗教像更换情妇一样的时代写《无常的庙宇》……与乔尔丹诺一样，德·伯宏也是王室教授。他的朋友七星诗社柏拉图学派作家、诗人和塞夫的弟子蒂亚尔，是宫廷里另一位令人瞩目的人物，他已经出版了《诡辩哲学谈》、《恋爱之过》、《一首受到本时代几位杰出诗人喜爱的歌》以及两部他在其中运用了哥白尼推理的著作。在《第一位好奇者》和《第二位好奇者》中，他阐述哥白尼并不荒谬无稽，而且先验地来说，非常值得颂扬，尤其是因为巴黎对这位波兰僧人的著作一无所知。布鲁诺对这位男人的工作十分敏感，30年前，在其文集《孤独的第一人》里，他抱着极大的乐趣描写了在上帝的爱中发展起来的诗兴，他还喜欢提及对自然的认识。老龙萨也在宫里，至少因其诗歌的缘故。他总是让人议论他，因为他总对其对手诗人迪斯波特无理取闹。宫廷里还聚集了不少其他著名的笔杆子、人道主义者或各类科学的专家。这些人中的最杰出者形成了一个被称为"政治家"的圈子，这时他们在两个互相对抗的政治-宗教阵营之间所起的缓和与宽容的作用，就好像在一个暴风雨的天空中出现的暂时的晴朗，他们有时也寻找一个能够重新统一基督教世界和用福音教化世界的普遍宗教基础。布鲁诺感到自己与这些人之间有些相似。与他们的相识，对他来说代表着一次特殊的机会。事实上，从这世纪开始，在欧洲各处，知识分子和政权之间的宽沟在不断的延伸。

当政权表明主张世界融洽的时候，知识也曾被拿来服务于政权，比如15世纪时的佛罗伦萨。今天，在这一点上，暂时除法国以外，到处是形格势禁。布鲁诺其实可以在这里安居乐业……但这个舒服的想法没有搅扰他。他与政权之间基本上是批评的关系。他不在这里，也不在其它任何地方从事生涯。其第一部意大利俗语喜剧作品《坎德莱奥》——准确地说出版于1582年，便是一个与金钱、学究和江湖骗子的政权决裂的卓绝行动。

## 厌恶和欲望的循环

在哪里乔尔丹诺·布鲁诺想象回到了"漂亮城市"那不勒斯，来到了塑有尼勒雕像的街区？

波尼法斯：斯卡拉姆尔（Scaramure）老爷，欢迎您的到来，您为我的事情下令了吗？

斯卡拉姆尔：先生，这是我制作的代表他的原蜡像，这里有五根针，您必须把它们分别插在其身体的五个部位：这一根比其它的针更长，必须把它深深地插入其乳房里，但是注意不要插得过深，否则您会弄死病人。

波尼法斯：我会注意的，斯卡拉姆尔老爷。

乔尔丹诺在写《坎德莱奥》时感到了一种真正的快乐。所有那不勒斯的小人物纷纷涌上了他的舞台：江湖骗子把手上涂满油脂，然后表演怪诞的魔术，疯子一般的学究们高谈阔论和装腔作势，真正的蠢驴和有钱的傻瓜为了他们皱眉咧嘴所说的四句话，便让他们拿走嘴上的面包和囊中的钱，而那些只会以狂吠来挣得面包的哲学疯子们，则一边嗅着佳肴的美味，一边忍受着因欲望而引起的雄性的狂怒，就像狗们一样……

诺兰人任凭自己的羽笔跟随着记忆驰骋。他让自己年轻时曾经接近过的这些既无矫饰又不柔情的人物从圣多明我阴暗的街道里涌现出来：地痞、流氓、扒手、集市上的或小酒馆里的或大学里的大声嚷嚷和衣冠不整的人们以及他们的心计、骗招、投机和随机应变的手段……

  吕西娅：我找波尼法斯，他刚才和您在一起的……
  斯卡拉姆尔：你找他有何贵干？
  吕西娅：不瞒您说，维多利娅小姐让我来问他要钱。
  斯卡拉姆尔：啊，啊，啊，了解，了解。他曾去为她暖脚，是为了让她说话，他曾去给她送香，就像供一个女神，至于钱，他给了我，就是为了不给她。
  吕西娅：你的意思是？
  斯卡拉姆尔：维多利娅小姐要的过于多了，而他只想用半打埃居就把她牢牢地拴住。

他更换了背景：在塞奇奥·迪·尼罗这个美妙的城市里，在其人口稠密和贫困不堪的老区，在离修道院和学院近在咫尺的一个古老的小广场上，他放入了所有这些他认识很久的人，他们胸无远志，只是路过这里而已，正如他们的人生。他的舞台因而成为那不勒斯这个混杂和腐烂的社会的缩影，在其中，各个社会阶层互相对立，并且各自用自己特殊的语言来表现自己。

在这个广场上，有一栋房子，夜晚贼们常来这里布下圈套。在房子里，一边是《坎德莱奥》即波尼法斯老爷及其妻子卡如比娜的寝室，稍远一点，是巴尔托洛梅老爷的寝室，另一边，是维多利娅小姐的寝室、焦·布尔纳尔多画家——诺兰人本人——以及魔术师斯卡拉姆尔的寝室。有一个属于最一本正经的学究芒夫日奥经常来这里。三个主导人物：恋爱的波尼法斯、炼金术士巴尔托洛梅和迂夫子芒夫日奥，他们都被一些微不足道的贪欲弄得神魂颠倒：庸俗的爱情、金钱、显示自己的虚荣……

诺兰人挖苦他们的可笑的行为。他描述波尼法斯怎样因为迷恋维多利娅而头上长了角，当他想与她做爱时，角怎样长得更长；相信可以炼出金子的巴尔托洛梅在被几个恶棍抢劫后怎么发誓——但是有点晚了——不再上这种当；芒夫日奥的臀部怎样被抽了五十下鞭子，当他终于有一次机会表现其哲学时，得到的怎么却是失望和后悔，于是苦笑着，示意观众鼓掌……布鲁诺还津津有味地编织了鸨母吕西娅如何搞阴谋诡计的弯弯绕绕的和纠缠不清的故事，他不停地从这里跳跃到那里——为了艺术的需要——：用黑白墨水书写的大学生波吕拉、阿斯卡尼奥——一个在阳光和烛光下受到启发的仆人以及巴尔托洛梅的身上不难闻也不太好闻的家仆等。在桑回诺、巴哈、马尔卡和考尔维左身上，他展示出了最大无赖们的机灵。还有，桑西奥如何实施其炼金诈骗术，还有特别特别的康萨勒托和巴尔托洛梅的妻子玛尔妲，以及特别爱戏谑的奥塔维诺老爷……

但是确切地说，布鲁诺到底要说什么？他抛弃了少年时代的哲学追求了吗？为什么他要展示这些从一开始就被在项上和腿上戴上镣铐——就像柏拉图所说的那样——，受苦受难、苟活在"思想的影子"里的人们呢？为什么他还不作结论，而只是仅仅照亮生活在这个阴暗街道里的芸芸众生的残酷现实世界呢？

"［他要揭露］无谓的原则、低能儿的策划、虚无的思想、肤浅的希望、爱的爆炸、泄漏的情感、无根据的推理、错乱的精神、狂热的诗兴、感官的幻觉、错乱的妄想、偏离的智慧、无节制的依恋、无由的担忧、盲目的研究、不合时宜的萌芽以及疯狂的光荣结果。你们将看到,"他说,"一个情人的叹息、眼泪、不安、激动、梦想、折磨和一颗在爱火上炙烤的心;思想、空想、怒火、忧郁、嫉妒、争吵以及当欲望增长时逃遁的希望。在这里,你们将在铁锁、绳索、锁链、监禁、牢狱、无期徒刑、受难者和死亡里找到灵魂;在心里,有投枪、毒刺、箭、火、火焰、炙热、嫉妒、怀疑、恶意、羞怯、怒火、忘却、伤口、伤痕、呻吟、侮辱、钳子、铁砧和锤子;而盲目和裸体的爱情弓箭手则拿着他的箭筒:我心爱的物件、我的幸福、我的生命、我的温柔和致命的伤口、我的上帝、我的命运、我的支持、我的休息、我的希望、我的喷泉、我的精神、我的北极星、我的甜蜜女战神、我所有思想的唯一靶子、我与众不同的美丽的爱……"①

因此,其《坎德莱奥》是见证人:在其中,我们看见尽管老百姓、卖春妇、盗贼狭隘和无知却并不缺乏明识,尽管他们知道得寥寥无几却知道地透彻;女人们——不管她是已婚的或轻浮的——都表现出了一定的实际意识,她们会诱惑;相反,自负者和学究以及假知识分子则成了公众的笑料和鸽子(受骗上当者),他们想操纵舆论,但是正是他们最后遭到了拳打脚踢……这些在舞台上被酣畅淋漓地痛斥的可笑人物,公众们自然会在他们当中辨认出其原型!他们将很快地从社会的最高处起来激烈地为自己辩护。

这部喜剧使他感到压在身上的、他与社会主角们之间的沉重的争执变得轻松了许多,为此诺兰人喜不自胜。事实上,他是在运用各种

---

① 考劳德吉那(Paul Kolodkine)译。

语言来嘲讽其敌人：通过波尼法斯这个人物及其悲伤的爱情生活，他以漫画的手法残忍地揭开了所有蒙在彼特拉克式遗产上的神秘面纱，使所有受沃克吕兹诗人的启发而得来的关于爱情说教的老生常谈不再神秘，通过波尼法斯和桑西奥的炼金故事，他使用这个不能表达科学和自然哲学知识的腐朽的学究语言，通过芒夫日奥及其学究拉丁语，他戏谑地模仿在最深奥的哲学思辨中所使用的传统语言。我们可以听见芒夫日奥像一个傲慢的孔雀（喜欢显示）一样这样不着边际地推理：

"美酒愉悦，佳肴添勇：酒神巴科克斯和谷物女神刻瑞斯，多亏了你们的恩惠，大地让沉甸甸的麦穗替代了夏奥尼橡栗。这是诗人维吉尔在其第一部著作《农事诗》的开头模仿阿提喀诗人赫刻尧德写的诗句，引用诗人们的诗句来开头也是他的习惯。"

这个满怀自负和傲慢的芒夫日奥，事实上是一只在那不勒斯、日内瓦或巴黎大学里常见的鸟（人物）……！

如此诺兰人塑造了那不勒斯社会底层民众的形象，同时揭示了当时科学、哲学和文学的衰败和无力。然而大凡注意听这部作品的人大概都能预感到这一点，即作者的命运将会崎岖不平，芥末汁将是其生活中调味的佐料，并且将要发生的事情会非常的激烈。

事实上这种活跃和丰沛的创作个性，正是文艺复兴时诙谐文学的传统，同时也令人想起阿雷蒂诺和贝尔尼。《坎德莱奥》也与传统的夸张文体滑稽模仿和即兴喜剧类似，后一种当时盛行于意大利直至巴黎。《坎德莱奥》具有同样的灵感和活泼的表现手法，其文体亦然。其独创和新颖之处，也许在于这一绝妙的语言的相会：在剧中各类人物使用各自的语言。<sup>①</sup> 布鲁诺开垦这些语言，是为了更好地表达在其思想中已经形成了的对世界的看法：即其多元性和宇宙性，这一形式也应该能满足他想要表达的**生命力**——极端复杂的生活的深层意义，为了让大众明白，他必须砸碎这根"木舌"（僵硬语言）。

但愿大家还记得发生在修道院里的阿里乌之争就是关于异端分子的语言。修会代表使用拉丁语这一特殊的语言来表达，因为它是神学的语言，也是唯一被才子和领袖们使用的语言。至于其它的语言，比如异端分子的语言是不存在的，因为他们不想"听见"。布鲁诺想，新哲学应该在运用各种语言这方面找到自己的路。他自问"一个不努力让别人听懂他的人，能说出什么好听的话来呢？"

用一个眼神解释一切，说一切，野心本身就具有梦幻般的特征。

拉伯雷（语言大师）明白这句话吗[②]？

---

① 余阿尔耐（Jean-Noël Vuarnet）于 1986 年翻译并改编了此剧，以适应现代舞台——这是在此剧出版了四个世纪后的第一次——，他曾对布鲁诺的一个基本意图作了强调："正如其他的异端分子一样，布鲁诺不承认其修会，也就是不承认其论说及其法典。他不信任一种过于专门的语言，因为它把思想置于某些轨道上，它不得不使用的逻辑、套telement以及关键的词往往使新的思想被歪曲。多亏了一些新的表达方式——它们也许尚不适应其表达的对象，但是至少这些新的表达方式没有被旧的用法扭曲——，我们能够表达一些新的命题，一门新的科学。在这里绝对不是创造一门新语言的问题，而是一个运用所有可能运用的语言的问题：如果说没有一种语言独自完全合适的话，那么每一种语言都包含有能够树立新形象的要素。布鲁诺曾运用好几种语言：简单灵活的拉丁语、意大利语以及那不勒斯土语和方言。他也运用各种形式：论文、对话、诗歌、戏剧、哲学语言、诗歌语言、科学语言和人民的语言：这些语言和形式从各自的角度为描绘一个没有等级的多元新世界做出了贡献。从最学者的语言（拉丁语）到最大众的语言（土语），所有这些语言因其灵活和不同而被使用。……《坎德莱奥》毫不犹豫地从头至尾采用了通俗的语言：意大利语、那不勒斯方言（我们可以称之为地理学微指令构成的语言）、流氓恶棍黑话、艺术家语言和各种脱离社会者的语言（我们可以称之为社会学微指令构成的语言）被混合在一起使用，因此《坎德莱奥》的语言特别灵活、简单、丰富、形象、特别，并充满活力，与拉伯雷和塞利那的语言相比这是一种正在发展中的语言。在这一种语言中，尤其有与一些诸如杰出人物、启蒙、专家、权威学问等这样的概念不相容的表达方式。这样的语言，远远不只是对'有权阶层'，而是对所有的人"。

② 我们了解乔伊斯、贝克特、拉康等人。关于布鲁诺在语言上的努力，乔伊斯曾写过一些重要的文字。其《芬尼根的守灵夜》试图叙述其人生，然而其飘忽不定和光彩夺目的语言本身则表明了作者在语言上极致的考究及其拒绝使用平庸的传统语言的态度，布鲁诺的名字和形象反复地来到其笔下，出现在一些奇异的表现方式里，并不属偶然："你的胆子也太大了，布鲁诺……一个雅克大师，乔尔丹诺的弟子…… De quiqui Quinet et renaît, en michemichemichelet mélangé et de jambebatiste en lavie Bruhlbruno... Une polonaise d'Obruin chez Noolaln...?"（译者按：这段文字不可翻译，是乔伊斯这位大文字发明家的创造，在整篇文章中可猜测其意思，懂法文的人会感到非常有趣，作者引用这段文字，是为了表明这些奇异的表现方式，乔伊斯以这种方式几次提到了布鲁诺和诺兰人，字里行间大约可以看到对诺兰人崇拜的情感。)

在写《坎德莱奥》时，布鲁诺肯定没有天真地希望它有可能很快地在那不勒斯或意大利上演。但是他可以合法地想象他的剧作以小册子或年鉴的形式流行，几年前，这一方法曾让那个《噶尔冈图》(*Gargantua*) 的革命的僧人作者大获成功……

所以，《坎德莱奥》是其第一部用所谓"俗语"撰写的著作，一部与"修会"决裂的著作。大概在来巴黎之前他就已经开始起草了。

布鲁诺疯狂地让自己尽情地把轻信、愚昧、欺骗和学究等弱点赤裸裸地暴露出来，他乐不可支地把各种语言置于对抗中，通过他的替身画家布尔纳尔多的介入，他赢了，当然……

诺兰人这时考虑如何以一种贴切的方式向他的读者们介绍这部作品。于是遵循作品喜剧滑稽怪诞的精神，他写了一首题目怪诞的短诗：《写给在马槽边饮水的人》，为了祈求：

> 一首十四行诗，一首圣歌，一首赞歌，
> 希望人们为我把她放在船头或船尾
> 让我幸福得像一个父亲和母亲之间的小宝贝。

因为他直觉到自己是一个"像比亚一样的裸体"[①] 作家，在寻找一条裤子时，自己很有可能遭到一顿罚杖，就像那些受罚的学生一样，骑在一个同学的身上，裸股露背地挨打……

然而仅仅这几行字并没有让他太满意。"我把我的《坎德莱奥》题献给谁呢？"他自问道，"哦，伟大的命运，你乐意我把我美丽的鸟儿献给谁呢？"于是他又写了一颇为风趣的题词："献给嫫荷尕娜 B. 夫人"，那位他年轻时曾爱过的那不勒斯女子。然而在研究他要题

---

① 根据传统说法，比亚（Bia）是希腊七哲人之一。他曾说："我把我所有的财产带在身上。"

献的人选时，他则又继续乐此不疲地描写其源源不断的宇宙灵感。他提起在那些被称之为天狼星天（三伏天）的最令人大汗淋漓的季节，说太阳和其它星体令其大脑中下了雨，熊星座的依稀可辨的星星们对他口授了什么，还有那七个漫游的光在他耳边低语了什么。不，他不把它题献给教皇陛下或者其凯撒导师，或尊贵的殿下，或一个王子、一个枢机主教、一个国王，或皇帝或教皇，或最杰出和最尊敬的老爷。"博学、智慧、美丽和慷慨的嫫荷尕娜，这支蜡烛又回到了您的身边，"他对他美丽的女人喊道，"您或者把它系在身上，或者插在您的烛台上。"

在这段纵情的打趣后，布鲁诺现在为他在如此长期的禁闭后而获得的自由歌唱。他仍记得他们不能互相碰手，不能畅所欲言。他现在在这首"最庄严的奉献曲"中献给她的这支蜡烛，具有性和哲学的双重意义，是他独立的象征。这支蜡烛可以插起来，可以照明，可以驱逐影子、无知和地狱里的魔鬼。在意大利，它可以让许多人看见他的灵魂并向他们传递他的消息。

"请为我向所有曾被我用作人物模特儿的人们致敬，"他补充道，"并且对他们说，关于我的记忆被卑贱者苛待一事，我的体验没有人们想象得那么多，还有，在某个12月份，那些猪们将偿还我一切。我的话还没有说完，今生说不完的话，我在来世再继续说。"

布鲁诺就这样告知他的模特儿-同胞们，他"大概不会忘记"他们曾对他无礼并诽谤他。他在做结论时，则披露了其思想中的几个重点，他对他的美人儿这样总结道：一个人是宇宙中的一粒灰尘，物质具有一个定律，即"万物都变化，万物都不会消亡"。

"享乐吧！"他对他的女人说，"如果您能够的话，请保持健康，爱爱您的人。"写完这些文字后，布鲁诺又增加了对《坎德莱奥》的总结，"喜剧的推理和范畴"，"绪绪论"……

演出可以开始了，但是就在启幕前，作者坚持要赶快找一个

bidello 来，就是说门卫或传达员，类似鲁瓦亚勒先生这样的角色，一个相当异乎寻常的人物，他应该能够替布鲁诺这样大声地自问：

"我相信您会对我几乎说出一切：然而但愿一个下疳吃掉你的鼻子！在哪里你见过一部喜剧有传达员吗？……一个像今天晚上的人物需要有特惠。这样一个怪诞的狒狒、天生的蠢货、精神残废和譬喻学意义上的牲口，一个像这样的驴，如果您不给我传达员，您瞧着，我就让他配得上一个陆军统帅。您想知道他是谁吗？您想让我给您解释吗？他就是，我只是跟您说，《坎德莱奥》！……啊，他来了，让开，启幕……"①

《坎德莱奥》竖起了它的角（摆出了进攻的姿态）。

恢复了平静的布鲁诺呢，则开始忙于后面的事情。

《坎德莱奥》立刻在巴黎赢得了广泛的声誉。布鲁诺的一个同时代人、德国博士布舍尔把他及其剧本与其他最具盛名的作品和最有名望的人物相提并论。《坎德莱奥》将被法国人民的想象世界所接受。②

---

① 杰罗默·法瓦尔（Jérôme Favard）译。
② 《坎德莱奥》在 1633 年由出版商人皮埃尔·梅纳尔在巴黎再版（同年，伽利略在罗马圣密涅瓦教堂跪下作公开弃绝）。伍·思旁普纳多在希拉诺·德·贝尔热拉克的《冒充的学究》（Le Pédant joué）中找到了一些《坎德莱奥》的痕迹。莫朗以及伍·思旁普纳多已明确了莫里哀的戏剧与《坎德莱奥》之间的相似之处。

## 行人的眼睛都朝着地上看

### 乔尔丹诺·布鲁诺怎样为了逃离新的厮杀的乌云而来到了布彻柔？

但是为什么从塞纳河边直至圣热内维埃尔山的一路上他的脸上一直忧伤？为什么他从内心深处已经知道他将离开巴黎？也许他已经感觉到了——就像在图卢兹，在他周围不断增长的宗教争端虽然关系不到他，但会阻碍他完成写作和构思工作。这类的战争只不过是昆虫之战。在18年中，法国就经历了七次宗教战争，最严重的对抗也许还在后面。空气中的火药味太浓了，在拉丁区的街上，行人的眼睛都朝着地上看。只要听一听便知道：那里谈话的内容只有报复和死亡。人们互相传说胡格诺派教徒挖掉了一些神甫的舌头，一个孔代的副官用火药填满女人的阴道，然后让她们血肉横飞，以及蒙吕克从前把这些土匪吊在冬青栎树上或把他们变成了肉酱是对的……乞讨的僧人在这个正在变化中的狂热的形势下占据着有利的位置。"为了反对思想，刀子起不了多大的作用"，从今以后应该"用道德和优秀的风尚武装我们自己，然后用仁慈、祈祷、说服和上帝的话去向耶稣教徒进攻，正是这些才适合于这样一种战斗"。这句奥斯比达的名言被忘记了，可是，龙萨的看法则每天都能得到一点证实：

法兰西，……就像一个受到死神袭击的可怜的女人，

>她的鬼缠着她，她的遍布百合花的裙装
>现在百孔千疮；
>她的头发丑陋，她的眼睛深陷而憔悴，
>没有君王抬头看她。①

自从圣巴泰勒米惨案以来，没有一件事情趋于好转。已洒下的血似乎未干。耶稣教的法兰西——不太会是另一个宗教的法兰西——不再相信君主政体。为了与走向极端的天主教神圣联盟对抗，它现在组织了一个近似国家的联盟，它有两个首都：尼姆和蒙托邦，还有一个大港口拉罗歇尔。从地平线又升起了新的厮杀的乌云，血波翻滚。当看到穿着阅兵服——皮制的紧身上衣、做工精致的圆形皱领、尖形胸甲以及饰有白鹭羽毛的无边帽——，神气十足的军官们最大不过25岁、听见他们供认不讳地说他们喜欢为了打仗而打仗的时候，如何不感到忧心忡忡。布鲁诺感到自己与这个荒谬的世界格格不入。这些互相冲突的政权关闭了他的本应该是自由的和无限的空间。

是的，他认识自己：他"的神情有点迷茫，似乎总是在专注地看着地狱里的情景……这是一个为了表现得与别人一样才笑的人。大部分时间里，您则感到他易怒、难以对付和怪异。"

他想走了。看见这个难以处理的被他保护的人远去，国王大概不会不高兴，尽管他对他持有很多的好评，因为有人说，因为他，在索邦神学院里一场神圣的怒火正在酝酿中。而正好，有一位法国大使应该很快在伦敦上任了……

1583年3月28日，女王陛下伊丽莎白的大使考伯翰从巴黎给在伦敦的皇家议会大秘书清教徒沃尔辛翰（Francis Walsingham）阁下寄了这封信："诺拉人乔尔丹诺·布鲁诺博士和哲学教授意欲到英国

---

① 龙萨：《关于苦难的论述的续篇》(*Continuation du discours des misères*)。

去。这个男人没有宗教。"

几天之后，诺兰人抵达了伦敦，的确，他来到了一个他不确认有敌意的地方。所幸的是，他有——恕我冒昧地说——这位宽容的米歇尔·德·喀斯特勒诺作陪，而他是拉·莫维斯埃尔庄园、龚科索庄园以及儒安维尔庄院的老爷，笃信王的骑士及其私人议会顾问，50个武装战士的队长和尊贵的英国女王身边的法国大使。他带着亨利三世推荐诺兰人的信。

布鲁诺没有能够更长时间地忍受巴黎的发烧，这是新危机的前奏，两年后将发展到了取消国王的和平敕令的地步。他相信自己在伦敦更加地自在。在这里，至少他躲避了罗马教会的活动，而且，在这个高级的外交庇护下，其哲学家身份大概可以得到确立了。尤其是，他一到达，便入住了在布彻·柔的喀斯特勒诺府，在那里，他目前什么都不做，只一心一意地为他的绅士效劳。他的善意和善解人意，他的家庭的温馨让他非常地愉快，不久之后，他写下了他们的所有德行：1575年嫁给米歇尔国王管家波西亥的女儿喀斯特勒诺夫人"具有非凡的美丽、明哲的判断力、和蔼可亲的谦逊、诚挚的礼遇……能够迷住所有认识她的人。"至于他们的不到六岁的女儿："当她说话的时候，你辨认不出她是意大利人还是法国人或英国人，当她弹奏乐器时，你简直不知道她是个肉体还是非肉体的物质，至于其早熟的善良习惯，就需要猜测她是自天上下来还是来自地上。在她和谐美丽的身体上，每个人都看到了其父母的交合了的血。"

这是一种绝对的愉快。尤其是，在喀斯特勒诺家里布鲁诺十分满意地发现了在这些残酷的日子里稀有的宽容精神。这是他的又一次难以估价的机会。经历丰富的大使，正值50岁左右，仍风华正茂，已经开始写自己的回忆录，在其中，他表达了一种彻底的和平主义精神，有时他让他的客人读几页："他认为，为了削减异端以及把迷途的人重新引导到正确的道路上来，精神之剑，比如慈善、布道以及其它善行,比让他人洒血的剑更加重要,这才是教会里的人的好榜样,尤其是因为当恶极端地上升时,愈是想用暴力去遏制它,它愈是因此而受到刺激,因而愈是猖獗。"

诺兰人对这番话只有报以鼓掌。的确,喀斯特勒诺曾打过艰苦的战役。他曾在诺曼底被胡格诺派教徒俘获,后来被囚禁在勒哈弗尔,然而他却借此机会尝试开展谈判的可能。这件事情很棘手,他说,因为"在内战中,你必须属于某个党派,那些不愿意声明对某一党派衷心的人都得不到好评,甚至免不了叛徒和间谍的名称。"在苏格兰时,他是天主教徒弗朗索瓦二世的寡妇玛丽·斯图亚特的战舰长、战士和大使。他为她而战,曾几次去英格兰,试图让她与伊丽莎白,即其异母姊妹和敌人重归于好。在法国和英国的土地上,他看到了战场上两边的阵营,就像他的国王,他很想促使这些厮杀结束。喀斯特勒诺也曾去过意大利和马耳他,其坚强的记忆力亦闻名遐迩。人们传说有一次,他即时重复出约翰·德·蒙吕克在复活节那天的布道,并同时模仿出其声音语调和手势,这是为了洛林的枢机主教,因为他遗憾没有听这个布道。喀斯特勒诺和布鲁诺可谓天生默契的一对。

"热爱和平,为其亲爱的人民尽可能地保存安宁和虔诚,不顾忌流言蜚语以及用以操纵盲目者的战争武器的喧嚣……,不驱使暴风雨般的狂热情绪",等等。这是乔尔丹诺·布鲁诺不久之后在拉芒什海峡彼岸献给伊丽莎白女王的和平赠言,他从亨利三世的瓦卢瓦王朝政治模式中得到了启迪,并且认为这是理想的"基督的原则"。

## 《圣灰宴》

在一次与代表流行学究和穿着自满外衣的两个博士的辩论中,乔尔丹诺·布鲁诺如何初次亮出了他的推理?

在泰晤士河上,在这夜晚的影子里,这条长船往哪里划去?船上这一群喜气洋洋的、穿着以金线修饰的黑、淡紫、丁香花色天鹅绒服装的人们又是谁?其实只要注意一下他们典型的颤动舌尖音和颚化齿音以及他们说话时打的手势,就会明白在船上有意大利人。这时他们之中的一位,面对一位长相粗鲁的舵手站着,正唱着一首小坎佐那:"我的生活多么甜蜜,我的生活多么温柔",另一位则和着歌的副歌。当船靠近时,则可以更清楚地看见第一个唱歌的人留着胡髭,在其打管状褶裥项圈上面的下巴上,还有一撮尖尖的胡须,他的双手转着圈,引起了阵阵地笑声。

船靠岸了。忽然它进水了,水波从四面八方,从木板的缝隙里涌了进来。歌声停了下来,他们开始诅咒这只破船:"一件挪亚洪水的遗物"……"听,一个意大利人说,这不是一场短笛音乐会吗!"又是一阵笑声。

我们是在1583年6月14日的伦敦。一个本地的人士会毫不费劲地认出那个神情调皮、留着胡髭的人是著名的语文学家、法语和意大利语教授弗罗里奥大师,五年前他出版了一本意大利思想和成语集《第一批果实》,目前他正在编撰一本意-英大辞典,同时还在翻译不久前在巴黎分两部分出版的蒙泰涅的《散文集》。那位和他的《海盗歌》并即时喊"哦，聪明的女人"的人，不是别人，正是诺兰人。他们从法兰西王国大使馆步行而来，使馆坐落在通往斯当的布彻·柔大街上，然后从伯克斯特老爷的府邸附近登船，要去瓦特好附近的格维勒老爷府上赴一个辩论宴。主人保证了"一场在众多绅士和渊博学者之间的关于各类主题的精彩的辩论会"。诺兰人接受了邀请，对他的感召是去理解和了解，同时也是去建立自己的推理。这时他们都很着急，因为晚会已经开始了，大家现在应该在等他们。而那两个让他们下船的老船工确实把他们好好的作弄了一下：这支卓越队伍的登岸地点离登船地点只有或多或少 22 步远！

天更黑了。那条两边耸立着高墙的街道既阴森又泥泞。为了再回到原来的那条大路上，这支队伍必须趟过一个个水汪。我们在原地转圈中丢失了多少时间啊！……当他们来到离伯克斯特老爷府邸不远的丁字路口上的那个金字塔跟前时，一个陌生人经过时粗暴地把诺兰人往墙上撞过去，"谢谢，大师！"诺兰人喊道，为了感谢他的袭击者只是用肩膀而没有用其圆盾中间的铁尖，或者其头盔上的顶尖来撞他。

布鲁诺与弗罗里奥的相遇并不属偶然，前者是一个酷爱家乡语的思乡的流亡者，后者负责接待所有经过这里的意大利重要人物并拥有众多有用的关系。他曾在牛津接待了后来成为王室教授的国际法教授让提和遭受罗马迫害、来自卢卡的迪奥达蒂，后者现在帮助他翻译以及把蒙泰涅书中的拉丁语引句归类，同时他自己正在译《疯狂的罗兰》(*Roland furieux*) 一书，这部作品是意大利的一个伟大的成就……而布鲁诺"这个取之不竭的词泉"当然很快便成了弗罗里奥的工作伙伴和他的"诺兰老伙伴"。

然而几乎难以相信的是，这一群意大利人来到雾中生活已经有些光阴。女王以每次一百个英镑的价格咨询像阿代尔马或斯卡考这样的医生，宫廷自己也拥有从阿尔卑斯山那边来的画家如佐卡里、建筑师如帕多瓦的约翰或击剑教师乌巴迪尼和萨维奥罗等等。伦敦、威尼斯以及佛罗伦萨之间的商业贸易十分频繁，的确，意大利人在这里卖极其漂亮的丝绒、丝绸或装饰精致的武器——比如特别漂亮的火枪——，尤其是一种无可比拟的金线锦缎，英国所有够资格的人都想穿用它制作的服装。所有这些意大利人到这里来或为了发财或为了治病，正像热那亚、佛罗伦萨和威尼斯的移民僧人一样……

弗罗里奥大师可以唱歌了，因为他已经成功了，因为《第一批果实》的收成极好。此书的全名是：《弗罗里奥，其第一批果实包括俗语对话、诙谐成语、思想语言、黄金格言以及如目录中所列的意大利语和英语精粹。如此的著作还从未在人间出版过》

在书名上还印着莱斯特伯爵罗贝尔·达德利的纹章：一只被系在桩子上的熊。这有点学究，但却不乏气势。

罗贝尔·达德利，正好，乔尔丹诺·布鲁诺将很快有充分的理由想要认识他。

今天晚上，弗罗里奥负责做诺兰人的向导，有一个又叫作老实人的格威尼协助他，这位文人也参加弗罗里奥的翻译工作。这天是一个星期三，更确切地说，是圣灰的那一天。布鲁诺将迎战博士们。在八天前，格维勒就已经提前对布鲁诺说："您将解释让您相信地球运动的理由。""十分乐意"，那不勒斯人回道，"但是你们将先阐述已说服你们的相反的理由……您会发现我将随时准备回答。"

除了辩论的主题以外，这个宴会没有什么特别的地方。至今还没有人曾组织公开讨论哥白尼，然而当时有一股科学潮流，尽管它存在于学院生活之外，但却得到了伊丽莎白宫廷的重视，比如翰·德、费尔德、赫考尔，后者在其《知识城堡》（*Castel of knowledge*）中提到了波兰僧人，尽管是为了说其理论荒谬，另外，蒂格（Thomas Digges）在再版其父亲的《永恒的预言》（*Pronostication everlasting*）

时曾提起他。确实,哥白尼进入英语世界还不久:其《论革命》(*De revolutionibus*)于 1576 年被部分地译出。至今还没有人考虑捍卫太阳中心说,更不用说宇宙的无限性了。

其实这种类型的辩论在当时非常地盛行,无论是在牛津大学还是在多明我会修会里。在这种舌战中辩论的主题非常地广泛,而它们往往是一些最基本的问题,比如"海水是咸的吗?""灵魂的疾病比肉体的疾病更严重吗?""地球处于世界的中心并静止不动吗?"争对所提出的问题,大家阐明其拥护或反对的观点,一个大师将做一个结论。如果说布鲁诺预感到在今天晚上让别人接受"地球是运动的"这一观点将不会是件轻松的任务的话,那么,他也知道他的对手也不能很舒服地支持相反的观点。

格维勒是布鲁克的第一男爵和女王未来的主事,这时在他的府上烛光里的宴会已进行多时,从二楼不时地传来交谈的只言片语与阵阵响亮的笑声。布鲁诺及其伙伴们纷纷入座。弗罗里奥老爷坐在了餐桌主持——一位骑士的对面,格威尼在他的旁边,格维勒在弗罗里奥的右边,诺兰人在其左边,一位佩戴着华贵的金项链的博士道夸托坐在了诺兰人的左边,另外一位重要的博士恁迪尼奥在他的对面。格维勒的远房表兄和童年朋友思德尼也在场。乔尔丹诺·布鲁诺因穿着一身伊斯兰教法官的服装而十分显眼——寺院的严肃作风——,与他周围的呢绒服装和金首饰形成了对照。不久前他曾承认他喜欢这样,即像一个作画的人,总是以同一种方式穿着。况且他来这里不是为了炫耀自己,也不是为了宴会。通过弗罗里奥,大家都知道他吃得少,离开餐桌早。修道院里的习惯……

所有的客人都到了。辩论可以开场了。

庄严的学院代表恁迪尼奥站了起来。他把双手放在桌上,眼睛朝周围转了一圈,舌头在嘴里转了几圈,又抬头看了看天花板。然后他对乔尔丹诺·布鲁诺用英语说:"您听得懂我们刚才说的话吗?""不",这位被邀请者只懂得拉丁语、法语、西班牙语和意大利语。

于是,辩论将用拉丁语或意大利语进行。

"那么,"教授接着说,"让我来给您解释我们刚才谈论的内容:我们有充分的理由认为哥白尼并不认为地球是运动的,因为这正是一件不合适的和不可能的事情;另外之所以他给地球而不是给第八个天球赋予了运动这一特性,那是为了其计算上的方便。"

"哥白尼所作的努力就在于捍卫地球在运动这一观点",诺兰人平静的反驳道。但是怹迪尼奥固执的反驳道:"假如我们把哥白尼的假想当成事实的话,我们也许会觉得自己比过去的人更愚蠢。"

两个世界对立了起来,托勒密的天与哥白尼的天相对立,但是不仅仅是这些。布鲁诺还指出,虽然柏拉图在其《蒂迈欧》(*Timée*)中(尽管他当时十分小心翼翼和不坚定,因为对他来说,这不仅仅是科学而更是一个信仰的问题),神圣的库萨的尼古拉在其《论有学识的无知》一书的(*Docte Ignorance*)第二部中,以及哥白尼、毕达哥拉斯学说的信徒锡拉库萨、费罗劳、赫拉克利特、毕达哥拉斯学说的信徒埃科芳特和其他肯定为数不多的作者在他之前对地球运动这一结论都做了肯定和证明,可是他们都未引起重大的后果。因为布鲁诺是通过另外的同时也是更为坚固的原则推断出了这个结论,他认为,他的这些原则才是固有的,这些原则使得他能够以理智的判断和活的感觉作依据——而不是以权威为依据——,像我们能够确认某一样东西一样,确认这个结论。

这一点前所未有、独辟蹊径并出人意料。

怹迪尼奥这位重要人物似乎被震动了,他大概从来没有想象到一个如此博学和自信的对手。他调整了一下呼吸,又顺口询问:"地球之所以运动,因为它处在宇宙的中心位置上,是宇宙的中心,这有可能是真的吗?""不,"诺兰人回答,"这一推理只是一个预期理由,因此没有任何价值，况且，我以为世界是无限的，它不具有中心。"恁迪尼奥应邀而来支持与其相反的理论，这时听得目瞪口呆，于是他以缄默来掩藏自己的尴尬。他的同僚道夸托博士再也坐不稳了，他正被气得要发狂。这时恁迪尼奥又一次临时岔开话题，向布鲁诺提了一个关于星球致密部分组成物质的自然特性的问题……

仍旧彬彬有礼，布鲁诺说他认为其它的地球与我们的地球相似，或许更大，或许更小，或许有更多的光明，或许更少……

于是大家看见恁迪尼奥眯起眼睛，鼻孔张开，眉头皱起，最后他咯咯地笑起来，老实说，就像一支阉鸡：所有布鲁诺所说的，他知道，是从卢奇安（Lucien）的《真实的历史》一书里借来的！言下之意：这不新鲜，这是可笑的！

布鲁诺没有被他干扰，仍旧以同样的声调继续解释道：

"假如卢奇安一边把月亮描绘成一个可以被居住和耕种的地球，就像我们的地球一样，一边又揶揄那些宣称存在着众多地球的哲学家，那么他不仅远远没有道理，而且也表现得像其他人一样地无知。"接着，布鲁诺阐述了他自己对天体的构想，它们"赋有生命，根据自身内在的原理，以自然的、有秩序的和志愿的方式生存着"。它们穿越空间朝着适合它们的东西运行。不存在其它的外在的发动机，让想象的天球和那些好像被钉在这些天球上的天体运行的发动机是不存在的。地球和其它星球运行的动力来自于它们内在的、构成其自身灵魂的原理……

恁迪尼奥："您认为这个灵魂有感觉能力吗？"

诺兰人："不仅有感觉能力，而且有智慧，就像我们的灵魂，也许还会超过我们。"

舌战显得不平衡。这一边，诺兰人阐明和论证他对宇宙的新构思，另一边，这些博士们则一再令人厌倦地参考权威们的话。诺兰人这时执意要强调这一区别：

"在一个诚实人之间的辩论中，"他说，"你们应该避免讥笑别人，避免讥笑你们尚未理解的东西。如果说我没有讥笑你们的荒唐想法的话，你们也不应该讥笑我的宣言；如果说在我们的辩论中我对你们表现了礼貌和尊重的话，你们也应该对我至少表现出相同的礼貌和尊重，而我了解你们的智慧程度并且能够捍卫上述卢奇安的《历史》的思想是真实的，同时你们又不能推翻我的推理。"

这时，诺兰人似乎成功地让别人听见了自己的声音，不然的话，就是把自己树立了起来。他现在必须解释一些初级的问题，一些似乎与地球自转相矛盾的现象，诸如不动的云彩或者一块下落石头的垂直性。他游刃有余。

道夸托突然出现了，这位戴着金项链的博士挺直了身体，扶了扶头上的丝绒软帽，拈了拈他的小胡髭，抬起眉毛，为了显得若无其事而斜着眼睛，然后把左手搁在左胯上，用右手的前三个指头指着诺兰人问道：

"你偶然会是哲学家的模范吗？"

这句话激起他的对话人迅捷地对他作了下面这段反唇相讥：

"您到哪里去？先生，您到哪里去？（戏谑地暗示那句对耶稣提的问题：你到哪里去，主啊？）如果事实上我就是哲学家的模范又怎样？如果我不比所有不赞同我的观点的哲学家们更加赞同亚里士多德的观点或者他们的观点又怎样？由此能导致地球是世界固定不动的中心吗？"然后诺兰人微笑着转向听众："这个男人所配备的空话比推理还多。其玩笑的原由是饥饿，牙齿打架了！"

道夸托想让自己显得不可轻视，接着说道：

"如果地球在运动，那么火星有时显得较大，有时较小，这又是怎么回事呢？"面对这种懒惰的思想，诺兰人解释说："这是地球和火星在它们各自轨道上的相对运动所造成的。"

基础的问题也好，离题的问题也好，它们迫使哲学家明确地指出他来这里不是为了充当老师的角色。恰当的是假定古人和今人所获得的有关天体运动的类似性、有秩序性和有节奏性的知识是确实的。为什么我们要远离主题和折磨自己的大脑呢？诺兰人看得对：他的对手们并不真正地要辩论，他们从来都没有为严肃地讨论哥白尼而奠定必须的基础，他们更喜欢用各种办法难住他，让他失去理智。他们辩论着，但是徒劳。于是这一艰涩的分歧激发布鲁诺对道夸托作了如下的宣言：

"我的兄弟，不要相信您的意见能值得我对您怀有敌意，恰恰相反，我对您的友情就像我对我自己一样。因此我想要让您知道这一点：在完全确认我的论点之前，曾经有好几年我只是简单地认为它是真实的；当我更年轻、学识更少时，我以为它可能是真实的；当我刚刚起步学习思辨时，事实上我认为它是假的，以至于惊讶地看见亚里士多德不仅屈尊地重视它，而且贡献出其第二部著作《从天到世界》的一半来努力证明地球是不动的；当我还是个孩子并完全不具备思辨的思想时，我对我自己说，疯子才相信这样的论点，我想，人们把它作为狡诈和诡辩推理提出来，为了锻炼那些只是为了游戏而辩论的空闲的大脑，然后，他们再公开声明论证了白的是黑的。从这点来说，我只能厌恶您像厌恶我自己一样，曾经更加年轻，更加孩童，更少善于思考以及鉴别能力更弱。因此，我一点都没有感到要对您生气的需要，只是我为您感到悲痛，我祈祷让我拥有现在的知识的上帝同样让您能够（如果他不乐意让您睁开眼睛的话）至少了解您的盲目，这对让您更加有礼、更加谦恭、更少无知和更少鲁莽不会帮助甚少。我要补充的是：您也许也应该喜欢我；如果不喜欢像现在的这个更成熟但更老的我，至少喜欢以前那个更无知更年轻的我，那时我还是个儿童而您已经年长。尽管我从来没有像您一样在辩论和交谈中如此地野蛮、粗鲁和没有教养过，然而请您了解这一点，即我也曾经同样地无知过。如果我认为您就像是以前的我的话，如果您愿意认为以前的我就像是现在的您的话,我就会对您怀有友爱,您就不会对我怀有仇恨。"

原本是一次学术的辩论没有得到实现。两位英国博士在走之前向所有的人打了招呼,除了他们的对手以外,而他则请了一个人替他向他们打了招呼。布鲁诺回到大使馆时夜已经很深了。

# 飞向无限

> 乔尔丹诺·布鲁诺如何穿过无限的空间，游览星球，
> 越过想象的天球围墙，写下了足以唤醒
> 一整个公墓里的人的篇章？

月亮和泰晤士河水被隐没在永不散去的雾霭后面，人们说这是城里燃烧的煤烟所造成的，因为缺乏木柴。伦敦正沉睡着。等不到拂晓，布鲁诺已置身于工作，他伸展四肢来驱散疲乏。当他为了更好地集中思想而把头往后仰去并合上眼睑时，一位善于观察的密友也许会从其双唇之间觉察到一丝的微笑。哲学家这时感到很幸福，不仅仅是因为他给了牛津的两个重要动物一顿辛辣的讽刺——这些动物的皮都很硬[①]！——更重要的是因为他知道其著作的构思现在成熟了——为了全人类这本书将让其宇宙思想无限地繁衍，还有这个值得纪念的晚会将引起反响，这一天，几个显赫的大人物最终在他们空洞的蠢话中显现了真面目。

他憎恨这类昏昏沉沉的和学究的肥家伙们，在这之前一次的争论中，就在学院里，他已经惹了他们。当他想起他的对手时仍然义愤填膺，那是一个不讲文明和不懂礼貌的粗人，一只有学历的雏鸡……他

---

[①] 论战在继续吗？莱尔讷（Lawrence Lerner）与高斯林（Edward Gosselin）这两位美国作家在《为了科学》这本杂志（在一篇为伽利略"辩护"的名为"伽利略与乔尔丹诺·布鲁诺的幽灵"的文章中）（1987年，1月）中，认为《圣灰宴》是一部"荒诞集"，布鲁诺是个"无知"。

叫什么来着？难道不是这个恩德尔黑尔，这个不久将被任命为学院副院长和牛津大学主教的不走运的人？这是在不久前作为朋友访问波兰伯爵拉斯奎的过程中……

他的这部著作将名为《圣灰宴》。

他停下了其它所有的事情。这部意大利语著作是一部天文和哲学三部曲的第一卷。为了阐明其思想，他还能想象出比记叙这个激烈的晚会更好的方式吗？在这个晚会上，他曾经有捍卫其思想的勇气。

他忘记了夜。

那么这是一个"既伟大又卑微、既权威又大学生、既渎圣又虔诚、既轻松又易怒、既愉快又艰涩、既有一点佛罗伦萨又有许多博洛尼亚、既犬儒主义又沙达那帕鲁斯、既诙谐又严肃、既认真又滑稽、既悲剧又喜剧……"的晚宴。在给其亲爱的大使拉·莫维斯埃尔老爷的一封诗体信里，他解释说，"在掰断骨头以汲取其骨髓时，您将发现什么会让杰苏阿提的可敬老人圣柯龙比尼自我放纵，什么让集市上的人群全体石化，什么让猴子们笑掉下巴，什么让整个公墓里的人从寂静里走出来。"

他呼唤他的诗神，尤其呼唤他亲爱的记忆女神，他不再考虑或然的反击，他论述"两个不可思议的女巫师，两个噩梦，两只影子，两个发烧的人，两个自然能力的见证人。"他尤其指责道夸托博士无耻和盛气凌人，"世界上所有的压榨机都不能从他的话里榨出一滴汁来。"

在这些驴的后面，在光线最集中的地方，是诺兰人所瞄准的持地球中心说的老亚里士多德，也就是说，那些最为普通、在民众中最为根深蒂固的概念。事实上，在与英国经院学派的最高权威及其哲学大师们辩论的同时，他自己也上升到了辩论的最高水平。他要发言，要想让思想家的社会地位得到承认。然而在这个晚宴上，要想把这一非凡的实质与沸腾的形式和自我赞颂区分开来，也只会是徒劳。

布鲁诺已伏案几天几夜，用坏了好几只羽笔。他在做一件不可能的事情：说服其同时代人，他们的天的概念是假的。但可以肯定的是，他将引起"一些后继者关心他的思想直至其最深处"。而这次突击非常值得他做出这一固执和自愿的隐居生活的牺牲。

在这个世纪末，在每个人的头脑中，作为天的形象，只有二世纪时亚历山大的希腊天文学家托勒密在其主要著作《天文观测集》（*L'Almageste*）中阐述的宇宙。在他的宇宙的中间，地球占据着一个固定的位置，它的四周有空气围绕，空气以外是火。有十个天球围绕着地球，其中七个是行星，包括月亮和太阳，第八个天球载着恒星们，第九个天球是结晶体，第十个天球运动着。上帝和所有被选中的受真福品者应该在那边，即不在世人的视线之内。所有的天球和元素都按照等级排列。地球处在最下面，在它的上面先后是水、空气、火和第五元素。地球是一个"在下面"的世界，它及其变化与腐败的概念相联，"在上面"的那个天上的世界则象征着美。

人类为自己建筑的这个宇宙，就像一个温柔的庇护所，一个绝妙的保护甲壳，人类在里面感觉很好。法国诗人杜·巴尔达说它是"神圣家庭的永不坍塌的墙"，而龙萨的印象是"一只十全十美的茧，一个圆形天井，一个天围墙"。这些便是乔尔丹诺已经着手要拆毁的，尽管人们说这些与圣书是如此完美地相符合。

有几位诗人①就像立在窝边的雏鸟，曾幻想过神秘的广大空间……布鲁诺将在一种前所未闻的陶醉中飞翔，这是疯狂的梦的陶醉，毫无惧怕地飞的陶醉，"不是一只羽毛刚满的年轻鸟儿的陶醉，而是一只将要出发去越洋过海的大帆船的陶醉"。哥白尼观察到了行星外表运动的古怪的不规则现象以及它们与地球之间的距离的变换，认为这些表明了它们不围绕我们的地球运转……从而对旧的体系提出

---

① 法国的勒芒（Jacques Peletier Du Mans）、拉·伯德里（Guy Le Fèvre de La Borderie）。

了质疑。他借助数学解释在众星星的中心,居住着太阳……而且围绕着太阳,运转着天球……

但是在任何时候,这个男人不喜欢自己的思想被打扰。在保证思想安静和安全的前提下,他只听他想听到的东西。但愿有人敢于对他说他在无限的苍穹里徜徉,这是最糟糕不过的事情了,这比那些最魔鬼式的论点还要疯狂。哥白尼曾仔细地把其发现裹在一个光彩夺目的神学包装里面。他问道,是谁在宇宙这个光辉庙宇中最好的位置上放置了太阳这盏灯?太阳由之同时普照一切,某些人把太阳称作光明,或"灵魂",或"世界的本堂神甫",三倍伟大的赫尔墨斯称太阳为"看不见的上帝",索福克勒斯称它为"普见一切者"都没有错……因为,"就像坐在一个国王的宝座上,太阳统治着这个围绕着它的天体家庭。"

越过这些神学上的考虑,布鲁诺留下了基本的东西:地球围绕着太阳运转。但是他并没有就此罢休。他砸碎了所有托勒密的天球,并解放了所有的星星。一个新的和令人头晕目眩的宇宙出现了:他在这个晚宴上,在讥笑和挖苦中陈述的宇宙。他于是开始描绘这个让自己也惊叹不已的宇宙:

"从这里开始,意识到自己的力量的思想将大胆地飞向无限,因为它曾被囚禁在最狭小的囚室里,迫不得已从一些缝隙和小洞里看远处光明闪烁的天体,以锻炼其近视眼睛的视觉能力,而且,它的翅膀可以这样说已被一把鲁钝和墨守成规的信仰之刀一点点地切得愈来愈短,这个信仰还在我们与上帝们的光辉之间集聚起了一堵雾霭的长城,并用我们的想象的元素筑起了一道它以为是青铜的和钢的云墙。但是,在摆脱了必死性这个骇人的怪物、愤怒的命运、难以支持的铅一样沉重的审判、残酷的伊理尼司神的锁链以及片面的爱的空想之后,这个思想将向太空飞去,它将穿越有无数世界的无限广阔的空间,看星星并越过想象的宇宙界限。哲学家和数学家们在谵妄时创造的第八个、第九个、第十个天球和其它天球的墙已经消失得无影无踪。多亏了感觉和理智共同引导和探索,我们将打开锁住真理的锁,让盲者有明目,让哑人讲话,让思想瘫痪和不能进步者重新找到足够的力量去看太阳、月亮和宇宙父亲的各种居所,它们与我们的居所相像,或者更小更简陋,或者更大更加辉煌,在这一点上它们之间的差异也是无限的。这样我们就获得了一个更佩得上神灵和大自然母亲的见解,正是大自然在其怀抱里孕育和养育了我们,然后再让我们回到它那里。在未来,我们不再相信还存在着无灵魂的物体,不再相信——正如某些人宣称的那样——物质也许只是一个被填满了化学实体的像粪坑一样的东西。"[1]

于是,在这一前所未有的陶醉中,诺兰人激励自己行动。在这宇宙般的激情中,他重新赋予了物质"被所有神学雅各[2]"诈取了的长子权利。布鲁诺现在为这个人们说是灰色的、沉重的、含铅的、死的和鲁钝的可怜的物质恢复名誉,还给它几千年来被超验论从它那里偷去的东西。他因而又获得了一个新的泛神(这个词当时还没有产生)的视野,这个视野虽然尚还未触及物质的本原,但却已经是思想上的一次革命。布鲁诺终于能够不承认这个世界是封闭的。不再有天球!所有的星星都是自由的,它们都是有行星围绕的太阳。[3] 接着,他的眼光又转向无限性:"在行星、恒星以及其它的天体之间,没有内在

---

[1] 《圣灰宴》,"对话一"。
[2] 参见布洛赫(Ernst Bloch)的《文艺复兴哲学》,佩姚小图书馆(Petite Bibliothèque Payot)出版社,1974。
[3] 这一重大的思想只是在1914年才被科学宣布有效。

的差异……除了它们的体积，以及有些发光，另一些则被照亮以外。"①

遥远的恒星，他明确道，也像近处的恒星一样地自转，只是它们的运动不被我们所觉察到。为了了解这些恒星的运动，需要长久的观察，但是因为没有人相信这样的一种运动，因此没有人去观察和考虑这个问题，也没有人对此进行研究或提出预先假设。我们之中没有人不知道，在着手一项调查研究之前，应该预先知道和了解研究的对象是存在的，或者，对象是可能的和可考虑的，因为这样才会有成果。上述关于恒星的这一见解正是在某些观察和精确的研究工作之后而获得的：

> "为了建立自己的结论和判断，诺兰人只相信自己的眼睛而不是哥白尼或托勒密的眼睛，但同时他也认识到，关于观察这一点，他欠这些大数学家以及另外几位的恩情债，因为正是他们所作的前赴后继的工作、积累和发现，留给了我们一些足够坚固的并且据此我们可以做出自己的判断的基础，因为现在的判断的产生得之于以前的许多世纪的艰巨劳动。"②

他必须粉碎那些最陈旧并被引用最频繁的与地球运动理论相对抗的推理。比如从惠特豪（Whitehall）那里听来的这个论点：假如地球是运动的话，云彩就应该永远往西方朝着一个同样的方向流动！不，他反驳说，想象两个人，一个人站在一只行走的船上，另一个人站在岸上。当他们两个人面对面时，他们同时各自让手中的一块石头落下，同时不给予石头任何的推力：

---

① 《圣灰宴》，"对话三"。
② 《圣灰宴》，《对话一》。

"第一个人的石头,并没有偏离它下落的直线,落在了前面的一定的地方,而第二个人的石头则落在了后面。唯一可以解释这一现象的是,那块从站在船上的那个人的手里下落的石头与他一起前进,因为它受到了某种传递的力,而另一块从那个不在船上的人的手中落下的石头则不具有这种力,尽管两块石头的重力一样,都穿过同样的空气,从同一点出发,并受到了同样的推力。它们不同的落点不能说明其它的原因而只能是这一点:固定在船上的或构成船体的东西,随着船一同运行。"①

这样,布鲁诺便解释了在总体中的个体如何分享总体的运动以及运动的相对性。但他又往更远处看:

"当我们明白了我们所居住的球体并没有被固定在任何的苍穹上面,没有受到外部力量的推动,而是因其自身的灵魂和个性而围绕着太阳运转,并围绕着自己的中心自转的时候,自然物体真正法则的智慧大门将打开,我们将能够大踏步地在真理的道路上前进。"

不久前出席那个大宴会的人在听到这些话时,曾感到一阵恐惧的战栗。飘忽不定的人类!无限的天!多元的世界!这简直过于不可思议了!当有人请他再明确一点时,为了这些尚不为人知的星球布鲁诺这样回答道:"即使它们不像我们的这个这样,也不会很差或者特别差:事实上,如果我们有一个理性的和稍稍苏醒的头脑,要想象有如此多的世界不被类似我们这样的或更先进的人类居住是不可能的。"

---

① 《圣灰宴》,《对话三》。

然后，他对哥白尼表达了下面的敬意：

> "关于对自然所做的结论，[哥白尼]比托勒密、西帕恰斯、欧多克索斯和其他众多的人以及他们的后继者更胜一筹。他在摆脱了一些普遍的庸俗错误哲学公设后，才达到了这一点。然而他摆脱得不够充分，这是因为与自然相比他更注重数学，他没有能够足够深刻地进入到[物理的实在里]，拔掉与[经验]相悖的和完全空洞的原则直至它们的根。
>
> 他对一些自远古时代起收集起来的断简残篇感兴趣，他是如此好地对它们进行了纠正、组合和整合，以至于他成功地使一个可笑的原理变得可敬，比其相反的理论更具有真实性，从理论和计算的角度来看，在一定程度上更方便、合适和完善……"

布鲁诺还涉及到其它一些复杂的论题，比如泛灵论论题（"地球以及众多其它的叫作天体的物体本身具有生命"）和对物质的思考："所有物质的粒子是有生命的。显然物质的灵魂不具备我们平时所理解的意义，但是根据物质所包含的潜在可能性，其灵魂隐蔽的活动将作用于物质。"[1] 以及，对地球中心说的捍卫者的质问：

> "问题在于知道是我们还是他们处在蒙昧里。总之，或者我们赋予自己革新旧哲学的任务，预告曙光的到来和黑暗的结束，或者我们带来黑夜，光明随之而消失。"

---

[1] 关于这些思想，参阅韦德里纳（Hélène Védrine）的《乔尔丹诺·布鲁诺的自然概念》一书，伍翰出版社，1967。关于这些著作的对话形式，利塞（Jacqueline Risset）著有《通过变换欲望这一词的字母位置而构成的词》（L'anagramme du désir），布尔左你（Mario Bulzoni Editore）出版社。

在做了这样的结尾后,诺兰人将补偿他那些思索的夜。继《圣灰宴》后,在1584年里,他又相继用意大利文写了这部三部曲的另外两卷:《论原因、原理和统一性》以及《论无限性、宇宙和众世界》,这三卷共同构成了一部漂亮和成熟的著作。

# 数字和图形

## 乔尔丹诺·布鲁诺怎样确定数学表达形式具有不可替代的作用？

在与博士们对抗之前不久，诺兰人曾到过伦敦的沃特里尔印刷所，口袋里装着一大沓可观的手稿。排版工人们被吓了一跳，他们从来都没有见过如此庞大的拉丁文文稿，而且上面满是难以辨认的注释和复杂的援引。他们纳闷不解：这位意大利人为谁写作？他想用这些难以理解的可被论断的事物让谁惊讶呢？因为在这个国家里，除了极少数的几位特殊的学者以外，人们已经相信这一点：即这一类表面上多产的和难懂的作家往往骨子里只是一个学究。单单其书名，就好像已经表明了这是一部自命不凡的不朽之作：*Ars reminiscendi et in phantastco exarandi*；*explicatio triginta sigillorum ad omnium scientiarum et artium inventionem dispositionem et memoriam*；*sigillorum ad omnes animi operatones comparandas et earumdem rationes habendas maxime concucens*；*hic enim facile invenies quidquide per logicam，métaphysicam，cabalam，naturalem magiam，artes magnas atque breves theorice inquiruntur*.

也就是说这本书不是写给凡夫俗子们的，作品具有普卢塔克的风采。它分为四部分，是诺兰人在关于如何掌握记忆艺术这方面所作的后续和补充的努力，也是一本总结其所有助记术知识的全书。书中有些段落曾经排版，因为在巴黎印刷的《论思想的影子》和《喀耳刻》两部著作已包含有这些同样的段落。除此之外，本书还列出了所有古老的助记技术。书中预辨法和附件这部分表明了作者对地点和图像的钟爱。另外，布鲁诺增加了对记忆原则和技术的描绘：《30个印章》，《对30个印章的解释》，《印章的印章》。看得出来他在寻找，满腔热情地寻找，寻找能够捉住并留住这个总是在无休无止地变化着的世界形态的方法和途径，寻找一门能够帮助进入到"世界灵魂"中和进入到统一大原则中的艺术。①

布鲁诺一年之后在《论原因、原理和统一性》这本哲学著作中写的内容，当然是在融合了各种知识之后所酿造而成。现在，图像对他来说已成为思考下面这个重大问题的对象：即现实世界在灵魂——他不说大脑——里的反映的问题。这时，他还获得了一个基本认识，不久之后他将在其它著作中再次提到这点：

> "请注意这一点，智识想从束缚着它的想象世界里挣脱出来并获得自由，于是求助于数学和符号图形，通过它们提供的途径和类比，智识去理解存在和物体的本质，并把繁多和不同的种类归结到一个同样的根上。"

这正是毕达哥拉斯曾经做过的事情，他把数字当作物体的特殊原理。柏拉图和其他人则用图像来归纳各种种类，其中点——共同的葡萄植株和共同的根——代表"实体和宇宙类"。布鲁诺明确道，数学的和图像的意识表示原则有共同之处：

---

① 耶兹（摘自《乔尔丹诺·布鲁诺与赫尔墨斯传统》）认为"在这本书中有一些天才"。她主要强调了布鲁诺所运用的图像和地点具有玄妙和魔术的特性。毫无疑问，在读这些关于助记术的文章时，也必须同时阅读其哲学著作。

"说实体的原理是单一的人，认为实体可以数字表示，认为实体的原理是点的人，赞同实体可以图形表示，不管如何，双方都一致赞同不可分的原理。"

诺兰人这时已有的一个基本判断确认了他独立于这些他曾经参考过的老一辈思想家的事实以及他对数学原则的偏爱：

"毕达哥拉斯的观点比柏拉图的更好和更纯真，因为单一是不可分的东西以及点的原因和本质，单一是一个（比点）更加绝对更加适合于宇宙存在的原理。……柏拉图虽然在他之后，然而却没有比他做得更好，也没有做得与他一样得好，因为他更喜欢说得不太好、不太确切和不太适合但有一个大师的名声，而不怎么喜欢说得更好和更适合但只有一个弟子的名声。……最终在他的哲学里，他个人的光荣要多于真理。……而毕达哥拉斯的解释比所有理智的、想象的和智慧的解释更适合和符合真实的物体及可感觉和可理解的自然。

不了解数字的本质就不能理解大小的本质，这就是为什么算术的关系及其符号体系比几何的关系及其符号体系更能引导我们穿越过多重数，从而走向对不可分原理的注视和理解。"

直觉地，他已经想象到了数学的表达方式具有不可替代的作用。

"请补充上这一点，即当智识要理解一样东西的本质时，它会尽自己的所能简化一切，我想说的是，它从整体和多元——一边摒弃大小、符号、图像和易变质的偶性——直接找到隐蔽在它们后面的东西。于是，在读一段长篇大论或听一段冗长的祈祷时，我们同时就把它们浓缩成一种简单的表达形式来理解。在这一点上，智识清楚地表明了物质的实体存在于单一中，这是它所寻求的作为真理或图像的单一。请相信，一个能够把分散的欧几里得定理归纳成一个定理的几何学家，才是最完美最理想的几何学家，一个能够把所有的推理归纳为一个推理的逻辑学家，才是最理想的逻辑学家。"

就这样在一个狂热地探索者的喧腾的稿页里，出现了这一重要的思想，它就好像是淌水下的一块宝贵的纯金。布鲁诺不是一个数学家，[①] 尽管他认识到数学是测量的首要基础，然而无疑他又厌恶使用它来支持他的研究，测量现实不是他的道路，现在还不是……也许他将找到时间……目前，他确认尺寸不能建立形而上学的真理，最多构成一个逻辑上的假设。[②] 然而就在他疯狂地努力通过想象力来组织其思想的过程中，他揭示了这个根本的基础，后来的伽利略和开普勒将在这个基础上展开他们的工作。

---

[①] 布鲁诺的某些同时代人把他看作一个数学家，比如《坎德莱奥》的法语译者皮埃尔·美那（Pierre Mesnard），他曾这样写道："关于布鲁诺，所有我所知道的是，他是当时最大的数学家之一。"（1633）

[②] 关于这一点，建议读韦德里纳（Hélène Védrine）所著的《乔尔丹诺·布鲁诺对自然的解释》一书中第 177-178 页《论最小值以及其中的数学问题》（*Le minimum et les problèmes mathématiques quis'y rattachent*）一节。

## 不可能实现的妥协

诺兰人怎样获得了一个牛津哲学教授的讲坛,
他在讲完三节课后又怎样被赶出了校门?

在这段时间里,布鲁诺曾给牛津大学校长室写了一封信,其内容是他很想教学,以及如果可能的话,同时谋得经济上的独立。他请求一个哲学教授的职位。尽管上次不公平的论战使得他与教授们对立了起来,但是他执拗地不愿意放弃这块重地。在《致杰出的牛津学院》这封信中,他当然提到了这一事情,他写道:

"……为了避免某些人沆瀣一气地以某个公正和权利的理论联合起来反对我,在这里,我对陛下您郑重地声明:当我们带来工作的成果并介绍一些对判断特别有用的准则时,当有时为了明确理论上的推理和实际上的实践,我们似乎自然而然地去赞成毕达哥拉斯、巴门尼德、阿那克萨哥拉和一些优秀哲学家的理论时,或者当我们发表一些个人的新思想时——在这一思想似乎是与普遍和正统的信仰相对立的——,我们也许应该理解到,对我们这样大声地表达出来的东西,我们并没有把它们当作是绝对真实的,而只是认为它们符合我们的推理和合乎情理,或者至少近乎这样,它们也不是如此的荒谬以至于人们可以限制为其辩驳……"

与申请书一起，求职者还加上了一册新近出版的论著《对 30 个印章的解释》。在这次尝试中没有过多的让步，却也表明了他与他们共处的愿望。他不愿意关系破裂。他希望让他发言。天真？通过引用几句《新约》和维希奥的话，他还是让人明白了他知道谁是自己的敌人。但是，见鬼，牛津人不管怎样也是一个悠久的开放传统的继承人！博洛尼亚的阿考尔索在应爱德华一世的邀请为他编纂法律后，正式来到了这里教授法律。正是在这里，在格洛斯特公爵韩福瑞（Humphrey）的庇护下，成就了一大批学者，他们经常到博洛尼亚、帕多瓦、佛罗伦萨以及费拉拉的学校去……一个世纪以来，牛津大学一直与意大利的各所大学保持关系，并且朝人文主义者及其思想敞开了大门。那么……诺兰人的对话者们表面上看来还是公平的。他们给他提供了一个公共哲学课教授的岗位，教材是《不死的灵魂》和《由性质相似的五种成分构成的天球》，同时只是对他规定了教学和研究的性质，并着重禁止他作绝对的结论。布鲁诺很满意，因为他能够介绍他的"有用的"箴言了。由他的听众们判断它们"真实的"程度。诺兰人于是成了这个赫赫有名的大学的哲学教授！

这次绝妙的和解将持续……几天。

从第三节课起，这位来自那不勒斯的新教授被指控剽窃。这招太厉害了！是的，他被公然指控剽窃了菲奇诺[①]的一篇文章。大家想象得出他还有话说。但是他被迫中断教课，逃离牛津大学。他秘密地躲藏在朋友喀斯特勒诺的保护下。不久之后，一位牛津大学院士关于这次排除行动写了一篇美妙的证词：

"这个龌龊的意大利矮人给自己定义了一个比其身体还长的称号：

---

[①] 15世纪初马基雅弗利的同时代人菲奇诺因其与亚里士多德对立的柏拉图主义对乔尔丹诺有很大的吸引力。那美（Namer）教授认为"他能够使菲奇诺的思想适应于一个更加理性的理论，因此，他能够以一种带来更多效益和有效的方法来使用它们"。

**神学博士高级研究员哲学家诺兰人乔尔丹诺·布鲁诺**，等等，1583 年，当他继拉斯奇公爵之后来到我们学校参观时，他没有穿着与要完成某个值得纪念的成就以及成为这所著名学院里的著名人物之欲望相配的服装。不久之后他又来到了这里，像一个街头卖艺的人一样撸起袖子，用夸张的土语讲解**中心和圆圈以及圆周**（Chentrum et Chirculus et Circumferenchia）（事实上，这是其家乡的发音方式），并以智谋以及胜于其智谋的胆量，获取了我们这所优秀和著名学院的最好职位。他要做的事情之一，是使哥白尼的理论站住脚跟，对于他来说，地球在运转，而天是固定不动的，然而实际上，应该是他的大脑在运转，而他的脑袋是固定不动的。在他讲完第一节课后，一位严格的人——这时一如既往，他在这所学校里拥有显耀的地位[①]——觉得有印象在哪里曾读过与这位博士所讲的同样的东西。但是他把这一怀疑保留在心中。当他听完第二节课时，便回想了起来，于是他回到工作室，发现其第一节和第二节课几乎原字原句地出自菲奇诺的著作。在把这件事告诉了基督教堂神甫即现在的达勒姆主教——他是我们地球上罕见和杰出的荣耀——之后，大家首先想到的是通知这位杰出的哲学教授被发现的事实。但是首先发现事实真相的那位先生更加明哲，建议再考验他一次，于是他们继续与他玩这个游戏，但是第三次，他们则按照自己的意愿行事了。既然乔尔丹诺继续是乔尔丹诺，于是他们通过某个人让他了解他们对他已经过于耐心，他已经给了他们足够的烦恼。与这位诚实的矮人的事情就这样了结了。"

事情了结了？说得太快了。为了教授《由性质相似的五种成分构成的天球》，诺兰人大概从菲奇诺的《论生命》（De vita）中得到了灵感。但剽窃显然是一个虚假的借口。想撵走他的人马修院长、新学院的卫道士库尔派佩以及基督教会神甫的代理人们瞄准的目标是哥

---

[①] 可能是库尔派佩（Martin Culpepper），牛津大学的卫道士。

白尼。

这是怎样的暴风骤雨啊！《圣灰宴》中的辩论已经在学界和一部分上层社会引起了强烈的震动。现在，这些随后而来的反应则伴随着对大使馆人员的冒犯和公开的刻毒言论……布鲁诺与之对峙着。他争分夺秒地写了一本新书《论原因、原理和统一性》——《圣灰宴》的哲学续篇，然后，他又给他的恩人大使写了一封长信，在其中他为所有这些骚动仔细地描绘了一幅图画：

"我必须有一个真正的英雄的灵魂，才不会在一个如此罪恶和欺骗的湍流前放手、失望和投降。无知者之嫉妒、诡辩者之推断、心怀恶意者之中伤、奴才的窃窃私语、唯利是图者之含沙射影、被收买者之反对、愚蠢者之猜疑、逸言者之一丝不苟、伪君子之热情、野蛮者之仇恨、庶民的愤怒、下等人之狂怒、被我击中者之非难以及被我惩罚者之哀诉，已经全力以赴地向我扑了过来。其中只缺少女人无礼、无理智和恶意的轻蔑，而她们的假惺惺的眼泪，永远比嫉妒的、中伤的、含沙射影的、背叛的、愤怒的、蔑视的、仇恨的、狂怒的最高波浪以及最严峻的暴风骤雨更加的可怕……"

然而布鲁诺这样地抱怨法其实错了。他被逐出牛津大学这件事，从某种意义上来说，是塞翁失马，因为他将因此被引向伊丽莎白的宫廷，那是一个比那所冰冷的、教条主义的和语法家们的大学更加刺激的社会。在女王的周围，许多绅士的思想已对大陆文化，尤其是意大利文化，对柏拉图和毕达哥拉斯，对数学和天文学开放。他们知道哥白尼，尽管其中被哥白尼说服的人仍旧极少并且很难遇到。

# 狗棍

## 乔尔丹诺·布鲁诺在哪里再次捍卫自己的正义？

在《论原因、原理和统一性》这部基本上说是哲学著作的开头，布鲁诺坚持把日常的战斗——其自由讲话的权利——与对无限性和物质的最重要的论述结合起来。书中的埃尔迈（Hermès）是有良识和中庸的英国人的体现（也许是格文纳先生），陪伴他的有弗罗里奥的埃里奥特以及菲罗哲，即布鲁诺本人。埃尔迈针对菲罗哲在伦敦出版的第一本哲学著作即著名的《圣灰宴》向意大利人提问道：

"在《圣灰宴》里出现的动物是谁？有人说，你用一种疯狗的声音说话，并且，你有时是猴子，有时是狼，有时是喜鹊，有时是鹦鹉，有时是动物，有时又是另外一种东西，你把庄重的和严肃的、合乎道德的和自然的、卑鄙的和高尚的、哲学的和喜剧的语言混为一谈。我想知道说这些话的人是否搞错了。"

"请不要见怪，我的兄弟，"菲罗哲回答道，"因为那只是一顿晚餐，那时，人们的大脑被美酒和美食的气味所造成的生理状态所制约。一次物质的和肉体的晚餐便是如此，因此，其言语和精神状态也是如此。同样，对话的内容就像餐桌上的内容一样常常变换。一顿晚餐有其特有情况、情势和结尾，对话也一样。"

菲罗哲-布鲁诺还列举了在一次晚餐上可能发生的意外事故：

"或者你吃了一口过热的东西把嘴巴烫了，这时你应该或者立刻把它吐掉，或者一边流着眼泪，一边让它在颚上来回转动，直到能够咽下这该诅咒的一口，并让它通过食道；或者你磕掉了一颗牙齿；或者吃面包时咬到了自己的舌头……"

埃尔迈坚持要辩论下去：

"指责和诅咒别人是卑鄙小人和歹恶之徒的本性……因此，您让自己显得像是一只咬人的狗是为了让别人不敢来伤害您。"菲罗哲说，"的确，而且，我举起狗棍，是为了使他们让我与我的思想安静一点，如果他们不想来抚摸我，那么也不要对我施行非礼。"

像一个优秀的战术家一样，诺兰人努力地把他的敌人与学院和英国社会的其他人区分开来。他有些后悔其所做所为了，甚至希望其第一部分对话没有出版。于是这位正直的埃尔迈，可敬的英国人的代表便来让菲罗哲-布鲁诺安心。在布鲁诺的笔下，这一情景也不无滋味：

埃尔迈："哦，菲罗哲，站在被您讽刺的受害者的一边，很难说我应该或能够判断这是否合适，对我（或另一个比我更机智的人）来说，就好像是我们必须维护祖国的一个共同的自然法则，既然他们是祖国的人；否则——因为我永远不会去忏悔——，我将永远是那些声明是我们祖国的成员和一部分的人的敌人，而我们的祖国只容纳高尚的、文明的、有修养的、有文化的、审慎的、人文的和有理智的人，正如其它任何一个国家一样。如果在我们的国家里有［这样的人］，肯定地说，他们在其中只能像垃圾、渣滓、粪堆和腐烂的动物尸体，由他们所构成的一个国家的或一个城市的这一部分，就好像是轮船的舱底水阱那部分。这样看来，我们必须互相伤害的理由还很缺乏，而且，在相互伤害的同时，我们也使自己变得渺小起来。在这部分人中，我并不排除有很多是博士和神甫；其中一些人，多亏了博士学位，确实，变成了先生；但是大多数人最初不敢暴露出他们的粗鲁本性，后来才变得更加大胆和自负，以至于敢于放肆地和傲慢地让它展现出来。如果您这样看这些人的话，这并不是一个奇迹，又有多少人手上拿着博士学位证书和品位证书，却比一个真正的放牛人、放羊人和马夫更了解牛棚、羊圈和马厩里的肮脏事情。这就是为什么我不太愿意您如此严酷地攻击我们的学院，就好像您对它作了绝对地宣判一样……"

布鲁诺看来这时身体很健康是不是？他确实会对那些僵化在过去里的学者们使用诙谐这个武器！他确实知道讥笑能杀死他们，但他并没有不去揭露他们的权利。如果说这些牛津的人物与巴黎的或那不勒斯的某些人物是如此地相像的话，这并不偶然，在《坎德莱奥》里也可以隐约地看到这一点：诺兰人感觉到的恶是普遍性的。

作者已认识到自己的价值，他能够用这样的骄傲的言辞评价自己："我，人们永远不能以忘恩负义和非礼来指责；我，没有人能够公正地抱怨；我，被愚蠢者仇恨，被卑微者蔑视，被粗鲁者责备，被无赖们叱斥，被野蛮者迫害，被智者热爱，被学者崇拜，被伟人理想化，被强者器重，被神们厚待。"① 他知道"诺兰思想"的价值。他是"找到了那个被藏匿起来的、被神的美丽面孔照亮了的宝藏，即真理的人，[神]一直小心翼翼地看守着它，使它不被扰乱、忽略和变质，就像一个吝啬的人眷恋他的金子、红宝石、钻石或一个女人的身体一样。"这种敏锐自我认知，解释了他论战的热情，对其猎物不放手的严厉态度，以及捍卫他的领土——哲学——的坚定信心。这是研究和工作所需要的品质，能与之媲美的是其持之以恒的品质。

现在必须想象一下，在 1584 年这年，在布彻·柔府里的某个书桌上，布鲁诺与世界和家庭隔绝，正全力以赴地校对即将出版的样本，同时还在写其它的可以说是奠定基础的著作，尤其是《驱逐趾高气扬的野兽》(*Spaccio della bestia trionfant*)，我们将看到，预计这年年底出版的这本书是一部成熟的和手段高明的讽刺作品，它针对的毫无疑问是这样一种社会状况："在我们的时代，大多数神甫的价值是如此的渺小以至于人们蔑视他们，而且由于他们的过错，神圣的法则被贬抑。另外，几乎所有我们看见的哲学家也如此以至于他们丧失了自己的以及科学的名誉。尚且不说在这个世界上有大批的无用之辈怀着敌意煞费苦心地编造事实来压制和迫害稀有的能力……"这是永恒的世界？不，这是一个处于现代危机中的世界，在这个世界上，新的思想必须先冲破蒙昧主义的裹壳才能绽开。布鲁诺直觉地和切入肺腑地感觉到了这一点。哲学家对牛津人以及他们的方法和行为的固执态度和愤怒，并不起因于一次社会游戏或表象或一个那不勒斯作者的故作姿态。真正的原因在于其工作的继续，以及——通过他——智慧的进步。

---

① 乔尔丹诺·布鲁诺，摘自《论原因……》的题献。

# 我们、上帝、灵魂、物质

在哪里乔尔丹诺·布鲁诺想到了物质具有灵魂这一原理？

在无限的空间里麇集着世界，太阳只是一颗星星，每一颗星星都是一个太阳。这些天体与我们的这个载着生命的行星没有什么不同。宇宙中其实充满了生命，它们处于永恒的运动中，天体们之所以运动，是为了让自己的每一部分都能受到阳光的照耀，最大限度地让属于自己的生命生存下去并同时获得极乐。这一变化中的平衡的思想应该取代那个古老的永恒完美状态的思想。因为不灭的物质能够获得各种各样的形式，其每一个形式便是"这个所谓永恒完美状态的不可胜数的每一个阶段，神的卓越性则尽情地展示在其中"。所有的组合物体都必须分解，以便形成新的形态。天体们也是如此，这是真的！从一个天体到另一个有永远不息的生命的流动，这种流动多元直至无限，物质和运动永恒，变化永恒……

诺兰人这样看天，在他的天里，人类不再占有主要的地位。基于这一观察，他很快便开始对物质进行思考，因为关于物质，他想知道得更多。对于他来说，正如对于所有其他同时代的哲学家们来说，理所当然"大自然是所有物体之母"，宇宙"是一个动物"以及"物质之拥有形式，一如一个雌性动物之怀有后代"。地球与太阳之间维持着一种宛如男人与女人之间的关系，这也是理所当然。但是，布鲁诺在《论原因……》（对话二）中，想走得更远。

"我认为在所有物体中都有一个灵魂和一个生命，但这取决于它们的实体，而不是取决于逍遥派的信徒和所有那些根据一些十分粗糙的理由来定义生命和灵魂的人所说的现实和操纵……比如一张不会活动的桌子是如此，不会活动的皮革和玻璃也是如此。但是，作为自然的复合物体，它们具有物质和形式。再比如一个生物，即使它极为微小，在它的身上也有一部分是精神实体，根据形成主体的不同方式，它成为植物，或动物，因为精神存在于一切物体中。"

诺兰人这时翱翔在生机论的巅峰。仍然是古代思想家们启迪了他。至于物质的概念，他运用了哥白尼用于太阳的方法：从古代思想家们那里拿来可能有价值的东西，然后根据一个完全是自己的见解来给物质定义。他已开始使运动相对化："我们看到的这些宇宙中的无数的世界在宇宙中并不像是处在一个像容器的地方里，也不像是处在一个间隙里或一个空间里，而像是处在一个压缩机里或一个冷冻箱里。"因此，说运动不是说运动着的宇宙，而是说在宇宙中的运动。"尽管某一个个别的世界朝着并围绕着另一个运动，正如地球围绕太阳的运动一样，然而，从宇宙这一整体来看，则没有运动，宇宙既不朝着也不围绕着某一个天体运动，而是其自身内部在运动。"

无限性的含义推倒了所有的界石。尽管他曾受到的教育告诉他不应该涉及宗教问题，布鲁诺还是不能不指出："对无限的自然这一问题的思索已经是对神学的思索，因为这一无限的自然的问题，可以使我们做更为高深的思索……那些致力于了解这一原则和这个原因、并尽可能地理解其伟大的意义的人，不但不应受到指责，而且应受到赞赏。"他在为自己辩护后，又涉猎到一些更加复杂的问题——后来斯宾诺莎使这些问题有了进展，比如无限定和无限之间的区别以及人的本性问题："人就是他能够是的那个，但人不代表他能够是的全部……石头不代表它能够是的全部，因为石头不是铁，不是灰尘，也不是草。"因此，石头处于一定的限定之下和一定的形式之下，在同一时间内，它没有它可能有的全部形式。它有可能有其存在的全部的形式，但是"是一个接着一个地有，而不是同时地有。"

诺兰人不能将灵魂的问题束之高阁，他将试图把有价值的传统纳入其新哲学里：

"灵魂是那个处处支配一切的东西。它管理复合生物，确保其组成部分的稳定性。因此，实体远远比其它任何东西都更适合于它……

世界灵魂是宇宙的形式和构成的原理，它也是宇宙内容的原因……

我说在所有物体中都有生命存在，灵魂是每一个物体的形式的原因。是它在支配着物质以及所有的复合物体。"

灵魂是物质的一个源头？他没有用我们现在的语言清楚地这样说。他没有讲物质的能量问题。但是，关于物质的内在之源，他有一个十分强烈的直觉，这一直觉是如此地强烈以至于后来在面对死亡的时候也拒绝在这一点上让步，即：物体中的灵魂就好比是一条船上的舵手。

他认为，不灭性不是生物的特殊形式，不灭性在那个使之形成的内部的力量里。灵魂则无所不在。"一位可敬的本堂神甫，想向其信徒们形象地解释灵魂同时在两地的道理，于是请人制作了一个带有耶稣像的十字架，然后让它占满教堂的拱顶：其头在一端，脚在另一端。他想这样就可以说明灵魂无所不在的道理了。"布鲁诺不赞同这一图像说明，他更喜欢另外一个比喻：

"你们听得见我的声音，在这个大厅里的每一个点上你们都听得见我的完整的声音，灵魂就像我的声音一样完整地无所不在，它没有被分割成不同的部分，我的声音不是有一点在这个角落，又有另外一点在另外的角落，而是在这个大厅的每一个点上，你们都听得见我的完整的声音。同样，在宇宙的每一点也有一个完整的灵魂。"

地球也同样是一个天体，因此像其它的天体一样，也属于同样的天，在灵魂、人和上帝之间，没有真正的区别。对灵魂概念的探讨又把他引向了"宇宙知性"的问题：

"宇宙知性是世界灵魂最内在、最真实和最本质的智能和最有潜能的部分……

正是这一同样的实在恰当地充满了一切，因而宇宙里有光明，大自然产出了万物。这一实在在它认为是合理和合适的时候使一些合适的东西产生，然后它再像我们的智识面对它们一样去面对它们。"

一页又一页，布鲁诺在构思着一个崭新的世界。他的哲学是经过了长期过程成熟的果实，是持续不懈思索的果实。

"在对更多的因素进行思考后，现在我们的思想已经成熟，我们认为必须认识到，在自然中有两种实在，一是形式，一是物质；必然有一个实在的现实，因为正是这个实在的现实包藏着所有一切的能动潜能，而这个能动潜能又包藏着与它同样多的所有一切的消极潜能。"

他前进着，他用他的语言逐步地阐明了应该对物质、灵魂和智识一视同仁。这点绝对是新的。在即将来临的世纪里被揭晓的重大原理在这里已经初现端倪。

# 布彻·柔安乐窝

在哪里乔尔丹诺·布鲁诺能为自己的宗教生涯做第一个小结，并且看懂了英国人的现实生活？

布彻·柔的法国大使馆是个多么舒适的安乐窝啊！布鲁诺在里面受到了百般的照顾。他享受着法国的款待，毋需忍受那些穿着大红袍的自命不凡者。他观察完全无菌的英国炖锅。他与首都里的才华横溢的人交往。这是一个他还没有敢梦想的境遇，这一点部分地解释了其文章的冗长。也许是该对人生的第一部分——宗教的人生——做小结的时候了。

如果说孤独是为了更深入地了解生存的秘密和揭示对人类命运有用的法则，那么它最终是积极的，如果说是为了一种安闲和肉体享受的生活，那么它就是不祥的。这一思索于是成为其拉丁语著作《符号与印章》（*Sigillus sigillorum*）的开头。随后是这位从前的道士对"忧郁的"天主教所做的批判：批判天主教的退化，这种退化纵容愚蠢的人为使耶稣显现于自己身上而虐待自己的身体；批判天主教英雄式的神圣概念……他想的是圣方济各；批判刻苦的生活……他想的是改革派。他还排斥"各种迷信"和自命不凡的改革者们。他向圣托马斯脱帽致敬，这位伟大的静修士至少——通过其灵魂——知道升上第三重天。学究们和**自负者**由于在人类社会中所起的负面作用，现在又一次被他扔到了同一个烤架上。他对基督教的批评似乎在发展。

初到伦敦时，没有任何迹象能够看出他会展开一场宗教性质的论战，因为他有更重要的事情要做。牛津事件之后他注意不去触碰这方面的问题。但是一切都显而易见地演变了。他不再像在给牛津学院的那封信中所写得那样说他的原理"有用"了，他现在辩护它们的"真实性"。从这时起，他认为信仰的语言不是哲学的语言，想象它们之间的妥协是徒劳的，因为二者的对象不同。这点很清楚："圣书在涉及自然物体的论证和思辨时，对我们的智性没有什么用处，但是，就它们恩惠于我们的精神，倡导有道德的行为方面看，它们又是有价值的。"圣经和哲学著作之间的调谐——这点布鲁诺在《论思想的影子》中已经强调过——是一种特殊的情形，而不是一个规律。混淆哲学语言和信仰语言会导致损害，无论是对一方还是对另一方而言都是如此。这就是他所弄懂的道理。

了解一个国家，大使馆是一个再好不过的地方了。诺兰人对1584年他才知道的事情非常感兴趣。那时他才明白，那个他曾经希望得到其庇护的牛津大学校长莱斯特公爵达德利是那些被他抨击过的人的头脑，即那些清教徒，也就是说那些要最"完整地保存传统主义"的耶稣教徒。他的失望于是成为一次测定其个人的命运与知识的普遍变迁如何交织在一起的机会。他只是哲学和科学全面衰退的一个受害者，而牛津大学则是这一衰败中最有名的花叶饰。在牛津大学，言语替代了感觉，语法替代了哲学。

这样，学究就与知识的普遍概念相对应。因而，就应与牛津大学及其同类，尤其是与这些躲在语法和语言练习这一闲情逸致里的渎圣学究们的所作和所为做斗争。现在我们便可以理解为什么他在《原因》中对他们中的一位发动了猛烈地攻击：

"他是这些人当中的一位，当他们煞费苦心地完成了一部美丽的创作、一首优雅的小诗或从塞西罗的乳汁般的作品里汲取了一句漂亮的句子时，他们同时就是复活的狄摩西尼、获得了生命的蒂吕斯和再生的萨卢斯特；在这里，他是一个百眼巨人，看得见每一个字母，每一个音节，每一个词，在那里，他是一个传唤无言者之影子的阴曹地府判官，或者是一个主持抽签仪式的克里特岛国王弥诺斯……。这个人还是一个朱庇特，他从其伟大的高处看和观察其他人的生活是如此地易有错误和灾害，如此地苦难以及徒劳。唯独他是幸福的。当他在一部选集、一本辞典、一个笔记本、一本小辞典、一个丰饶之角或一部西塞罗词典的镜子里凝视他自己的神性时，他独自过着天上的日子。他给自己装备了如此多的自负，以至于，当我们每一个人是一个的时候，他独自一人是全部；当他笑的时候，他叫德谟克利特；当他哀怨的时候，他名为赫拉克利特；如果他辩论，他则成为克里斯帕（Chrysippe）；如果他高谈阔论，他的名字是亚里士多德；如果他幻想，他便叫柏拉图；如果他拉直嗓门在教堂布道，他则给自己题名为狄摩西尼；如果他作诗，那么他就是马洛（Maro）本人，等等。"

这是对昏沉的人物和局势的坦率揭露，布鲁诺起初也许并没有将其列入计划里。起初可能也没有这些在对抗中所产生的思想和反驳。可能也没有这一将成为全局性的战役。当关系到他的原理时，布鲁诺拒绝作任何的让步。

伊丽莎白女王与清教徒之间的关系从来就没有平静过。长期以来，女王努力保住王冠的特权和英国教会的结构。清教徒们要取消主教职位，创建长老会教务会议。这太不可思议了！从1559年起，伊丽莎白的第一个国会里的斗争就很明显。清教徒的支持者是那些所谓贵族"自动革命者"的领袖，他们是贝德福德、亨廷顿、沃维奇等地的伯爵们，以及莱斯特伯爵（尽管他有陛下的宠爱！），他是这次对立行动的拱顶石。正是由于这个莱斯特，清教徒们才能够控制住牛津大学……以及，布鲁诺从那里被赶走。在剑桥大学的情形也一样。将天主教教授赶走是一个决定性的措施，它能够长期确保贵族阶级的信仰和对他们的服从。清教徒用他们的理论维护已经建立起来的秩序，这两所大学则成为对年轻人宣传的中心。清教主义从一个仅限于贵族阶级以及几个艺术家和小商人团体的狭隘的现象，演变成一个涉及社会所有阶层的全国性的运动。1583年9月23日，在格林达（Grindal）主教谢世后，惠特吉夫特（Richard Whitgift）当选为新的英国首席主教。作为女王意志的代言人，他立马投身于与清教徒的交锋。从之以后，谁要想在英国的领土上履行一次圣职，都必须认识到：英国教会的祈祷书里不包含有任何违背上帝愿望的内容。这也就说，他要认识到教会不会犯这样的错误：为其成员的分离政策辩护，更不用说为其内部的"宗派"组织辩护了。每一个布道的清教徒将必须在实现其正在诞生的目标和服从社会之间做出选择。危机将穿越社会机构的各个部分和人们的意识，它将使教会的统一和清教徒运动都面临危险。

惠特吉夫特绝对不会让这种精神状态发展下去，他的行动是如此得猛烈以至于像布尔格兰（Burghley）这样的温和党人把他比作罗马教会宗教裁判所的法官。清教徒们则试图以文章和演讲来反击。1584年于是成为激烈地演讲和宣传的一年。

正是在这种喧哗的和吵吵嚷嚷的背景下，布鲁诺完成了《驱逐趾高气扬的野兽》一书。这是他参与的方式。他当然站在反对清教徒的立场上，并且，在宗教战争的烈火还没有再次燃烧之前，他向伊丽莎白推荐了他所欣赏的巴黎"政治"模式："热爱和平，尽可能地为她亲爱的人民保持安宁和忠诚……"他表示反对莱斯特领导下的清教徒们的扩张主义目标及其宗教政策。

布鲁诺自然而然地感觉自己与女王很近。有时他是那个与她同桌共餐的人。他同和这个政权很接近的文化阶层交往，迪克森、格维勒、思德尼等等，他与后者，即刚刚与牛津那群野兽发生争执的骑士诗人，保持着友谊。但是王国的另一部分，即学究的那一部分，却不给他喘息的时候。这种旷日持久的气恼促使他再次写下了他的信念和忠诚，他把这放在了写给他的恩人和杰出的大使喀斯特勒诺先生的一封信里（《无限性》……的卷首）：

"我将不会因倦怠而离开这条艰辛的道路，也不会因懒惰而放弃现在的工作，不会因失望而朝面对我的敌人转过身去，不会因为眼睛被炫耀而让我的目光从神圣的目标移开。然而我感觉到往往人们把我当成一个因为顾忌到自己的微妙形象而不去揭示现实的诡辩家；一个不去巩固一个旧的然而是真实的教派，而是要苦心创造一个新的然而是假的宗派的野心家；一个追逐荣誉的光彩、在错误的黑暗里前进的捕鸟人；一个为了立一个邪恶的脚手架而要推翻正确原理之厦的不安宁的灵魂……"

以及下面这一隐情的吐露："我之所以流浪，这是违背我的心愿的……我之所以使自己精疲力竭、不得安宁和备受痛苦，是因为我挚爱真实的成果和智慧。"布鲁诺知道自然现象"是为那些寻找它们的人而显现的，对那些仔细观察它的人来说，它们是明显的，对那些感知它们的人来说是清晰的，对那些理解它们的人来说是确实的。"

# 概念的宇航员

从哪里乔尔丹诺·布鲁诺看到了地平线上的一道新的光芒并预告这道光芒将到达人们的智慧子午线上？

他已经向太空飞去。他在这个住着太阳、行星和其它天体的广阔无垠的宇宙空间中穿行，而且通过其知性的优雅，他赞叹这个奇迹般的、与我们今天的宇宙很相似的宇宙，在其中，上帝像一位神秘和无所不在的舞蹈动作设计师一样主持着自由天体们跳芭蕾舞。他想弄明白。面对这一伟大的景象，他思索着，大声地怀疑着：

"宇宙运动的表象是由地球的昼夜运动所造成。当我们明白了这一昼夜运动所产生的后果时，我们就会明白星星没有被钉在轨道上以及那些轨道也没有同心。"

这是一次令人惊愕得毛发倒竖的飞行，而且，这一飞行不是一首创作的诗，尽管布鲁诺也是一位诗人。在他所描绘的这些新图景的后面，永远有他长期以来对古人的观察结果所作的阅读、分析和演绎，尤其是库斯，我们知道他以最精确的方式，对所有宇宙形态论的关系，甚至一个固定的点或一个唯一参照中心的概念都提出了怀疑。如果我们想一想那些萦绕着我们意识的、住着天使的天的天真的画面的话，就会感到这种在无限中的旅行有一些梦幻的和令人头晕目眩的特点。这是诺兰人在 1584 年中出版的第三部哲学著作《论无限性、宇宙和众世界》的主题，这本著作是《论原因……》的后续著作，这两部著作构成了诺兰哲学中关于地球运动和世界多元性这项巨大工程的两根支柱。

布鲁诺革新。他宣布哥白尼有理：是的，地球围绕着太阳运转。但是哥白尼保留了一个围着太阳旋转的天，布鲁诺则越过所有的障碍，并使原来的说法——诸如天体是被钉在或粘在天穹上的，或者它们是"被种植的、被雕刻成的、像膏药似地被贴上去的、被雕塑成的或被画成的"——变得可笑起来。他解放了天，并在其中到处播下了"运动的物体，它们与我们所看到的相似"。

数不胜数的世界和广阔无垠的宇宙！

为了更好地论述这一难以置信的见解，布鲁诺先确立人类的感觉的不确定性。他说，当涉及到真正的确实性和普遍性时，感觉是多么地不如理智啊！它们就像被它们所证实的对象一样地变化，它们不能向我们揭示存在和实体，它们只能让我们了解表面、有限和部分，而不是全部。无限性是科学的真正和必需的目标，是感觉无法达到的，只有理智才能领会它。然而，如果我们倾听理智而不是感觉的话，我们很快就会说服自己：世界没有被界限，也没有被划分范围，即使想象也不能把世界关闭和围起来，况且没有一种感觉肯定地否认无限性，因为没有一种感觉理解无限性，以感觉的名义否认它是荒唐的……基于这一点，布鲁诺又很快走向其它的重要结论以及一些明显的事实，尤其是这一个：上帝不是用来填充空间的，神学家们将不会原谅他这样做。

"不可能存在着这样的表面或这样的边界或这样的极端：在它们的那边，既没有物体，也没有空间，什么也没有。如果您对我说有上帝，那么我回答您，上帝不具有用来构成一个物

体边界的实质,因为上帝的存在不是用来填充空间的……①

不应该在第八个或第九个天球的那边放置一个具有精神的生物,而应该说这同一个包围和包含着地球、月亮和太阳的苍穹将无休止地扩大,以拥抱数不胜数的其它的东西和天体。正是这个苍穹构成了所有世界的全部和唯一的地方。"

从一个面到另一个面,在布鲁诺思想中,正在形成"一个开放的哲学,一如宇宙,它将延伸到无限②。"它的建立经历了摧毁旧结构的过程:你们没有想到,上帝就在宇宙的旁边。"如果暂且赞同世界是有限的说法,那么我看不出我们怎么可以设想一个有形体的东西能够使自己整个儿与一个无形体的实体贴合在一起。"

关于无限性:"想象一个广阔无限的宇宙要更加容易,因为如果我们确定了一个有限的世界的话,我们将不能逃脱空间。"

"还有,空的含义是什么,如何想象一个空间?"这些概念推倒了一切,包括与天和地球之间的关系相关的"重"和"轻"、"高"和"低"的旧概念。

"在所有存在着的物体中,每一个物体既不重也不轻。重与轻这些品质与欲趋向一个整体或一个目的地的物体有关……处于其本身位置上的地球,并不比处于其本身位置上的太阳或在其本身位置上的土星更重。……

物体的运动朝着高处或朝着低处,是从一定的角度和在一定的关系下来说的。比如某个东西渐渐地离开我们,往月球运行,当我们说它上升的时候,处于我们对面的月球上也

---

① 《论无限》,"对话三"。
② 《论无限》,"对话一"。

许有人则正在说它下降。"①

"地球不绝对地处于宇宙的中心，但是从我们所处的环境来看，它是。"

布鲁诺于是确立了宇宙和世界的统一原理……以及物质的原理，在一篇显然是最重要的文章里，他写道：

"无论是在有机体还是无机体内，当原子的通量大于回流时……，机体便形成并发展，这一更迭永不停息……。通过众多的嬗变及形成以及不同的地点，这一更迭保证了组成部分和原子处于永不停息的流通和运动中。"②

布鲁诺这时改变了写作的语气：何等的确定！他从此所拥有的又是何等美妙的自信啊！宇宙和物质的新构想将引起哲学和科学领域里的革命。他的结论预告了伽利略、开普勒、牛顿……的出现。

"关于天球的幻想和成见一旦消失，一旦明白了运动的原因不是来自外部而是来自自然内在之源，我们了解物体的真实根源就有了可能……

很快，真实根源和自然物体的智慧之门将打开，我们将能够大踏步地在真理的道路上前进，而真理曾经被如此多的卑微和兽性的想象所遮掩。自从古代的智慧之光被诡辩家们鲁莽地用浓厚的黑夜遮掩住以来，真理便被隐藏着直至现在。"

---

① 《论无限》，"对话二"。
② 《论无限》，"对话二"。

哲学家意识到了其思想和哲学的历史性，这一点也完全是新的。他可以做结论了：

"它们是被砍去又重新发芽的根，它们是复苏的古代的东西，它们是被隐藏后又被发现的真理，它们是，在一个漫长的黑夜之后出现在我们知识的地平线上，然后逐渐地朝着我们的智力子午线靠近的一道新的光芒。"

他向在洞穴深处的弟兄们喊出了他所知道的关于光明的事情。他把他的知识之锚、帆和帆索交给了他的读者，为了让他们在极不公正的、疾风骤雨的和敌意的大洋里不沉没下去，为了让他们活着，"因为这时地球及其有生命的表面将朝着永恒光辉灿烂的星星们运行"。

这些事情做完了，他应该休息一下了，写一点诗，注意一下一个女人温柔的目光，不？

# 一个没有恶兽的天

在哪里乔尔丹诺·布鲁诺要改变天的所有的形象？

乔尔丹诺·布鲁诺双肘搁在桌上，双手托着头：

"见鬼，满世界只有恐怖和发疯！只有宗教战争、罪行和厮打！就在昨天，大使告诉我那位勇敢的荷兰起义领袖沉默者威廉被一颗手枪子弹所击毙，其实不如此他也会被罗马天主教徒和西班牙人杀害。到处是匕首和雇佣军之法，人们谈论的话题只是冲突、荒淫和解体。女王也一样，她与她的异母姊妹之间是剑拔弩张。在这带血的混乱中，上帝在哪里？人们说，如果可怕的伊凡死了，将有另一个暴君替代他。什么时候这场'大型神战'将停止？伊拉斯谟说的对：所有的人都晕头转向了。苦的被说成是甜的，珍贵的被说成是普通的，活着的被说成是死的。我们这个时代正在经历的是衰老、混乱和世界性的无宗教信仰。这一切正如赫尔梅特已经预想到的那样，因为他清楚地看到的是黑暗战胜了光明，死亡恰如其分地变得比生命更加有用。世界之末日！

"那么发现有无数太阳的人们能做什么呢？是的，我能做什么呢？也许是帮助大家重新找到神圣和自然的人类语言，它将让大家互相理解，重新掌握住物体和言语之间、感情和概念之间、语言和大自然之间的联系。世界的变革将是重新建立起上帝、人类和大自然之间的交流。但是，当这一衰退还没有走到其尽头时，前者和后者都是不可能的和非现实的。必须说说路德意味着什么及其伦理-宗教改革的意义。他及其追随者……他以及全世界的学究们，从那不勒斯到日内瓦和牛津……他们使人类的知识、习俗和成果解体，他们是这一重大衰退的鼻祖。我要写俄里翁，他将是让天撒尿的基督，这个俄里翁将说，那些能够让人类与他相像的哲学、静思和魔术只不过是发疯，还要说，无知是世界上最美的科学，因为它来之毫不费功夫，而且不会让灵魂感到忧郁。路德，这个古代预言里的害人天使，在生活之轮上面我诺兰人与他对立。这就是我所知道的东西。"

想到这里，诺兰人站了起来，开始像一个被关在笼子里的野兽一样地走来走去，同时并不停止对这些基本问题的思考。

"基督教似乎是这一历史-宇宙性衰退的原因，而路德的改革则使之达到了顶点。基督教回到了其最初的愚蠢和学究的原则上，因而为自己预备了死亡。伊拉斯谟对这种趋向于完美的疯狂看得很清楚，这种疯狂就好像是转生所经历的过程。疯狂们发表一些前言不搭后语的演说，讲一些没有理智和古怪的言语，还能够出人意料地彻底地改变表情，从活跃状态到沮丧状态，从哭到笑到唉声叹气。总而言之，他们表达他们所有的自然情感。他们不知道自己来到了哪里，不知道自己是醒着还是睡着，不知道要听什么、说什么或做什么，他们已经稀少的记忆似乎还经过了幻想和雾霭纱网的过滤。他们生活在平静的真福里，我了解他们，这些疯子。保罗——安东尼曾经在一棵棕榈树的阴影里见到他——那位隐居生活的教育者和最持之以恒的隐士，便是他们之中的第一人。保罗这位愚蠢和超自然的神圣的化身还描绘了他在第三重天上的极度快乐，他听见了一些无法描述的令人愉快的神秘声音，以及很难说他是一个活人还是一个死人，他是在其身体里还是在其身体外，他亲眼看见了如此如此多的近乎于属于上帝的无上快乐的东西，他看得见人类智慧看不见的东西。然而真理判定他是个疯子、无知和蠢人。哦，神圣的无知和疯狂，至高无上的愚蠢！索里诺

（Saulino）将这样慨叹，他慨叹无知是一门可臻于完美的科学。既然是这样，我将把《赞颂疯狂》改为'赞颂愚蠢'。我将讲述这一切怎样都归结到了这一疯狂、这一愚蠢和这一无知，我将从伊拉斯谟那里拿来所有他说过的反对路德的话，尽管真正的教会变革之希望像是一个梦，我仍旧要这样说。

"为了再一次有可能为了奇迹而重新思索奇迹，为了震古烁今而重新思索震古烁今，为了真理、理论、善良、德行、诈骗、欺骗、刀和火、语言和梦想、和平和爱情，而重新思索真理、理论、善良、德行、诈骗、欺骗、刀和火、语言和梦想、和平和爱情，我用修复的宇宙秩序来反对保罗和马丁·路德的混乱的和非正义的学究宗教，因为这是理解和实现正义、神意和真理的基础性条件。出现在现实各个层面的神意将支持我们，因为，神意在无数的每一个最小原子中，神意无所不在，因为上帝也不再有中心。我说这一点，是因为没有法则和宗教，世界就不能继续生存。

"正如马基雅维利，我相信宗教信仰的价值和惧怕上帝的价值。与他一样，我认为对光荣的爱和对祖国的爱是必须的。我相信文明的发展所不可或缺的力量和英雄举动。那么，为了人类、科学和文明的变革，即将到来的古代智慧将战胜保罗和路德的基督教。希伯来人和基督教徒将在黑夜里和衰败里远去。另一个世界将在日光中浮现。这个新的宗教从本质上来说是文明的和自然的，我想说的是：这不是一个补充的宗教，不，而是建立在互相理解和自由讨论规则上的各个宗教之间的和平共存。我的宗教将给我自由思想的权利。保罗和路德的宗教有过多的混乱和非正义，它们颠覆了人类、神和自然的原则，把死亡称作生命，不公称作正义，慈悲称作上帝的愤怒。但是，在上帝、人和自然之间，不存在不对等、对立和不可交流。互相交谈、倾听和提问是可能的。真正的智慧在于获得联合，而不是对立，在于保护生命和交流的无限多元性。到埃及人那里去重新找到这个智慧吧，正如伊西多尔所恭维的那样，他们的仪式并不是无用的随心所欲，而是有生命的声音，它能触及神们的洁净的耳朵。为了世界而呼唤这个古代的声音，超越腐败，上溯直至根。重新团结起来。推倒衰退、分离和学究之恶树。这个新兴的时代将是一个拥有最多的语言的年轻的时代。它将最大限度地扫掉衰老和衰退。"

一缕阳光进入了房间里，布鲁诺在窗前停了下来，看了一眼天，让胸中吸满了空气，然后又回到桌前。

"不，绝对不是回到黄金时代，因为在这个逝去的时代里，人类并不比现在的动物更有德行，也许比它们之中的许多更加愚蠢⋯⋯如果牛与猴子有与人类同样多的德性和精神，它们也会有同样的感觉、同样的激情和同样的罪恶。我将驱逐天的私生子，正如无礼的墨缪（Momus）说得那样，将所有古老的星座及其象征的罪恶还给它们的地球上的作者，然后在它们的位置上，我将放上制胜的德行。为此，朱庇特将召集奥林匹克山的诸神们开会，告诉他们他改革天的意图⋯⋯"

在这一令人极度兴奋的意境里，因自己的想象而激动万分的布鲁诺于是把羽毛笔浸到墨水瓶里，开始写朱庇特的演说辞：

"起来，起来，哦，诸神们，我主大声地喊道，把所有这些幽灵、雕像、画像、偶像、我们的吝啬、贪欲、偷盗、仇恨、蔑视和可耻的故事从天上拿掉。让我们的这个忧伤和阴暗的过错之夜散去，因为一个正义之昼的新黎明在等待着我们。从我们知性的天里拿掉这畸形之**熊**和肤浅之**马**，把贪欲**王储**和作弊**蝎子**从我们身边远远地赶走⋯⋯"

当喀斯特勒诺老爷走进他提供给他使用的书房里时，乔尔丹诺正在给天体大搬家。诺兰人对他宣布说，他将很快出版——如果出版社不给他为难的话——两部新的哲学著作：《驱逐趾高气扬的野兽》和《飞马座骑士的阴谋》，以及另一作品《希尔尼克驴》。大使看来感到惊讶了。真的，他暗忖，布鲁诺从哪里找到时间如此地写作呢？

诺兰人请他读几页《驱逐》，其内容是古代关于神存在于物体中的概念，似乎是在为埃及人的崇拜辩护。大使诧然。不，布鲁诺对他说，他不辩护，他并不在表明对某一个宗教的偏爱。他是在以一个哲学家的口吻说话，对他来说，哲学的范畴更为广大，所有的宗教只是其中的有局限性的一个方面。他想知道人类怎样制造出了各种神，以及人类面对自然的态度。大使继续专心地阅读。他欣赏这些大胆的文字，但是他承认难以想象所有这些物体、星星和行星能够具有生命。

布鲁诺的回答是：

"世界运动、有生命，它们只不过是要寻求保存自身，这又有什么奇怪的呢？我们不见生物从大地汲取食物，然后，当它们自身分解的时候，又回到了大地里了吗？难道我们不能说所有居住在无限中的地球也是如此吗？地球和其它如此多的被称为星星的天体，给生物以生命和食物，生物从它们那里汲取养料，然后又归还给它们，从这个意义上来说，更应该把这些天体视为本身拥有生命。"

通过这些阅读和观点的交流，随着时间的推移，真正的友谊在大使及其客人之间愈来愈牢固。通过喀斯特勒诺，诺兰人跟踪吉斯·亨利的神圣联盟怎样在法兰西王国缓慢地夺取政权。当国王被白色十字架的狂热崇拜者们一点点地降低到了大瓷花瓶的角色时，他与他一起感到担忧。他们很快将迫使他取消他曾经赐给新教徒的宽容敕令。巴黎的"政策"继续折腰。从拉芒什海峡彼岸，乔尔丹诺感到海岸对面的暴力正在升级。他为亨利三世没有伊丽莎白拥有的力量去面对极端分子而心中感到痛惜。他猜测其亲爱的伦敦保护人的职位也可能不会长久，这一点也同样激励他加紧地进行研究工作。

1584年6月10日，亨利国王的兄弟安茹公爵死于肺痨。胡格诺派教徒的首领，伊丽莎白女王的联盟者纳瓦拉国王成为法国国王宝座的有资格的继承人。勒·亚贝恩曾策马穿越田野，奔驰过万里征途。纳瓦拉猎狩、战斗……但不仅如此。他在等待他的时候到来。

## 一本火书的疯狂的孕育

在哪里乔尔丹诺·布鲁诺阐明：追求知识的道路如何
　　与爱相似，这种追求如何要求具有英雄的品质？

　　乔尔丹诺现在大概应该给自己一些休息的时候了。在不到三年之内，在伦敦，他不是出版了两部关于助记术的著作、一部关于记忆力的著作、三部关于宇宙学的著作以及两部论述无限性、星星、物质、灵魂等最复杂的论题的哲学著作吗？同时大家还看见他击退了其反对者的叫喊、学究们阴险恶毒的攻击、伪神甫的揶揄以及伎俩多端的司铎们的审查。这些确实伤一个诚实人的神经。

　　乔尔丹诺休息？那就是对他还不了解。他 37 岁。他曾对好友证实说几个月来他一直躲藏于他非常宝贵和必不可少的深深的孤独中，只有少数的几个密友，如喀斯特勒诺、弗罗里奥和思德尼有时可以来打扰他一下。思德尼从去年起一直是一副忧伤的面孔，其周围的人窃窃私语他正在经历一场严重的失恋之苦。

　　我们应该相信，布鲁诺不花费力气传授其思想。他大概也喜欢身边有几个学生——最好是意大利学生——好传播其哲学或一起辩论或回答问题，大概他也喜欢有很多弟子和门徒。可是，问题是，他幻想有一天能回到祖国，幻想其原来的宗教原谅他如此长久地出走和他的这根烈舌……但是是什么力量推动他走上这条最艰辛和最危险的研究之路呢？这种禁闭式的生活，这样无止境地隐居于书中，又是何苦来呢？为什么如此地顽强，既然最终必须死亡？不遵守现实生活中已确定的和自然的法则，从而让自己为一种超出想象范围的、不确定的和只存在于阴影中的生活操心，这种忧郁和违反常情的性情又从何而来呢？为了过神的生活而拒绝过人的生活，而自己却不是一个神，而是一个人，这对于他难道是自然而然的吗？为什么他追求神的吝啬的玉液琼浆，而放弃给予他的属于他自己的东西，也许他自己也迷失在对别人之好的白白地希冀中？他相信在他蠢笨地蔑视大自然现在赐给他的一个好处后，还会垂顾他并赐给他另一个好处吗？

确切地说，这些似乎正是在1584年年底他向自己提的问题。因为他这时大概认识到，其关于人类在不停地漂移并与无数世界相遇的无限宇宙的构想，这一为了它的神奇他奉献了一生的假说，并没有给他带来安宁，而且恰恰相反！它带来的新问题比它所提供的答案更多，况且，面对这一世人无法理解的真理画卷，即使一个彻底的研究者都不能不感到眩晕。我永远不能完完全全地了解布鲁诺，但是我绝对想要知道：这一产生于追求知识的火热愿望和不能达至太一，不能达至无上知识的矛盾的眩晕，在他身上酿成了一种独特的感觉。应该这样说，不只是眩晕，还有醉意和不适。怎么解释呢？怎样才说得更明了一些呢？这是一种爱的痛苦，确切地说，是的，一种迷恋一样的痛苦，一如在"下面的"世界中发生的所有的迷恋，一样最不应该大胆地曝露于光天化日之下的东西。自然而然地，他为不能主导知识和把握世界而痛苦。他知道一个女人的爱也许能够抹去这种痛苦，但是为了给全人类、给未来和给自己的光荣保留他的醉心，他拒绝这个爱，爱情的落潮也是他竭力研究宇宙之美的条件。他的努力还依赖于一种信德：即他坚信其工作的无比的价值。这一宗教式的态度——这也是所有科学家面对真理时所采取的态度——塑造了他的整个儿人格。无限宇宙中一粒要死去的小灰尘的他的内心最深处的"疯狂"，是他必须停下其它所有的事情来写的一本书的主题。

这本书将是一首圣歌，他想，但书名将不叫圣歌，因为那些伪善者将很快地据此断定其作者犯了亵渎罪。因此它将叫作《英雄的疯狂》，它将是其所有著作中体积最大的一部意大利语著作。[①]

这时布鲁诺的书桌上有一叠厚厚的诗集，它们写于著作的两章之间，借以表达他身上的这个"火"。"火焰"和"烧伤"这一类的词常常来到他的笔下……诗人分析他与太一、宇宙和太阳之间的关系。这些诗以及他后来写的几首，将出现在其著作中。比如下面写在《原因》开头的这首：

> 爱给了我如此高的真实的视野以至于真实为我打开了所有的黑色钻石门；真实的神性从我的眼睛进入我的身体，这是为了让我能看见它诞生、汲取养料和行使永恒的统治。
>
> 发现天、地和地狱所藏匿的东西，让缺席者忠诚的形象出席，重新获取力量，射出无误的一剑，不要停止扩大心上的一个张开的伤口，让目光从这里潜入。

或者他再次采用了彼特拉克那里已有的画面的这首诗：

> 当蝴蝶飞向温柔的火光时，不知道火光也是一条吞噬的火焰，当屈服于干渴的鹿奔向河边时，全然不知道有一支残酷的箭；
>
> 当独角兽在贞洁的乳房上寻找庇护所时，看不见人们已为它准备了陷阱，而我，在火光里、在水边、在我的利益

---

[①] 《英雄的疯狂》的原始版本指明本书于1585年在巴黎由一个秘密的安多尼·巴瑶（Antonio Baio）出版社出版。然而米歇尔（Paul-Henri Michel）在其《美丽的信件》的前言中则明确地指出最近的一些研究证明这本书事实上是在伦敦的某个查尔伍德（John Charlewood）那里印刷的。

中，我看见了火焰、投射器和锁链。

然而，如果说我安于我的痛苦，那是因为这个高尚的面孔给了我安宁，神弩的伤口很温柔。

但愿此结系着我的愿望，但愿心上的火焰、胸中的箭和灵魂上的锁链是我的永远的剧痛。

这就是布鲁诺的"疯狂"，一个发现者的痛苦。"疯狂"一词在意大利文学中已经有了自己的位置，它表示爱的疯狂，无论是神圣的或世俗的爱。阿里奥斯托的《疯狂的罗兰》是一个爱到疯狂的罗兰。疯狂所表达的是冲动和一个努力超越自己、回到自己的源头，回到太一之中的人所做的极端的努力。

布鲁诺也许完全可以为一位美丽的仙女写诗，但是他不想等着让人抓住这一点对他进行在他眼里是侮辱性的评论：

"每个人都可能误解我的首要和基本意图，并且相信我的思想启迪于一次普通的爱情，然后，这个爱情在其怨恨和愤怒的力量中，为自己植上了翅膀，于是成为了英雄式的。同样，总是有可能据此杜撰出各种神话、小说、梦幻或不可捉摸的事情，总是有可能以譬喻或暗喻的形式赋予它某些取悦于某些人的意义，因为这些人巧于牵强附会感情和——用阿那克萨哥拉的那句意味深长的话来说——用一切来制作一切。然而，请那些想让别人取悦于自己的人思考一下：最终每个人理所当然地必须像我那样去领会和理解我的著作，而不是我像每个人那样去领会和理解它们，因为就像那位希伯来哲人［《雅歌》的作者所罗门］的"疯狂"那样，如果他还在世的话，没有人比他更能领会或者更能解释他的疯狂的模式、秩序和主题。同样，我的赞歌也有其本身的主题、本身的秩序和本身的模式，因此，只要我还没有离开人世，就没有人能够比我自己对它们有更好地领会和解释。"

我离开人世后，无论如何，一切不会仍然是老一套了吧？布鲁诺似乎意识到了这一点。因此他采用那些最不模棱两可的词，以一种欢快的野蛮的笔调，抨击所有平庸的激情和疯狂爱恋女人的男人以及那些被爱的女人，甚至那些强词夺理的爱情诗人，比如"在索尔各河边，对一位奥克吕兹女人表现出了如此多的钟情"的那位。

他说，"有一件我必须全力以赴去做的事情便是让大家知道：假如我挥霍我的思想、我的热情和我的力气耽于并继续耽于做一个——就像大家所说的——新俄耳甫斯，把崇拜献给一个活的女人，并且在她死后力图把她从地狱里抢救出来，我将把我自己看作一个没有荣誉的野蛮人，况且，即使在她的花样年华时，在她有能力为自然和上帝生儿育女的时候，我也评价她几乎不值得得到自然的爱。我更不愿意的是效法某些诗人和打油诗人，以这样一个永恒的和百折不回的爱情和这一能够驻在一个男人的大脑中、不逊色于任何其它的执拗的疯狂来为自己制作光荣。我说我与这一特别无用、特别卑贱和特别耻辱的光荣之间是如此得遥远以至于我难以相信一个稍具理智和精神的男人能够在这样的东西上花费更多的爱。过去我曾经做过这样的事情，但是现在我再也不会做了。"

总之，布鲁诺，如果他是诚实的——为什么要怀疑他的话呢？——不是一个追求女人的人，也不是一个狂热的恋人，能够迷惑他的女人也许不在这个世界上。厌恶女人？也许，但是在这一点上，乔尔丹诺·布鲁诺没有全部披露他的想法，鄙视女人？至少他低估了她们的创造能力。然而只要看看当时的社会，大概就会很容易理解他的这一点，如果不原谅他的话。在他所处的时代女人普遍地受到鄙视，尽管她们中有一小部分的勇敢者或用笔杆子以一种高尚的方式，或例外地用权力，比如英国女王，成功地表达了自己。

伊丽莎白，正是她，布鲁诺执意要向她致敬。她"不是凡人"，难道不是吗？而且英国女人也不是一般的女人，他说，"不应该把她们看作是这个性别的人"。"她们不是女人，而且如果与女人相比，她们便是仙女或女神，她们是天上的物质，正是在她们之中，才有我不将之与其他女人相提并论和一同命名的、我可以凝视的这位唯一的狄安娜……"这番话是布鲁诺为了在不列颠社会中得到一份安宁而表演的一段漂亮的体操。① 后来，审判官们不试图理解和确定这一惬意的灵感所产生的背景，而是理所当然地只是保留了他赞扬一个女异端分子的部分。

"向往黑色钻石门"的诺兰人确切地知道自己对女人的感觉吗？他怎么觉察不到女性思想的觉醒，以及女性思想已经不只是为诗歌带来了许多东西？在布鲁诺表明已摆脱了人类的激情的时候，一位在莱斯特王室侍从长剧团中扮演角色的年轻诗人则恰恰与之相反。他认为在被称之为"庸俗的"的爱情游戏中有巨大的好处，他喜欢那些聪明和美丽的女人，并且认为只要读她们的眼神就可以丰富自己。他叫威廉·莎士比亚。

没有时间可以蹉跎的乔尔丹诺要溯源到真理。他这样解释其《疯狂》：因为整个的他必须努力地转移感性生物的视线，鄙视低等的和

---

① 说一些恭维的话。

不完全的美，在自己周围创造利于观察的存在条件。因为他的事业号召整个的他，并要求他有一种特殊的生活模式。

他于是孤独一人，认识到了其生命的短暂，在一种"怪异的精神"条件下继续其探索思想的路程：其精神必须"忍受疲劳、工作规模、已认识到的困难、自身的无知、灵活性的缺乏、衰弱的神经以及死亡的危险等压力"。他生活在超越自己的痛苦中和紧张的探索中，在其中，他的灵魂因失望而燃烧，从来都没有过他所希望的安宁。也许不能把他与一般的宗教神秘家混淆起来？那些宣称走向他们的上帝或与上帝有接触的有宗教幻象的人为数不少。异议也是可以接受的，那么布鲁诺就应该是个其热情可以改变客体的宗教神秘家。恕我冒昧地说，太一替代了上帝本身。从这点来看，显然诺兰人与另一位比他早一个世纪的宗教神秘家使用了同样的词句。是的，我们知道他读了彼特里1561-1576年在巴塞尔印刷的菲奇诺著作第二卷，在这一卷里有普罗丁、柏拉图、詹布利科、普洛克斯（Procus）、刑事法庭法官狄奥尼西以及其他作者的译文、评论。我们又找到了同样的灵感。但是布鲁诺又一次超过了这些思想家。其用词相似，但是所表明的则是其它的东西。在菲奇诺那里，形形色色的爱情通过超越都归于创造的神性，在布鲁诺那里，爱情则在自然环境里发展。在前者那里，爱情以基督教宇宙观为基础，在后者那里，爱情则基于一个没有创造概念的世界的理论。因此，布鲁诺不太基督，我们不能把他与一个教会神秘家混为一谈，而现在他坚持要排除偶然性的模棱两可：

> "为了更好地满足自己的心愿，一点都没有必要朝天上睁开眼睛，举起双手，朝圣殿迈步，劳累雕像们的耳朵。应该做的是，来到自己的最深处，然后这样想：上帝就在我的身上，每一个人都拥有上帝，而且，在自己的内部，上帝比自己更多，因为上帝是灵魂之灵魂，生命之生命，实体之

实体。"

布鲁诺检查自己：他用看无限世界的眼光看自己，他让自己的矛盾暴露出来。《英雄的疯狂》由两部分组成：五个对话以及与对话混杂在一起的诗歌，诗歌是 75 首十四行诗和坎佐拉，它们献给他的爱情和知识的理论。散文对话——全部是二人对话——对投入战斗的"疯狂者"的诗歌加以评论。在这场战斗里，他有时被攻克，被击败，或者被俘和被戴上了镣铐，他没有声音可表达自己，然而他却耽于这场战斗的无以言传的痛苦中。这种痛苦可以与受到明亮火焰吸引的蝴蝶被灼伤时感到的痛苦相比。

总是灼伤，这个珍贵的字眼一再地出现，就像是一个摆脱不了的顽念。像蝴蝶一样被烛火灼伤。因为他确切地知道创新者，即那些想从那个黑暗的洞穴里走出来的人，有死的许诺。他还知道这个死的许诺，按照当时的习惯，便是在柴堆上的死。对自己命运的预感于是变得确定起来。布鲁诺安静的观察着，以一种不太平常的方式看着舞蹈着的火焰，柴堆的情景于是逐渐变得清晰起来：

"从整个被燃尽和化为乌有的我，只冒出一片乌黑的火，它的烟柱使它想要赞颂的东西变的模糊不清，于是烟柱只好贬低了它们。"

在下面这首诗里，布鲁诺向我们讲述的正是其自身的命运：

"无力再逃亡，疲惫，声音已被撕裂，我向命运让步，不再试图在死亡的前面设立无用的障碍。"

## "权威在我们自身中"

### 乔尔丹诺·布鲁诺如何因驳斥亚里士多德的可怜脑袋而险遭石击,因而决定离开巴黎?

1585年2月23日,思德尼的叔叔沃尔维克公爵和伊丽莎白女王的大使们浩浩荡荡地来到了巴黎,跟随他们的还有二百匹骏马。亨利三世派人接见并款待他们。伦敦和巴黎之间的关系变得微妙和复杂起来。英国人来巴黎是为了请求国王与他们一起投入到反对西班牙人的弗兰德战争中。国王十分恰当地回绝说在其王国的领土上已经有够多的问题。然而这并没有妨碍他获得嘉德骑士勋章。这年夏末,巴黎让喀斯特勒诺回国。这并不是这一事件不凑巧的结果,大使也尚未达到年龄的限度——他55岁。不,其实很简单,他的替代者沙托那夫是一个吉斯公爵的人。这一人事变动表明了王室权力的倾斜。

当大使及其家属、随从以及行李登船回国时,伦敦的秋雾正笼罩着港岸。在这些人当中有乔尔丹诺·布鲁诺,他坐在其书箱上面,他不得不跟随着这个外交的波动,这时,他看最后一眼他大概以后再也看不到的淹没在灰色格调里的海岸。旅途在恶兆中开始。这天夜里,法国人成了流浪的割钱包和撬锁贼们的受害者。在大使所受到的十分令人担心的公然凌辱列单上面,现在又增加了这一不幸:吉斯家族刚刚取掉了他在圣迪济耶的统治权,最令人不快的事情是,他的土地大多遭到了战争和瘟疫的摧毁。在巴黎,陛下的国库短缺,不能归还给他近几年的借款……喀斯特勒诺知道他还会有几个使命，也知道亨利三世将向他保证归还贷款，但是，大使在加来登岸时无法不摆出一副愁眉苦脸的样子。

法国的近况十分令人不安。神圣联盟在西班牙人的秘密支持下，夺取了梅兹埃尔、第戎、奥克索那、马孔等地，到处都是走私武器。国王的权力就像巴尔扎克的《驴皮记》里的驴皮一样逐渐地缩小。七月份，在众老爷们的压力下，患"忧郁症"的国王不再做任何幻想，他取消了所有已颁发的与胡格诺派教徒和平共处的敕令。他知道"他的国家和他的人民之毁灭"取决于这一行动，他曾这样向其叔叔波旁枢机主教坦白。总而言之，他已不再有决策的自由。如果说这时人们还在喊"国王万岁"的话，那是因为神圣联盟收买了一些无赖，给一些幼童散发了糖衣杏仁。

喀斯特勒诺知道他再也不能为友人布鲁诺做什么了。两个男人在分别前最后一次拥抱。大使阁下将在其儒安维尔乡下处理自己的事情。诺兰人于是在拉丁区的康布雷学院（现在的法兰西学院）附近租了一处住所，教一些课艰难地维持生计。

这一环境和生活的突变对他非常不利。巴黎的空气绝不比当初他离开时更加健康。吉斯的宗教狂热分子们比任何时候都要占上风。"政治家们"纷纷对其对手做出让步。亲西班牙人的新教皇西克斯图斯五世与纳瓦拉国王互相对立，教皇的一封谕旨的到来又加剧了本来已经紧张的形势。街道上的空气因内战和其它的蠢事变得真正地臭不可闻。国王在夏特尔试图抵抗这种疯狂：他下令把一个上尉处以车轮刑，对其三个部下处以绞刑，他们都是发愿的天主教徒，因为他们抢劫了胡格诺派教徒，佩尔什正直的阿尔瞿老爷的住宅，抢走了几件珍贵的和昂贵的家具。国王从来没有允许杀戮和抢劫胡格诺派教徒。

布鲁诺则很快在其研究中重新找到了避难所。他重又踏上了通往坐落在圣-热内维埃夫山上的圣-维克托图书馆的路。10月5日，图书馆员考但在其日记中写道："乔尔丹诺·布鲁诺出生于 1548 年，37 岁，为了避免宗教裁判所法官们的诋毁，冒着生命危险逃离意大利已经八年。他们无知且不了解其哲学，并称之为异端。"登记簿上明确地记录了这一天布鲁诺借了纪凡的《卢克莱修》。

他在写，他不停地写。

他开始接触住在巴黎的意大利人。他与布特罗及考比尼里建立了一些关系，后者与国王很近是其拉丁语和意大利语老师，并且后来说布鲁诺是一个"令人愉快的伴友，生活中的伊壁鸠鲁"。这是对他在追求和平、追求与自然的和谐以及追求不受偏见左右的思想自由中强健起来的智慧的肯定。他还认识了另一个同胞法博礼斯·莫尔邓特。莫尔邓特是一个从萨莱诺来的几何学家，他曾要布鲁诺用拉丁语陈述一项关于圆规的发明。这篇以《与法博礼斯·莫尔邓特的两篇对话》为标题发表的文章有称赞，却又有不肯定。诺兰人称赞莫尔邓特发明了一件"甚至好奇的埃及、浮华的希腊、有效率的波斯和精巧的阿拉伯半岛都不了解的"东西。正如发明者在一个简短的描述中说的那样，这是一件工具，其两个分支可以使"模仿自然的艺术获得所需要的奇迹般的效果"。这一发明使得其作者成为某种"几何上帝"……然而布鲁诺却补充说莫尔邓特并没有完全明白这一发明的意义。莫尔邓特勃然大怒。在一次辛辣的言词交锋之后，布鲁诺又写了一篇讽刺文章来反驳，文章由《愚蠢的胜者》和《愚蠢的解释》两篇对话组成，第二篇对话题献给了贝尔维尔修道院长戴乐·班奈。莫尔邓特购买并毁掉了关于这两篇对话的所有出版物。[①]

他在圣-维克托度过了他的大部分时间，同时，布鲁诺再一次试图解决他与天主教教会之间的争讼。在驻伦敦的西班牙大使堂·门多萨的推荐下，他去敲了在巴黎的教廷大使贝加莫主教拉佳左尼的大

---

① 1586 年 7 月 6 日这几本著作以同一个封面同时出版。阿齐莱夏（G. Aquilecchia）1957 年在罗马出版了这一口角的对话（《两篇不为人知的对话与两篇加有评注的对话，乔尔丹诺·布鲁诺》）。

门，教廷大使则让他去见一位耶稣会神甫斯帕诺罗，这位神甫说只要诺兰人不返回多明我会，他就拒绝在教皇面前为他请求赦罪。

布鲁诺与戴乐·班奈兄弟走得很近，后者出入于十分吸引人的贝尔奈世界，他能够向他解释政治事件的微妙之处，比如，为了对付神圣联盟，亨利国王与纳瓦拉国王之间怎样维系着一种掩饰得很好的默契。

布鲁诺不停地写。他告诉考但他打算出版《哲学家之树》（*Arbor philosophorum*）（现已失传）一书。5月28日圣灵降临节这天，在康布雷学院里，一场有王室教授团出席的公开论战正拉开帷幕，论战以布鲁诺所写的一个纲要《反驳亚里士多德学派信徒的一百二十个论点》为基础，何乃甘是辩护人，诺兰人是主持人。开场白过后，他站起来问谁能够为亚里士多德辩护，以及向他，乔尔丹诺·布鲁诺进攻。无人作声。布鲁诺似乎稳操胜券。然而这时一位年轻的律师卡尔修斯站了起来，他发表了一长篇的辩护词，反驳布鲁诺对亚里士多德的"诋毁"，并指出，如果说教授们没有立刻作出反应，是因为他们认为布鲁诺不值一驳。他勒令布鲁诺回答。交战很快变成一片起哄。诺兰人只在逃脱时才听到有人向他致礼。考但记叙了这个难忘的忧伤的"星期三"："布鲁诺站在靠近花园门口的一个小讲台上，而何乃甘站在一个大讲台上。"乔尔丹诺"对其安全问题过于机敏了"。"学生们抓住了布鲁诺……总而言之，最后他逃脱了他们的手掌……"

事实上，在巴黎，关于亚里士多德或任何其它的哲学辩论已不再时髦。他可以庆幸自己能够离开这个骚乱的和充满仇恨的大厅，同时又没有受到太多的伤害。有人说他保证第二天再来讨论。第二天卡尔修斯登上讲台高唱凯歌。布鲁诺则消失了。他这次非常智慧地避免了这个可能是神圣联盟的宗教狂热分子设下的陷阱。

要知道现在是他们在城里施行他们的法律。圣日耳曼-洛克塞鲁瓦的本堂神甫已经说过，要扼杀并消灭敌人，"政治家们"的死亡就是天主教徒们的生命，他断定那些人们看见在笑的人都是"政治家"，"对所有我们看见的聚集在街角打听消息的人，应该猛击他们的头部，打死他们，然后把他们拖到河里"。谋杀随此激励而至，它们不仅不被惩罚，而且还作为对天主教具有热情的见证而得到支持和赞赏。

就在这件痛苦的事件发生后的当天晚上，布鲁诺突然借助笔而再次出现。在给菲莱萨克校长的一封信中，他解释道：

"有人以传统的名义向我们说话，但是与过去相比真理更存在于现在和将来。况且，他们用以与我们对立的古代的理论，是亚里士多德的理论。然而这个亚里士多德还不如柏拉图古老，柏拉图还不如毕达哥拉斯古老。亚里士多德轻易地相信柏拉图的话吗？显然不。那么，让我们来模仿亚里士多德的独立性，来怀疑每一个哲学家，甚至怀疑亚里士多德！没有一种思想古老得以至于它从未曾是新的。如果说时代是衡量真实的标志和尺度的话，那么我们的时代比亚里士多德的时代更有价值，因为今天的世界年长了20个世纪。而且，为什么总是祈求权威？柏拉图与亚里士多德之间究竟谁做决定？真实的最高裁决者是证据。如果我们没有证据，如果感觉和理智缄默，我们就要怀疑和等待。权威不在我们自身之外，而是在我们自身之内。在我们的灵魂的最深处，有一缕神圣的光明在闪耀，它启迪和引导所有我们的思想，它才是真正的权威。"

巴黎、日内瓦和牛津拒绝听的正是这些话，这是所有学院权力把持者们害怕听到的话。让我们想象一下，出自一个眼光既锐利又刚毅、一个善于利用讲坛来捍卫一个未被知晓然而神奇的新世界的男人之口的这番大胆的和热情洋溢的语言可能产生的效果。拒绝了这位哲学-艺术家，巴黎的大学即是拒绝了新科学及其具有征服力的乐观主义。

考比尼里6月6日在写给一位帕多瓦朋友的信中，提起了那场在康布雷学院的危险论战，并评论说："我当时想布鲁诺会在这个学院被石块击毙，但是他很快就去了德国，因为他在英国的学校里留下的严重分歧已经够多的了……"① 诺兰人暗自承认自己的败北。于是他离开了巴黎，踏上了往东去的道路：斯特拉斯堡、莱茵河谷，然后德国，路德的祖国……考比尼里还明确地说：他是与"上帝一起出发的，因为惧怕某些面对面的冲突，因为他痛斥了亚里士多德的这颗可怜的脑袋"。他别无选择。莫尔邓特不喜欢被看作"愚蠢的胜者"，盛怒之下，他去求援于吉斯公爵的裁判官。诺兰人已经感觉到了反改革冷淡的脸孔。他已经明白，他刚刚去请求的与"武装宗教徒"相对抗的政治庇护是多么得不现实。逃走是对的。巴黎国会的第一任主席不久将倒在一柄杀人的剑下，亨利三世自己将匆匆地往沙特尔逃生。

---

① 考比尼里给帕多瓦的朋友皮奈里（Pinelli）的信《乔·布鲁诺：某些新资料》，昂波萨尼亚（Ambrosania）。考比尼里收集布鲁诺的文章，其收集中的一些保存在米兰的特余兹亚那（Trivulziana）图书馆里（参孔《在特余兹亚那图书馆里保存的不为人知的布鲁诺著作》，都灵科学院学报，1958-1959，第93卷）。

# "致杰出的菲立普·思德尼老爷"

在哪里乔尔丹诺·布鲁诺为了更好地为对知识的疯狂
的爱做辩护而愤怒地抨击自然和庸俗的爱？

布鲁诺离巴黎愈来愈远。在拉芒什海峡彼岸，伊丽莎白的异母姊妹玛丽·斯图亚特在沙特雷（Chartley）城堡附近围猎时被捕。这位被指控密谋陷害女王的推定继承人和天主教徒错在其本身的存在。女王的秘书沃尔辛翰（Francis Walsingham）老爷出席了十月在福斯灵改（Fotheringay）开庭的诉讼。这位警察署头目毫不遮掩地为其女婿思德尼老爷服丧。是的，这位杰出和高贵的思德尼骑士刚刚在荷兰的一次与西班牙人的作战中成了英雄。这块"英国国冠上最美丽的花饰"得到了佩得上其无可估量之价值的丧礼。当他活着的时候，女王对他既欣赏又惧怕。现在他不在了，整个英国为他哭泣，赞颂其功绩、勇敢、威风和精致的天性。在宫廷里和文学界，人们高度评价他的诗歌，而去年布鲁诺在《英雄的疯狂》卷首献给他的那则不可思议的题词，则是很快将以其诗作《贪得无厌》和《愿望》再次突然出现的诺兰人的又一个踪迹。

一位具有责任感的朝臣，一位偶尔的外交官，32岁的思德尼消逝于风华正茂。在语言的运用上思德尼还年轻时就已经表现出了一种特殊的成熟。其《捍卫诗歌》是一部划时代的作品。思德尼是——他自己并没有意识到——塞万提斯这一辈最后的骑士之一，是一位优雅、自豪、高贵、野心勃勃和坦率到生硬的诗人。他从不在最有权力的人面前低头，无论是那位自命不凡和蛮横无理的牛津伯爵——有一天他来到网球场上向他挑衅，还是英国女王本人，他曾经无所畏惧地给她写了一封长信，反对她与亨利三世的兄弟佛朗索瓦·德·阿朗松的联姻计划，尽管这一举动有被砍手的危险。这一漂亮的莽撞举动使其有八个月被迫退隐在乡村。作为执拗的英格兰教战士，思德尼是亨利四世的朋友，尤其是在目睹了1572年的圣巴泰勒米惨案以后。他曾写了一百来首题名为《阿斯陶菲尔和丝黛拉》（Astrophel et Stella）的十四行诗，一首意大利风格的牧歌《阿尔卡迪》（Arcadie），然而他并不寻求出版。1583年，当他结识诺兰人时，这位优雅的骑士——我们知道——一直伤感和冷淡，而且，其抑郁似乎与日俱增，以至于他的老朋友朗盖不得不因其这一抑郁的状态而粗暴地对他大声喊叫。他说放弃这个世界的快乐。在《阿尔卡迪》里，他坦白"在过于固定不动的眼底，是一缕晦暗的凝思的微光"。他说必须，"破解他的生命之谜"。这是一种在这样一个时代和这样一个国家里绝无仅有的感受。"我写，我满怀忧虑，"他承认，"是为了把我的痛楚淹没在这廉价的墨水里。有些人会在其中找到丝黛拉及其让我的灵魂如此迷失的强大魅力……"

丝黛拉，这一痛苦爱情所爱的对象，不是别人，正是埃塞克斯伯爵婉丽的女儿德薇瑞（Pénélope Devereux），菲立普（思德尼之名）在沙特雷城堡第一次遇见她时她14岁，她喜欢逗弄他，然而对此他没有太留意……他成了他们家中的一员。伯爵没有多久就对这位活泼的骑士产生了好感，并邀请他随他去英格兰，他是那里的元帅。他对他的评价是如此地好以至于逐渐有了把女儿嫁给他的念头，他在其临终的床上所写的文字，证明了这一愿望。然而在父亲消逝后什么都没有实现。

菲立普·思德尼没有恋爱，或者他爱得还不够。从他与催他结婚的朗盖的通信中可以看到这一点。然而有一天，他获悉这个美丽的女人不久前与一个叫作里奇（Rich）的英国贵族——一个配不上她的男人定了婚。一桩金钱的生意，当然。菲立普感到气愤极了，但是有点晚了。炽热的爱情火焰在他身上被唤醒了：

> 我早该！……可怜的我！哦 不幸的句子！
> 但是我不曾知道要，因为我看不见我的幸运……
> 正是我自己，给了我的心这一击……
> 然而，我能在清晨就已经预见到
> 将升起怎样美丽的太阳吗？

他写给丝黛拉的长诗高喊自己对这位已经嫁给别人的德薇瑞的爱情，高喊认识到她曾经大胆地表白感情以及面对她现在的抵抗他所遭受的折磨。尽管这个**高贵的思德尼之爱**表达得不似一个羸弱的灵魂所做得那样平淡无奇和无病呻吟，尽管这是一部艺术作品，其表现力是如此的强烈以至于莎士比亚对之也肃然起敬，然而，其中有所有布鲁诺所说的可蔑视的东西。

不管怎样，思德尼以这一高喊来结束：永恒的爱，你将在我的心里保持你的生命！后来，他的生活开始了一个新的阶段：1583年9月，他与在巴黎认识的比他长十岁的沃尔辛翰老爷的女儿结了婚。

尽管不懂英语，然而乔尔丹诺了解其忧伤的朋友用一百首十四行诗诉述的绝望情感。在《疯狂》的前言中，他给他写下了这些令人惊讶的文字：

> "把自己充作持久的热情的主体或客体，并把自己的思想和不安以及女性身体之美系于其中，这真是，特别高贵的骑士，属于一个粗俗和被玷污了的低等天资的人之所为。凝

思、受折磨、痛苦、悲伤、忧郁、一会儿冷一会儿热、一会儿滚烫一会儿颤抖、脸色一会儿通红一会儿苍白、一会儿困惑一会儿决断,任其生命流逝于挥发大脑之精髓来构思、写作和在公共场合下雕刻这些永恒的折磨、这些严重和使人疲惫不堪的伤痛、推理、思想和论说、这些用于忍受一个愚昧、没有资格和不洁净污物①之专横的苦涩的心情,浪费其生命里最好的时光和最稀有的果实,上帝啊,在纯真的目光里,还有什么比一个男人的这种情景更加卑微和低贱的呢?"

女人之美?

"一种来与去,诞生与死亡,开花与凋零同时发生的美。她只在极为短暂的时间内美,而且,只在其外部,因为在其内部,事实上她永远有的是她这位天生的晚娘所能够酿造的各种肮脏的东西和各种毒物或毒素,而她就像一只储存或出售这些东西的货船、或一个商店、仓库或市场,并且,在收集了她使用的种子之后,反过来,她给我们留下的常常是臭气、懊悔、悲伤、虚弱、头痛、疲惫和其它的灾难,正如随便哪个男人所经历过的那样,他曾在哪里得到过甜美的感觉,他后来就在哪里感到不舒服。"

"甜美的感觉。"在这些文字后面,他点了一个句号……在这些过分的话后面,他难道没有隐藏自己的某个秘密的怨恨?去年,他难道没有承认他曾是女人无礼、无理智和恶意的傲慢的牺牲品吗?他似乎在结算某个尚未消化的感情旧账……就好像他随心情而写,他的羽笔

---

① 在这里,布鲁诺把女人称作东西。

已被这些也许是一个巨大的怨恨的波浪带走。于是他针对自己明显的厌恶女人的态度自问，并同时试图站得离自己远一点：

"然而我在干什么？我在想什么？我也许是这一代人的敌人？啊！上帝从来都不愿意有这样的思想来到我的大脑！我甚至要补充，尽管为我选定的真福和天国是如此之大，我也永远不会有足够的智哲和虔诚让我有愿望去势或让自己成为阉人，相反，在这一点上，如果我同意向任何一个配得上吃面包，为自然和上帝服务的男人让出哪怕是一根毫毛的话，我会感到羞耻，愿上帝保佑他。如果说工具和研究能够帮助实现我们的愿望的话，我便让能够审判和做出裁决的人做检查。他们想求助于死（我敢说吗？）来对我施行妖术，然而我不相信我已被缚，因为我确信所有现在和将来的绳索商人能编结的索套都不足以来缚我。我不相信我冷淡，我不认为高加索山脉和理菲斯山之雪足以熄灭我的热情。现在你们看见了究竟是理智还是某种精神障碍在让我说话。"

简而言之，布鲁诺坚持要让人们知道他是一个正常的男人，但是，他远离各种恋情游戏和过度的迷恋。通过这一关于庸俗之爱的序言，诺兰人来到了他要使之增值的东西上：他的爱，"英雄式的"，这一种爱不能被"贬低到自然和庸俗爱情的行列之内，就好像海豚不会出现在森林里的树上，野猪不会在海底的岩石下面一样"。

我们明白了：他想让人们把他在研究中所做出的努力和他对知识的热爱与发烧一样的庸俗爱情以及彼特拉克式的精神恋爱区别开来。

1586年9月22日的拂晓，在阿姆斯特丹以东20古里离居特芬（Zutphen）不远的地方，菲立普·思德尼在朋友德·那梭的陪伴下，正纵马奔驰在二百个骑兵的队伍之首,他们将去袭击一个从海上来的西班牙辎重队伍。诗人骑士脸色惨白,他刚刚在 5 月和 6 月相继失去了父母。他发觉一个同伴没有来得及穿护甲,出于一个骑士的谨慎,他向他提供了自己的护腿甲。

大雾退了,英国人发现了敌人,在原野上有一千来个骑兵。在第一次冲锋时,思德尼失去了他的坐骑,它倒毙在他的身下。在第三次冲锋时,他被一颗子弹击中了左大腿。致命之伤。他在经历了三个星期的痛苦、希望和恐慌之后,殁于海尔德兰省的阿纳姆。"优秀者离开了我们,渣滓留了下来",其友杜·珀莱西这样给沃尔辛翰老爷写道。他的寡妇后来又嫁给了其亡夫的失去的爱——德薇瑞的兄弟。

玛丽·斯图亚特在新年之初被斩首。

英雄骑士的重要作品《阿斯陶菲尔和丝黛拉》在 1591 年由托马斯·纽曼出版。其友布鲁诺写给他的长信在剑桥、南安普敦和伦敦牛津的文学界传播,并应起了强烈的骚动。这时他们对大陆文化敞开了大门,并关注意大利的文化生活。

## 与有效的大自然合作

在哪里乔尔丹诺·布鲁诺要从魔术中提炼真理,
因而投入到一项巨大的工程中去?

又成了一只寻觅安宁环境的蝴蝶,乔尔丹诺正沿着一条布满了尘土的道路朝着德国前进……他记得明哲的朗盖对其友思德尼曾说过:"唯一可以避难而又不需要放弃自己祖国的国家……"宗教改革之母路德的德国。不管如何,他其实已不再有选择的烦扰:其它的道路都已经对他关闭,桥梁已被断开。不是吗,没有了高层的庇护,根本不用谈及再次登陆伦敦和牛津,再次经过日内瓦或者那疯狂的和毫不宽容的南方地区。所幸的是,在东方,还有几处一流学院的光明仍在闪耀,它们的声誉远扬四方。

他已经 38 岁了,这是做人生小结的年龄。他必须立刻用拉丁文写一篇留给后代的可以总结其哲学思想的文章,一篇古体长诗……而且,诗句已经在他的头脑中涌出:

"无畏的我用我的翅膀劈开太空,我的声誉不允许我撞到那些轨道上,因为它们完全是根据一些假的原则错误地建造的,我们由之被关在了一个想象的监狱里,而且一切似乎被一堵铁墙关闭了起来。"

然后，他开始论述魔术知识这项浩瀚的工作，同时还要完善助记术方法。他急需在一个安宁的并拥有一个藏书丰富的图书馆的城市里找到这个和平港湾。

1586年6月，诺兰人越过法兰西王国国境，穿过阿尔萨斯，溯莱茵河而上，在美因茨的街上徜徉，在威斯巴登城里漫步，最后他来到了马堡，这是上黑森州的一个小城市，因其学院而闻名遐迩。他没有浪费时间，7月25日，他在城里的学院以一个颇为调皮和大胆但又无可挑剔的名义"罗马神学博士"注了册。这个名义也许能让他测试学院的宽容程度，难道人们没有说马堡有一个楷模的过去吗？1527年一个后来加入了耶稣教会的法国方济各会修士德·阿维尼翁创建了一个附属此学院的学校，现在这所相对来说尚年轻的学校把科学怀疑实践与信仰实践联系在一起，这是比较罕见的。其成员之中最为著名的有柏拉图学派哲学家福尔特居、心理学专家高克勒纽斯和卡斯曼。人们还说，黑森诸侯威廉四世是位天生的科学家，天文学家第谷是其友人，他对亚里士多德和托勒密都没有热情……这座城市给人好感的……令人安心的方面不少。

然而，布鲁诺在这个好城市里没有住到一个月。他在一次与学院院长、最近被任命的普通法博士尼吉狄奥的一次严肃的摩擦之后，愤然离开。院长在学院记事簿上用简洁的笔调记录了这件事情：

"由于某些严重的理由，我和哲学系拒绝了布鲁诺对公开哲学课教授职位的请求，于是他愤怒地来到我的家中肆无忌惮和蛮横无理地大喊大叫，就好像我践踏了人权和所有德国学院的习惯以及科学的最高利益。我在这一职位上划掉了他的名字，因为他不再愿意成为学院的成员。"

他所说的这些"严重的理由"究竟是什么呢？大概不太好公开地

承认，才没有明确，也许是卑鄙的理由，因为，在这同一记事簿上，另一只匿名的手后来划掉了哲学系与这件事情有牵连的痕迹。

8月，身无分文勉强生活的布鲁诺来到了路德教之都维滕贝尔格这所著名的学院。这次他以一个更加不引人注意的名义"意大利博士"在学院注了册，而且这次他有在英国时认识的法学家让蒂耶的推荐，于是他获得了哲学公开课教授的职位。继巴黎和伦敦后，在这里诺兰人将第三次有一个平静的海滩，足以让他完成几个方面的重要工程。他教授的课程是亚里士多德的《工具篇》……但他并不为此感到苦恼。他又重新找到了言论的自由，这是这个地方思想开放的见证。

这所圣哲于1502年创立的学院渗透了路德思想，当然，还有另一位一流哲学家的思想，他便是于1518年被任命为希腊语教授、后来逝世于1560年的梅兰希顿。思德尼认识他，他长期以来致力于降低宗教排他主义的热度，包括其朋友路德。这位和事的男人，直至临死之前，仍寻求让改革的各个派别之间达成协议，寻求在改革教派和天主教会之间实现一个能够避免许多泪和血的临时协定。诺兰人为有这样一个他甚至不再敢于想象的新处境感到欢欣。在一次给市上议院的讲演时，他真心地感谢他的东道主们：

"尽管我是一个幸免于法国动乱之难的人，一个没有王子推荐信的人，在你们之中是一个无名和无权威的人，……然而你们判定我佩得上最热情的接待，你们让我在你们学院的登记簿上注册，在这样一个由高贵和博学的人们组成的机构里，你们特许与我一席之地。必然地，我不能只是把你们视为一所私人学校，或者某种独特的社团，而是视为一所真正的大学，在这一点上你们可称得上是德国的雅典。"

当时，魔术十分迷惑人，它有时甚至令人担忧，关于魔术师以及他们的魔术实践流传着一些怪异的故事，这些故事让人毛骨悚然，很少有人听了之后能够辨别出真假，几年来在维滕贝尔格就流传着一个真正奇特的巫术学徒的故事。格劳奇内尔是一个为了维持学业而打工的近30岁的大学生，他也是马焦尔（Georg Major）教授的助理。然而人们很快就看见他吃喝玩乐，一掷千金。所有的人都在谈论他。教授想知道其财富来自何处，因此从他那里得到了下面这个令人心乱神迷的招供：有一个老人，年轻人说，有一次在他散步时上前与他搭讪，想给他大量的金钱以换取其灵魂。格劳奇内尔用血签订了合同。教授没有能为他守住这个秘密，他向马丁·路德叙述了这个故事。在一次对质中，大学生供认不讳并后悔其罪孽，人们说路德于是念诵了一段简短的祈祷词，并请求上帝原谅罪人。大学生发誓他将从此是魔鬼的敌人，于是事情就这样了结了。

这个故事被写进了路德的《桌子的话》（*Propos de table*）一书中，除此之外，在书中路德还要求把女巫师们处以火刑。但是后来，人们又窃窃地议论格劳奇内尔的钱来于不太正当的渠道，而且，没有魔鬼的介入，其关于魔鬼的叙述，无疑使他免于那为偷贼预备的无情的惩罚。

魔鬼和恶魔有时就这样进入到了生活的漩涡中，直至使所有的概念都混乱了起来。成千的巫婆被烧死，但是却没有让狡猾的恶魔后退一指，人们自问不休……而魔术师们在这混乱的形势中则游刃有余。

布鲁诺应该还记得另一个在这里或那里听到的关于浮士德博士的故事。克尼特林根的约翰·浮士德，他说自己是阿格里帕的弟子，也曾经向魔鬼投降，但这是为了满足自己对知识的难以满足的饥渴，想超越人的极限。布鲁诺听后报以微笑，一副被逗乐了的样子。人们还说在英国，一位大剧作家刚刚写了关于这位博士的《悲剧历史》，法兰克福的一个出版商将出版一本关于他的奇特的书①。

这位浮士德的实践属于魔术的范畴吗？它们难道不更是魔力的恶性偏差吗？有称号的魔术师或自称了解魔术艺术的人是一些受到尊重并且总是受到王子们接待的人，他们实验一种基于书本知识和新实验内容的实验科学。当时在众多的学院里开设有魔术课程，一如天文学，魔术是科学的一个分支，而且它拥有与自然历史同样的语言……比如卡尔达诺这位博洛尼亚学者总是用"自然魔术"来指自然科学，正如布鲁诺。

人们还记得在基督纪元之初，有一批受到普罗丁、波斐利（Porphyre）、詹布利科以及整个新柏拉图主义流派启示的哲学家，尽管说他们对大众巫术之实践不屑一顾，他们自己则正在实践一种科学的魔术，从中寻找原理。他们已经认为，通过宇宙的灵魂，万物影响万物。布鲁诺不是一个魔术师，但他是这种魔术的一个极有洞察力的观察者，他希望从中汲取所有有用的汁液，所有隐藏着的真实性，或者，就词的本意而言——如果我们更喜欢这种说法的话——他是一个"自然魔术"的探索者。他因此应该避免把严肃的研究和可疑的实践混淆在一起。

他想，魔术师首先应该被理解为学者。他们是埃及三倍伟大的赫尔墨斯、高卢的德鲁伊特、印度教的裸体修行者、与希伯来人亲近并对《旧约全书》做犹太式传统解释的神学家、波斯的魔术师（琐罗亚斯德的弟子）、希腊的智者。第二，一个魔术师是一个被视作完成了一些令人赞赏的事情的人，比如，在医学上或者在化学上对活性和无活性原理独自进行过实验。这便是我们通常称作的自然魔术。第三，魔术是一种在一定条件下进行，以便完成属于自然领域和精神领域里的一些高级活动，其成果通过其表象激起赞赏：这就是人们所谓的变

---

① 马洛（Marlowe）的《浮士德博士的悲剧故事》实际上只是在1601年才出版。

魔术。第四，魔术起于物体之间的反感或好感，有些排斥，有些吸引或使得变形，譬如磁石与铁屑之间以及其它类似的物体之间，然而这些情形都与物体内部的一个灵魂或一个精神有关，这是本意上的自然魔术。第五，当自然魔术与语言、诗歌、数字、图形、标记、文字或字母结合在一起时，它便是自然和超自然之间的中间魔术，我们可以确切地把它称作数学魔术，或者用另一个更合适的名称：神秘哲学。第六，如果自然魔术加上崇拜或加上向外部的或高级的力量和智慧乞灵，同时对上帝、魔鬼以及半神祷告、祝圣和祭礼，以便在自身集中精神，让自己与它们同一，这是被恶魔附身的绝望者的魔术。这种魔术又叫作妖术。第七，魔术乞灵于魔鬼和半神，以便通过它们以及某些尸体，击中一些自然缺陷，了解一些未来的和远方的事物：这是招魂卜卦术。第八，魔术是在咒语上加上某些以某种方式收集起来的要素，比如为了以恶惩善，正如某些医生所为，这常常是为了束缚被称作"邪恶巫师"或"巫师"的魔术师或者削减他们的力量。第九，有被称为"多种色彩"的魔术师，他们眷念于对未来和远处事物的卜测，因此又被称为预言者。他们最常见的专长可归类为：火占、占候术、水占和土占。最后，魔术和魔术师被当作贬义词使用，与上述九种情形毫无关系：这时，一个魔术师被看作一个作恶的傻瓜，他因为与魔鬼的关系，或者与魔鬼签订的一个默契，因而能够行善或作恶。这样使用魔术和魔术师之词的人不是学者和语法家们，而是某些不正确使用这两个词的人。

  这时布鲁诺还记得即将出发猎狩巫婆们的《巫婆之锤》[①]。这是所有这类作品滥用的词义。他认为这本书就像某些无知和半睡半醒的神甫写的那些教理问答书和附注。关于魔术，诺兰人当然肯定不会把囊袋当作灯笼，但是他想，当他涉及这一论题时他应该明确他所说的

---

[①]《巫婆之锤》是宗教裁判所法官斯仁格（Sprenger）和克拉美（Krämer）的狂热的宗教作品。他们以教皇英诺森三世之名，发奋要消灭异端巫婆，尤其是在德国西部地区、蒂罗尔和施泰尔马克。

东西。那么他认为，至高意义上的魔术是：魔术师是一个具有某种"行动能力"的人。必须变得庸俗才能想象出在此之中有魔鬼。

诺兰人执拗地致力于开垦和破译古代魔术这项既无收益又疑点重重的工作并不奇怪。从这些努力中，很快将诞生好几部评论和一些"最前端的"研究成果。在这个无人问津的领域里，他能够识别说大话者、虚假地申明自己有奇特能力者、吹嘘自己一直进行魔术实践者，以及那些已经被写进《坎德莱奥》的鄙视人类的招魂卜卦者（而且他还将在一首拉丁语诗中揭露他们）。他认为对真正的魔力要做审慎的考虑。因此，面对各类的诋毁者，诸如那些诽谤魔术的神学家或对魔术的"唯物主义积垢"心存敌意的医生，必须试图确定一个战略。

在图书馆里的阁楼里或某个本堂神甫的住所的顶楼里，他开始读一些羊皮纸上的文献以及一些应追溯到基督教历史起初或更早的被遗忘的古旧手稿。他读菲奇诺的《炼金术神秘学文集》（*Corpus Hermeticum*），也读所有归于埃及神话的三倍伟大的赫尔墨斯名下的文章、卡巴拉（Kabbale）的著作以及受其启发的叙述故事者们的文章。吸引他的并不是那些招魂卜卦仪式的故事，他鄙视这类的异想天开，而主要是古人已经做过的观察和总结。哥白尼不也是从他们那里得到了启发吗？

布鲁诺发掘、记录和归类，同时打算稍晚一点了解一下这方面的所有原始理论的预先假定。他全身心被这项巨大的智力工作所占据。他勘探，但是没有忘记那些传统的探索者们：大阿尔伯特、德·内特贤（Agrippa de Nettesheim）、皮科·德拉·米兰多拉、拍拉切尔苏斯、卡尔达诺……与某些人所能够暗示的正相反，这种爱好并不是矫揉造作，也不是令人愉快的消遣，这与他对知识出奇的饥渴是相一致的。布鲁诺，我们了解他，要以一种新的和更高级的方式来诠释魔术。研究记忆力，赞颂古人、埃及人、毕达哥拉斯、赫尔梅特、阿格老法诺斯（Aglaofanos），对哥白尼鼓掌，歌唱大千世界的无限性，对那些能够证明世界充满了神和灵魂这一现实的自然经验感兴趣，寻找一门能够调和上帝、知识和人类的语言，发现奇妙物质的力量，所有这些是其哲学的研究内容。

布鲁诺读古代魔术师们写的关于水被吸到芦竹里、铁与磁石之间的奇怪现象、龙诞香的魔力等诸如此类的书，他记录下了阿格里帕与修道院院长特里梅多在那个世纪初的书信往来，他们已经谈到要与他们畸形的时代对抗和复兴真正的魔术。

诺兰人还记得品达罗斯关于人类"唯一的根"的诗句。他朝着这一源流追溯上去，一如现代研究者们在今天投向宇宙边际的眼光。他朝着这些极度遥远的时代前进，这时人类使用一种表述物体实体的、与现实直接相连的语言来进行交流，这便是埃及人的圣语，或者至少，他在这一语言的残存中，寻找记号、文字、魔术仪式的动作或者关于天的珍贵的图画，那些曾经能够启迪哥白尼的图画。在这个隼头神和豺头神的世界里，人们崇拜鳄鱼、圣猫、公牛和蛇，仙女们可以同时是母亲和父亲，神们有时显现为牡羊，有时为圣甲虫，当他们活够了的时候，有时便被更强大的神所吸收，这个如此接近大自然的埃及世界远比那个垂死的基督世界更让他着迷。他想弄明白，古人如何将他们的信仰和仪式写成了文字，并把它们纳入了形而上学的思想中。他怀着激动的心情发现了这个地中海盆地的第一大文明，他更清楚地看到了基督教如何从被它战胜的宗教那里得到了极大的灵感并借来了十字符、神圣三位一体及其寺庙建筑艺术。

在这项工作上他倾注了如此多的心血，尤其是因为现在似乎与过去正相反，知识世界在崩溃、恐惧和宗教狂热纠缠着人们的精神。文学研究者不再咬住现实，学者们不再探索，医生们局限于观察人体的苦难，经院学者们麻痹教学。知识世界已被砸得粉碎。

布鲁诺并不惧怕潜入到过去，当某个过去展现某个特定和稳定的时代感觉、习俗和风尚时，这便是一项必须做的工作。① 布鲁诺用特定的"过去"的知识"古典犁铧"来开始耕耘其论文。他采纳了他刚刚拂去了积尘的两个古老原理：即在现实中存在着一种"进步的连续性"，这是一种生存和价值的等级思想，以及，"世界灵魂"或宇宙精神无所不在的思想。

从魔术的"影响"和"约束"理论的一个预先设想中，他发现了生命和物体的"阶梯"：即上帝作用于神，神作用于天体，天体作用于魔鬼，魔鬼作用于本原，本原作用于一切，等等。在这一阶梯的每一级上有一个高级的、原动的和保护的实体以及一个与其同一的低级的、谦恭的和服从的实体。面对这一等级制度，人们的态度有两种：或观想的态度或主动的态度，后一种态度也就是魔术师们的"操作"的态度。至于"世界灵魂"则证明了实体的全体精神化。

布鲁诺将在一部新的论著《论魔术》(De magia) 中明确这些思想。关于灵魂，比如：

"从对物体的经验来看，显然，每个灵魂（或精神）与宇宙精神和灵魂一起具有连续性，它们不被包含在物体中，更恰当地说，它们包含物体。"（论题 XI）

"因此，每一个灵魂占据一整个地平线，并且接受这一整个地平线的影响，同时朝魔术操作——仍然是物理操作——敞开自己的场。通过一种精神力量，主体能够从远处将其效应和情感传递给一个在远处的客体。"（论题 XV）

---

① 围绕着耶兹的文章，关于布鲁诺的魔术问题，已经有很长时间的争论，考尔萨诺（Corsano）和其他几位认为布鲁诺是想让埃及宗教复活。因此布鲁诺的思想属于神秘哲学和神智学的范畴，因为"埃及魔术宗教在他那里被作为一种通神术的、心醉神迷的、苦修的、新柏拉图主义式的、朝向太一及一种无法描述的至上法则的经验被接纳。"……（《自由报》，1988 年 8 月 18 日）

韦德里纳（Hélène Védrine）则阐明了一个不同的观点："……魔术不应该是了解其思想体系的钥匙；它只不过是个古代的基础。况且诺兰人从来没有在这上面宣称自己有任何的独创，而他却骄傲地表明了其宇宙创想的重要性。……传统与先知是哲学历史赖以生存的两个双向的范畴。"

尽管这些论文还没有能够获得一些具体的发现，然而，这种推理方法本身，即对自然的问讯，让人在一种直觉的震颤中隐约地看见了发现的愿望，后来几个世纪中学术研究上的重要进步正是从这里起步，科学正是这一魔术的女儿。

布鲁诺就像最早的神学家们那样，觉得物质的运动就像是"充满了上帝"的存在。他认为，自然按照"本来的哲学和本来的物理哲学"，"从最底下直至巅峰"包括三十来个级。一级一级地攀登这个阶梯，可以达到一个不为我们所知的"十分接近光明和完善"的现实世界，在这个现实世界里，生活着一些具有一个灵魂或一个精神的有生命的神生物，比如地球上的林神和农牧神，以及其它水里的，诸如山林水泽仙女和半人半鱼海神，其它天上的，比如希伯来人称作天和云之鸟的"朱诺之子"，其它太空里的，诸如"阿波罗之子"，"双翼小天使"，以及其它的"火精灵"。在这个现实世界之上，是主宰天体的神灵，比如希腊奥林匹斯山的主神。布鲁诺的世界，就这样以一种混合主义的方式，被来自传统的、来自古迦勒底语或巴比伦语东方国家的，或众神之母希腊类神或神注满了活力。基督教的礼仪所替代的正是这个世界以及太古的魔术和通神术。也许他的考察能够引出医治基督教世界危机的良药？

从"宏观世界"到"微观世界"——这是当时的用语，布鲁诺开始说明人类也像宇宙那样是一个有"度"的生物。在《三十个塑像之光》（*Lampa triginta sttuarum*）一书中，他确定了一个有30来个度的系统，从最高度"智慧"这一完美和完善的度，往下直到底部，我们又看到了所有生理学上的传统价值：在下面的第四度上，布鲁诺放上了听觉；在第五度上，视觉；第六度上，想象力或者内在感觉；第七度上，思考；第八度上，理智；第九度上，智力；第十度上，精神，等等。魔术就这样成为一种灵魂的建筑方法。他用下面这样的词语向自己提出了主要的问题：为了到达"度"的高端，为了到达"英雄灵魂"的水平，人们需要什么水平的"建议性的谱"用以实践，什么水平的"客观的谱"用以遵循呢？布鲁诺还特别注意到一个他称之为"作用于精神的"技术，在宗教和魔术里这一技术是一种主动的精神集中法。在《符号与印章》一书中，他描绘了约15种"作用于精神的"的实践。比如，被描写成邪恶的第11种精神集中法，是为参加巫魔晚会做准备。又比如第12种精神集中法，即**我们的《启示录》之实践**，不是其它的东西，而只是天主教的忘我，一种微不足道的心理学低级实践。在这幅他描绘的图画上，他还放上了精神现象地狱，就这样他取消了魔鬼和地狱的基督教概念。第六度的"想象"或"内在感觉"扰乱了现有的平衡，扮演着重要的角色，因为它们当时是"灵魂声名狼藉的部分和恶魔的小酒馆"。因为正如所有在"思考"这一度以下的感觉，内在感觉可能导致复杂的退化现象，并为灵魂-肉体之间的关系增添功能……

布鲁诺完全以一种现代未来展望学的眼光观察着低级巫术那些令人不愉快的表现，最终是为了更好地引出下面这一操作原则："激活你灵魂里的高水平部分，使之佩得上自然的水平。"这一点，通过阿克忒翁（Acteon）跟随狄安娜经历生存矛盾和时间更迭的所有阶段的叙说，成为其意大利语对话《英雄的疯狂》的纲要。

布鲁诺在这段时间里没有中断过出版书籍。关于人工记忆和亚里士多德的论据源泉理论的著作有：《论吕勒的组合灯》、《论构成与寻求逻辑方法的灯》、《演说艺术》（1612年才被印刷）、《亚里士多德最早的五本物理学著作》，以及在巴黎就已经开始写作的著作《论思想的影子》的续篇《三十个塑像之光》……

当一件重大政治事件结束了他的"和平"时，乔尔丹诺已经太平地度过了将近20来个月的研究的日子：加尔文教派信徒夺取了政权。一刻也不能等待，布鲁诺收拾起行李，向宽容的维滕贝尔格城告别。他有机会做了最后一次"多情的"演说——**永别致词**，其中他赞颂密涅瓦这位纯真的智慧女神，它美丽得像月亮，伟大得像太阳，可怕得像已列队的或按战斗队形编排的部队，纯洁得以至于任何污物无法玷污，它是令人尊敬的善良本身的映像，它强大、和蔼可亲，它是把人类变为先知和上帝之友的变革者：

> "我从儿童时就已经开始爱和寻找它，我渴望它就好像渴望我的妻子，我是它的形象的恋人……，我已经祈祷……为了让它被送来与我一起生活，与我一起工作，为了让我知道我的缺点和上帝能接受的东西，因为它知道和懂得并已做好了准备来审慎地引导我的工作并把我保留在它的照管下。"

乔尔丹诺在做结论时委婉地表达了维滕贝尔格城是一个世界各国向往的真理之都。

1588年开春前，我们的艺术-哲学家踏上了通往德国最大的城市——日耳曼帝国的首都布拉格城的道路，因为那里有一所著名的学院。其计划仍然是教学和让世界听见自己的声音。这位奥地利大公、匈牙利和波希米亚国王以及哈布斯堡王朝鲁道夫二世皇帝会帮助和鼓励其发现者的工作吗？听说这是一个古怪的人，他的身边围着一群炼金术师、魔术师、天文学家以及艺术恋人，并在宗教上表现出了一定的宽容。他受教育于严格的西班牙学校，当然，他曾以武力向艾克斯拉沙佩勒这个自由的城市强加过一个天主教的统治，但是，在其帝国和城市里，他也轻松地接纳耶稣教徒。旧皇宫哈典尼（Hraděany）俯瞰着这座有一百座钟楼的城市，乔尔丹诺没有直接到其城墙下面溜达。他在靠近伏尔塔瓦河的一个被叫作"小城"的城区中安顿了下来，接着便开始观察。他一点运气都没有，这座城市像一只锅，在其中，就像文火炖菜一样，一直秘密酝酿着宗教的对抗，捷克与德国之间的种族竞争则加剧了这种对抗,宗派泛滥,从欧洲各国来的超脱社会体制者则在其中逍遥信步。皇帝对此似乎无动于衷,或者不如说他没有其它的选择,只能让这锅加了佐料的汤慢慢地煨着,让欧洲各个宫廷里的人和各类冒险家在其中自由自在。布鲁诺通过哈捷克(Tadeas Hajek)——一个与皇帝很近的天文学家和天主教人文主义者并懂一点魔术但精通吕勒——了解到与这位陛下的接触并不是件易事。鲁道夫似乎厌烦了那些江湖骗子高手的暧昧活动,他最近驱逐了一对从英国来的魔术预言者来证明其厌烦的心情,他们滥用了他的善意。他们之中之一是约翰·迪(John Dee),一个神秘的什么都懂一点的人,另一个是凯列(Edward Kelley),一个被剁去了两只耳朵的冒险家。这里的耶稣会会士,以把布拉格迅速地变成一个罗马天主教会堡垒的坚定希望,煽动着人们的精神,尽管罗马天主教徒在这里只才形成了一个狭小的社团。后来成为教皇克雷芒八世的那位枢机主教阿道伯朗第尼(Aldobrandini),10月应该来到这座城里,这一行动与这一目标不无关系。

形势因此并不稳定,但乔尔丹诺不是一个轻易就放弃的人。然而有一天他十分吃惊和恼火地瞥见了莫尔邓特悲伤的面孔,是的,那位迫使他逃离巴黎的"愚蠢的胜者",他于是禁不住写了一本小书来抨击当时的数学家:《一百六十个论点反驳与哲学家对立的数学家》,当然他把这本小书题献给了皇帝。他想吸引他关注国民和宗教和平这一至关重要的问题。他宣扬"建立在互相理解和互相自由讨论这一唯一原则基础之上"的宗教和平共处。他希望得到一个答复,或某个表示或者一个支持的行动,然而他只得到了一只倾听的耳朵和……三百塔勒。不管如何,其文章则不乏智慧:

"光明或黑暗随着时代而变迁。被黑暗统治着的现今时代,因宗派的争执不休而痛苦不堪。他们违背**自然法则**,也就是违背上帝建立起来的秩序，他们扯破社会结构，因为他们被某些厌恶人类的精神所激励，某些像地狱一般狂怒的使节，为了制造各种各样的假象，就好像那些从天上下来的墨丘利，把不和之剑插在了人民的中间。他们唆使人们互相争斗，践踏爱的法则，当然，爱的法则不是一个恶魔般的宗派所拥有的特性，爱是从上帝那里来到了我们的中间，上帝，我们大家的父亲，把恩惠赐予了正义以及非正义，并设立了博爱。真正的宗教应该免去所有的争执和争论，因为，其任务是领导灵魂。而现在的情形是，没有人有权批评和检查别人的言论，就好像在亚里士多德和其他几个领导人领导之下的这个世界整个儿是个瞎子。然而，我们以纯朴的灵魂和诚实的爱，跟随着智慧，朝光明的美丽光辉扬起我们的脸庞，倾听自然大喊其被倾听的愿望。"

优柔寡断加上顾问不得力，鲁道夫在这首乐曲的魅力面前装聋作哑。布鲁诺花了一些时间写了一篇关于逻辑的小作品《论吕勒的种的考察》并题献给西班牙大使，然后他不再抱有希望：他沿着易北河朝下走去，一百古里后，决定在耶稣教土地上的亥姆斯泰特这座维滕贝尔格的小邻城里试一试运气。

他悄悄地来到了市学院里，这次的注册内容十分地简短：只是他的名字，乔尔丹诺·布鲁诺和一个称号，意大利人。1589年1月13日，他进入了这所布伦瑞克-沃芬布特尔公爵在三年前刚刚创建的年轻的大学。他作了教学宣誓：

"我将注意保持同事之间的和平和融洽；我将注意不伤害人的尊严，不造成任何的不和；假如发生了上帝不愿意宽恕的事情，因为，这在人类之间是可能发生的事情，我将尽我所能和所知，按照你们的章程，也就是说以温和的和兄弟般的方式使之了结。

两位大师负责诠释亚里士多德的理论和发展其体系，并努力要使之不变质败坏，不受到诡辩派的中伤。每一位哲学博士要发誓诚实地教授真正的和本来的哲学，不遮遮掩掩，不搞阴谋诡计，不试图通过创新来显耀自己。"

誓词的最后一部分并没有让诺兰人感到不悦。在亥姆斯泰特，大学不仅仅把自己看作是亚里士多德的信徒，还自认是其后继者，并考虑超过他。对布鲁诺来说下面这件事情是天意，布伦瑞克公爵请他完善其长子亨利-尤里乌斯的教育。运气又来了，太好了。他利用这次机会完成了关于魔术的论著：《论魔术、魔术论文、论数学魔术》和另外两本著作《吕勒医学》和《魔术原理》，并在春末出版了这些著作。

但是，尤里乌斯谢世了，25岁的亨利-尤里乌斯继位。他命令布鲁诺为其父在学院作悼词。这篇充满了激情和灵感的**悼词**，不应该只是落到了聋子的耳朵里：他一边悼念逝者，一边歌颂城市，一边坦率的抨击宗教极端分子：

"记住你曾被迫离开你的祖国、你的朋友、你的学业。你被驱逐，因为你热爱真理，而在这里，你被看作一个公民。在那里，你处于罗马狼贪婪的牙之下，在这里，你享受着十分的自由。在那里，你被迫于迷信和荒谬的实践，在这里，人们只请求你跟随一个真正改革的信仰。在那里，在不止一个暴君的暴力下，你像一个死人，在这里，你生活在一个最好的王子的美妙公正中，备受恩惠和荣誉。"

布鲁诺同时暗示了"一个可恶的圣职特权阶级的专制",当高卢和比利时备受宗教战争的蹂躏,德国的某些地区遭受极端的不幸时,这一专制则在意大利和西班牙摧毁了自然的秩序和公民的权利……他揭露"蛇发女魔戈耳工的比一个脑壳上的头发还多的舌头亵渎着上帝、自然和人类,并且以无知和罪恶这两种最卑贱的毒药污染着这个世界"。

"美妙的公正"将不持久,"无知和罪恶"正在报复。布鲁诺受到了一次"严重的公然凌辱":城里的牧师在教堂里驱逐他!布鲁诺求援于公爵,并得到了其善意的支持以及两位多明我会修士,诺兰人过去的同伴,修道会总会长马理亚(Hippolyte Maria)兄弟及其助手保尔(Paul)兄弟的感人的请求。这些都没有起作用。10月6日,他于是给市政府长官写了一封呈请书:

"在殿下您和特别尊贵的上议院面前,诺兰人乔尔达诺·布鲁诺谨反对这一在公共场合下执行的极不公正的个人判决。因此他在此请求召见,以便至少了解这些对其立场和声誉的批判是否正确和符合事实。他还记得塞内加曾说过:不管是谁,在作宣判时如果没有听取被宣判者的发言,即便其宣判可能是公正的,这位宣判人仍旧是不公正的。正是为此,他请求殿下以您的权威,传唤这位尊敬的牧师到您面前,如果这不会让上帝不悦的话,目的是让他在惩罚的同时,也完成自己的责任,并愿意拯救他的教民,同时不屈服于自己个人的任意报复的欲望。"

白费力气。哲学家现在淹没在一个无声的仇恨和嫉妒的氛围中。他忍无可忍。"这些上天的秘书,"他后来在一首复仇诗篇中写道,"只不过是些语法家。当他们认为自己会拉丁语、希腊语、希伯来语、叙利亚语和迦勒底语时，他们便严肃地以上帝和人类的创造者自居，并独断地对哲学上的一些问题作出定义。Teléochi sont teléochi，也就是说，他们用他们的狭隘的大脑来制造神。"

他又上路了。1590 年的 6 月，他来到了法兰克福，在这座以其书市而闻名遐迩的城市里，云集着满载商品的车队。他来到美茵河与圣·雷奥纳尔教堂之间的布彻尕斯溜达，翻翻书籍，听听广场上的公开论战。其实他来到这里是为了其包里的那三本最近几年内写的诗集，它们用拉丁语这个宇宙语言阐述了其最高贵的思想，并继承了卢克莱修的传统。在去苏黎世过冬之前，他把手稿交给了维谢尔兄弟。

在《论三倍最小值和尺寸》这部著作中，诺兰人涉及了无限小的问题，这些**最小值**，或者单子，与卢克莱修所描绘的和德谟克利特所想象的原子相似。他把这些单子定义为简单实体，也就是说它没有组成部分，而它则可参加组合。它们是自然的真正的原子，物体的元素。

《论不可胜数、不可估量和不可用形象表示》一书总结了布鲁诺对无限性的论述：

"存在着一种以天体形式表现的巨大的物质；它不小于我们的眼睛所能看见的以火（或者太阳）或者水（或者土）的形式出现的天体。有时我们感觉不到它们，然而，又有什么能够阻止彼此相似的组合成分以同样的方式表现，同类组合成分的组合体明显地根据同样的理由来表现自己，并根据这些同样的理由产生和保存它们的效应呢？"

在苏黎世，布鲁诺成了一个刚刚买了房产的（确切地说在爱尔格）叫作翰兹尔的宾客。几个月内他完成了一部《形而上学词语大全》①，并且为这位老爷写了一部他认为是十分重要的著作《论图像、符号以及思想结构》，然后把它题献给了他的主人。他把这部著作的手稿拿到法兰克福交给了他的出版人。这是他出版的最后一本书，一本类似于写给思德尼老爷的关于助记术的论文。在前言中，他重新表达了其关于诗歌、绘画、哲学和音乐彼此共同性的概念："真正的哲学是音乐、诗歌或绘画；真正的绘画是诗歌、音乐或哲学；真正的诗歌或音乐是神圣的智慧和绘画。"

在他再次到法兰克福校对其诗歌样件时，他遇到了两个威尼斯书商，肖托和布里塔诺，他们住在与他下榻的同一个加尔默罗会修道院里。前者向他转达了他的一个客户，一个富裕的威尼斯庄园主对他的邀请，以及想结识他的愿望。乔尔丹诺同意到雄狮共和国去。这时他43岁。

---

① 《形而上学词语大全》，类似哲学词汇词典，1595 年在苏黎世由埃格林（Eglin）印刷，当时布鲁诺已在梵蒂冈被囚禁。

# 三

# 面对宗教裁判所

"如果我死在罗马天主教的土地上的话,哪怕是在中午,我的遗骸也会有五十个或一百个火炬相伴。"

——乔尔丹诺·布鲁诺

(于伦敦)

# 威尼斯陷阱

### 乔尔丹诺·布鲁诺不了解总督对教皇无所拒绝吗？

1593年2月19日，威尼斯。双手被缚，布鲁诺在几个带着高顶盔的宪兵们中间，登上了一首停在新圣乔治大教堂对面的夏沃尼码头的涂着黑色和赭色的凸肚船，船的樯桅上软绵绵的飘动着一只有罗马教廷徽章的淡蓝色旗帜。几下桨后，这只旧船升起了它的斜桁大帆，在泻湖一动不动的水面上，缓缓地朝着肖迦，朝着有长长海雾的方向滑行。被囚者一点都不知道这时色彩柔和的天极美，它与镀了银色并略带点淡紫色的海相连得天衣无缝。这时他被关在底舱，从来没有过如此地受辱，如此地阴郁，他在想那个让他摔下来的墨塞尼格以及那个不讲信义的共和国。

否则，他在这条船上又能干什么呢？

就在不到一小时前，他还在一个既黑暗又阴森潮湿的单人囚室里，一年以来，威尼斯让他在那里腐败发臭。然而**无限性**的哲学家如何在这个似乎整个欧洲一致认为是一个宽容的国家里落入了陷阱呢？

1591年8月底，应墨塞尼格之邀诺兰人经过富斯纳来到了这里，这位家世悠久的有钱的老爷，极想从他那里学到科学的秘密，剥削其记忆才华，好在沙龙里的羽管键琴旁显耀自己。布鲁诺抄近道穿过泻湖时，发现尊贵的共和国这时正充分地展现着其夏日之风韵。在一种难以言表的醉意里，他长时间地吸纳那里的空气。在相隔了如此之久之后他又看见了威尼斯，就像是在梦里：宫殿、大理石、水中映着砖雕上温柔的玫瑰、纤细的威尼斯轻舟以及巨大的拱桥。他听见船夫们讲的方言，是如此接近他亲爱的乡言。他又见到了这个快乐、可爱和活泼的人民，这些喜欢玩、喜欢诙谐又十分会打扮自己的女人们，她们佯装的或者真实的欢乐，她们年轻芬芳的肌肤，这片祝圣过的天和这片灿烂阳光下闪闪发光的海……人们不再提及瘟疫，最近遭到火灾的总督府宫殿，又突然重现在一片无与伦比的白色光辉中。一切都似乎在微笑。

然而布鲁诺感觉到自己难以抵抗帕多瓦的诱惑力，这座威尼斯的邻城拥有闻名全欧洲的学院，好几个世纪以来，一批大学者在这所学院里获得了成功：1546年被判为异端而被烧死在巴黎的多雷以及维萨里、法洛皮奥、阿夸班丹特、哲学家朋珀纳兹……帕多瓦大学又因其给予学生的特权而扬名，他们可以以国籍为单位来选举自己的院长、团体代表和顾问。9月初，诺兰人迫不及待地来到了那里。他在那里租了一间房间，租期至少三个月，然后便开始频频地去大学的图书馆。墨塞尼格他等着吧。为了生计，他给几个学生教一些课，其中有他在亥姆斯泰特时认识的伯亥乐，他是德国学生的代理人，一位通鬼神魔法和卜占艺术专家。他的课程曾涉及数学教材《几何绪论》(Praelectiones geometricae)与《勾勒轮廓的艺术》(Ars de formationum)，目的是以几何学的方式，说明其哲学的立言和公设。布鲁诺聘用伯亥乐做其秘书，请他誊写几篇文章，从9月1日至10月21日，他主要完成了布鲁诺写于1587年的《三十个塑像之光》以及拟写于去年的《论一般的联系》(De vinculis in genere)。在这位年轻人的支持下，诺兰人曾去申请一个空缺的数学教授职位。但是这一尝试没有成果，因为这个职位为来年到来的一位年轻的教授伽利略保留着。布鲁诺于是回到了威尼斯，并在老区的市中心圣萨姆埃勒那里租了一个居所，这里位于丽都桥和圣-马尔之间，离坐落在大运河边的墨塞尼格（他的邀请人）宫殿不远，同时又靠近另一座宫殿，即圣斯泰法诺广场上的莫霍思尼宫殿。在一种我们的流浪哲学家看来非常珍贵的非宗教的和自由的气氛里，这位未来的威尼斯史学家莫霍思尼有规律地接待城里的杰出人物。在这个圈子里，布鲁诺可以与在场的智慧和渊博的人士诸如尊敬的萨尔皮、也许很快伽利略本人热烈地讨论这些以认识真理为目的的主题。他看来很幸福，终于，他遇到了一些有思想的头脑，与之可以严肃地讨论一些关于天、地球和无限性的课题。这是其生命里最好的时光之一，他好想让这些为了交流和研究而举办的愉快的聚会长期地延续下去，而同时又能继续完成其新的重大计划。他现在正值最成熟的、最大智慧的和出最大成果的年龄……他真的需要和平。

当他不去参加辩论的时候，他便把大部分时间用于修改一部新撰写的宇宙学和哲学著作，他打算在德国出版它们，有时他停下手中的工作，到桑娑维诺图书馆的拱廊下，或朝着多索杜霍或卡纳尔焦或丽都新桥的方向漫步。他喜欢听学者会议上的发言，或者听学院里的辩论，或者更简单，在快乐和永恒小广场这个自由十字路口听别人讨论，或者晚上听大运河的水在摇桨下的柔和波动声，或者独自欣赏从尚还是玫瑰色的晚霞的光亮里新生的星星。接近5月半时，他去市潘提翁神殿圣乔万尼和圣保罗教堂时，向多明我会兄弟诺塞拉吐露说他需要安静。他是多么希地望他与罗马之间的冲突最终得到解决，能够回到家中，平静地完成他的工作和他的生命，这有点像帕提兹这位旅行家和柏拉图学派哲学家。① 他也许可以献给新教皇克雷芒八世一本书，也许也能够在这座永恒的城市里得到某个"教授讲坛"……

这些想法是认真的吗？他能相信宗教裁判所的警察已经把他忘记，16年来他从未被跟踪吗？或者，他只是想混乱他们的视线？5月

---

① 帕提兹是《世界哲学的创新》（*Nova de universis philosophia*）的作者，他当时刚刚被教皇克雷芒八世召唤到罗马在大学里教授柏拉图哲学。他将很快被缄口。

21 日，**诺兰人**说他将要离开一段时间，他必须到法兰克福印刷一本新书《七种自由艺术和七种发明》，他已将它题献给教皇，很正确。为此他向其主人墨塞尼格请求许可，这是最起码的礼貌。在这位老爷的屋檐下，他与其仆人在一起住了一段时间。墨塞尼格没有允许，布鲁诺不应该在国外浪费时间，不，这是不可能的，尤其是这位年轻的贵族已经对其在记忆术上过于明显的缓慢进步感到失望。他的特殊课程从 10 月份已经开始，至今已有八个月，而他实在看不出有什么效果。然而他绝对想要进步以便在社会上可以显耀……他的糊涂小脑袋究竟是怎么想的呢？他害怕布鲁诺逃之夭夭不再从德国回来吗？他于是纠集起他的人，筹划了一次真正的绑架：1592 年 5 月 22 日夜间，他让人把布鲁诺捆绑了起来。也许可以相信这是一个滑稽剧或一个即兴戏剧里的恶作剧。然而 23 日，他到威尼斯宗教裁判所揭发异端。一桩悲剧结成了。他述说其老师是三本异端著作的作者，并且他还附了其样本，还有一本未出版的手稿《论上帝，关于几个普遍的布道的演绎》作为物证。他还提供了两位证人的名字：书商肖托和布里塔诺。对于萨鲁左兄弟这位大宗教裁判员来说，要想惩罚，已不再需要其它的东西，尤其是人们从来不拒绝墨塞尼格这位高级官员和总督家世后代的任何请求。他立刻派警察逮捕了布鲁诺，然后把他关进了卡斯泰罗的一个牢房里……

但是为什么布鲁诺又回到了天主教的这块敏感的土地上了呢？也许他只是在效法其鲁莽的朋友，那位高贵的思德尼骑士，因为他非常乐意待在这个与其它诸岛隔绝的共和国里，这是半岛上唯一能够远离城市间消耗性和毁灭性冲突和竞争的城市，也是仅有的几座能够始终不让自己涉入皇帝派成员与教皇派成员之间的争执、理昂左时期的罗马动乱以及佛罗伦萨斗争的城市之一。尊贵的共和国是宽容的，人们这样说，这并不假：到这里来参观的外国人可以保持在宗教上的自由。希腊人和亚美尼亚人，仅以他们为例，拥有好几个教堂，任何人都可以自由地进入其中，他们拥有自己的总主教。思德尼曾在意大利住了好几个月，在威尼斯他遇见了亨利三世的新大使，参观了韦罗内塞的画室，与丁托列托交往……1574年，他在其好老师朗盖过去的学院帕多瓦住了六个月。但是遵照其老师的忠告，他注意不让自己的好奇心远至罗马，在热亚那也只走马观花了一下。他给伦敦做的关于这次旅行的报告，大概复苏了布鲁诺再见半岛的欲望。

诺兰人同时抱有得到一些合法权益的野心，大概希望最终在这里，或者在帕多瓦，找到他长久以来寻找的听众和弟子。或许在如此多的疯狂和努力之后，他现在走到了藐视危险的最高点，或许过高地估计了自己的力量？因为这决不应该是一次精彩的鲁莽即兴行动，而更应该是一次计算好的冒险。他去年在《单子、数字和图形》的一页中所作的声明，回答了这种可能性的所有疑问：

"尽管极不公正的命运从童年起就紧随我不放，然而我对我的人生目标的向往却始终没有改变，没有放松。我感觉得到我的痛苦，但我蔑视它们。在死亡面前我不后退分毫，我的心不屈服于任何一个人。"

他后来的生活将证明他并不是在那里说大话。他大概相信威尼斯的宽容会保护他，尽管罗马教廷对他们的宽容已作过多次的警告，威尼斯的三位世俗执政官对宗教裁判所法庭执行着永久的监督。但是，教皇克雷芒八世刚刚作出了一个新的决定，所有被选主教必须来罗马当着他的面接受才能的考核。罗马和威尼斯相互控制。布鲁诺不知道这些吗？也许理由更简单，他对西欧刚刚突然出现的政治变化寄予了过多的希望，尤其是，亨利四世之即位是法兰西王国的"政治家们"取胜的前奏曲。贝尔维尔的本堂神甫戴乐·班奈没有忘记向他说明贝尔奈的战略：延续其前任亨利三世的缓和行动，但是，范围将更加广泛。然而亨利三世被谋杀后（谋杀者是一个多明我会会员！），纳瓦拉的亨利从 1589 年 8 月 1 日掌握政权起，就已经考虑到重归天主教的必要性……是的，即使教皇再次起兵来对付法国的异端分子，某些变化也会起作用。在威尼斯，不少人尤其是年轻人以反感的眼光看教皇的专制主义以及耶稣会会士（有人认为他们是西班牙统治者的人）的过激主义，他们愿意与英国人、荷兰人和敌视奥地利-西班牙霸权的欧洲建立联盟……但是这种对立仍旧是秘密的。政治上的事情在威尼斯是一个专门保留给十人会议和市政议会的领域。就这样，在 1592 年诺兰人所指望的巴黎"政治家"的温和政权总是受损，而从来不是罗马。雄师共和国仍旧在观望中，对法国新国王表示友好这一事实已经使其外交孤立政策失败，现在它则觉得不应该再对梵蒂冈拒绝任何事情，尤其是在 1572 年的勒班陀战役之后，在这次战役中，威尼斯战胜了土耳其舰队，教皇的八百多士兵在战役中死在了威尼斯水兵的身边。在城里，韦罗内塞刚刚在公爵府学校完成了一幅代表其最高水平的作品：**威尼斯之凯旋**。威尼斯人经历了这些光荣的时候，但却一点都没有注意到，这一切将改变，面对北方海军大国的毫不留情的胜利，尊贵的共和国已经不再是原来的自己了。它仍旧惧怕土耳其人，它已不再是无可非议的海上霸国和东方富国，这个在新月似乎即将攻克欧洲的时候，在阻止奥斯曼的进攻中做出了如此多的贡献的国家，这个曾经让如此多的国王嫉妒的国家。今天，以其据有的形势，它尚还不能被驯服，然而因其衰弱，它也不能攻克。它不知不觉地在自暴自弃，既不斗争也不抵抗，商业衰退，贵族堕落，人民沦为奴隶，这一切使它从内部开始渐渐地被损坏。

不久以来，自 1588 年起，三位大宗教裁判所法官与督治和十人会议分享着警署权和忏悔秘密。布鲁诺早该提防这个警署。十年前蒙泰涅就说过，他觉得除了圣马尔科广场和众多的外国人以外，此城最值得注意的东西还有这个警署。事实上的确如此，这个警署，完成了其一切监督职能,却从来没有让公众感到它的介入。

没有人能够说布鲁诺是否是错误地估计了一个危机的局势,是否是他不知道十万威尼斯人和十万游客处于密切的监督之下,是否是他接受了"玩火"——从这个词的本意来说。"听说,"他过去的一个亥姆斯泰特的学生给一个帕多瓦的朋友这样写道,"那个您在维滕贝尔格认识的诺兰人,此时在您家里居住和教学,真的是这样吗?这个人到意大利来究竟要干什么呢?根据他自己的说法,他是从这里被迫逃走的。我对此感到惊讶和愕然,无法相信此传言,尽管这些传言出自一些可信的人之口。"

骇人听闻的宗教裁判所法庭派密使来收走了布鲁诺的书籍、稿纸和书信,这些文章曾让某些人相信他是一个大魔术师。他把它们填满一个袋子,然后交给一个警察。诺兰人机械地穿上衣服,一言不发,就好像要出去呼吸位于果得伽对面的泻湖上的空气一样。在走出朝着大运河的那扇门时,他十分惊讶地看见一个人数众多的弓箭手部队在前厅里等着他。想到受到了如此地重视以至于需要如此的军事行动,他感到自己受到了恭维。他暗想,一次威尼斯海军总动员将不会使他不悦。确实,他很快又想到在威尼斯并不是不经常听说一个人击溃了来捉拿他的20人的警察队伍的事情。这是些"摇屁股"[①]!他与好几个警卫上了一条威尼斯轻舟,它载着他直接朝着监狱口岸驶去,然后进入了公爵府内。他穿过几扇门,登了几级楼梯,经过一个走廊和一个卧室,在第二个卧室里,一个官吏似乎在等着他,他下令把他看守起来,这位是宗教裁判所法官们的秘书。普隆博这所监狱已经开了两个月,这时这里的一个看守在两个弓箭手伴随下,又让他登另外几级楼梯,又经过几个走廊以及几扇他用串在一个特大钥匙串上的钥匙打

---

① 只会晃大腿,无用之辈。——译者注

开的门……他越过帕拉扎运河，于是到达了"四"区，即四间为宗教裁判所保留的单人囚室。被关在这里的囚犯有一个特权——恕我冒昧的这样说，可以根据其需要叫看守。这四间阴暗的牢房只有一盏油灯照明，而且耐火，因为里面所有的东西都是以大理石为材料。往往是那些不明了自己被监禁原因的人被杂乱地扔进去，并且不能写信，不能被访问。

布鲁诺明白，这一次，要想从这些墙里出去，即便用上他所有的哲学、所有的雄辩科学、所有的经验和所有的辩证法也不够，除非他诱惑法官，这不是不可能，只要起诉-告发者不会有很重要的东西来反对他，况且，诺兰人自己不久前刚刚向圣教会请求审查赦罪的可能性。可是，他因过于压抑怒火而痛苦，想着他可能在某日与其告发者面对面，这个卑鄙的人，他不仅背叛了膳宿和保护的义务，而且证明了他有一颗硕大愚蠢的头脑。

布鲁诺了解所有在这次考验里他将遇到的演员，这一点使他神经打结。整整一个星期，他常常整夜地设想其告发者可能捏造的故事。这些疯狂的思索与想到所有这些失去的时间延续几个小时地狂怒的互相交替着，同时不得不在囚禁中度过余生的可怕念头也缠扰着他。他回想着以往的战斗以及那些与世界强者的相遇。他自认为有能力用语言的力量推倒最坚固监狱里的最厚的墙，他不向任何一个人屈服，他或战胜或被杀死。他知道这一点，于是他在漆黑中微笑了起来。

在其 5 月 23 日所提供的告发材料中，墨塞尼格解释说布鲁诺处在各个宗教之外，他谴责弥撒，不相信变体，怀疑三位一体，讽刺基督圣迹，否认玛利亚童贞；他认为宇宙是永恒的，世界是无限的，宣扬上帝不懈地创造无限世界的思想。最后，为了刺激宗教裁判所法官们，墨塞尼格补充说布鲁诺把神甫们看作蠢驴，并评价圣托马斯和所有的博士们一无所知，他们没有能力与他共同讨论。墨塞尼格另有其它的材料对上述控诉进行补充，它们是关于被告的魔术实践和对亨利四世国王所寄予的政治希望。虽然所有这些证据微不足道，但是作为对异端的起诉，却是绰绰有余。很少见对一个人有如此的刻毒，对一个哲学家有如此的恼怒和强烈的憎恨。因为对布鲁诺思想一窍不通而产生的巨大恼恨这一点，墨塞尼格掩饰得很差，他还知道其记忆力没有表明任何进步，布鲁诺的关于自然、天和太一的思想概念的课程，对他事实上只是一片难以忍受的嘈杂声。这个那不勒斯人真应该是个无能的人。而且，这位贵族嫉妒诺兰人引人注目的交往，嫉妒他被城里最有名望的沙龙邀请，他大概应该喜欢他的老师把更多的时间贡献在为他温习圣言理论上，辨认天上的动物上，以及放弃其写作及其如此神秘的研究。而布鲁诺知道，在这个空空的脑壳里，他永远划不出一道智慧的火花。他应该是真正地身无分文了，才接受了这样一份依赖的关系。而墨塞尼格这个傻瓜，因为成为有见识的人的奇迹没有发生，就变成了一个顽固的告发人。

在生命的这一残酷的时刻，在这个全新的囚室的最里面，他想起他曾经写过的那只被晃了眼睛的鼹鼠，它刚刚嗅到了纯净的空气，又赶紧一边扒土，一边又缩回它原来的和黑暗的隐蔽角落里。他于是对自己说，他尤其不应该对自己的这次遭遇感到惊奇。

## 在总督的眼皮底下

乔尔丹诺·布鲁诺如何打算通过把手放在胸口上与审判他的法官们说话以迷惑他们，他又怎么失败了？

1592年5月30日星期六，布鲁诺出庭第一次受审。他所面对的法庭由负责向总督和上议院汇报的三位可敬的和白发苍苍的"异端贤人"威尼斯执政官、元老珀里奥罗和教皇特使塔拜尔纳组成，由宗教裁判所法官和神甫萨路左主持。为了回答最先提出的关于其身份的问题，布鲁诺安静地描绘了其生活和哲学著作的主要线条：

"我计划回到法兰克福，"他说道，"是为了出版几部新书，尤其是其中的一部名为《七种自由艺术》的书，我希望把它献给……教皇陛下，因为我了解到，陛下对文化人感兴趣，并想借此机会向他说明我的情况，争取我的过分行为得到宽恕，并且能在教会以外以教士身份生活……。我还想于教皇陛下的脚下提呈几部我欣赏的著作……。我往往以一个哲学家的口吻发言而不是一个好基督教徒的口吻发言，尤其是，我知道在我的某些著作中我以哲学的方式主张和传授的东西，根据基督教的信仰，应该属于上帝的善良、智慧和力量，而我，则把我的理论建筑在感觉和理智的基础之上，而不是信仰的基础之上。"

一个法庭书记员做了记录。诺兰人的解释很有分寸，就好像在讲演。他确实有一个准备悔改的基督教徒的真挚和诚实的语气。

一个星期以后，6月2日星期二，他继续在法庭上叙述个人经历，其防线清晰可见：他是哲学家，他当然表达了某些不常见的思想，但是，它们并不比知识分子在其公开的圈子里每天宣讲的思想更不常见到哪里去，尤其不应该把他讲的概念与圣言混淆在一起：

"直接地来说，"他解释说，"我没有教授任何反对天主教和基督教的东西，然而间接地来说……这一点在巴黎时已被判定。然而在巴黎，我被允许以《一百二十篇抨击亚里士多德学派教徒和其他庸俗哲学家的文章》的标题举办一些辩论会，这些文章的印刷得到了有关上级的允许，因为根据自然的原理以及教义的解释，在不损害真理的条件下，谈论这些内容是合法的。"

他确认在其书中阐述过无限的宇宙和无限能量的作用的论题。他用了一个有可能吸引法官的神学原理为之辩护：如果说上帝能够创造另一个世界，又创造另一个世界，以及创造无限的其它世界，他却满足于只创造一个世界，这应该是与其善良和神圣力量不相称的。"正是为此，"他坚持道，"我曾经宣称有无限的与我们的地球相类似的世界，我与毕达哥拉斯都认为，地球与月球相似，与无限的行星和星星相似。我曾经说过，所有这些天体都是隐藏在一个无限空间里的不可胜数的世界，我称之为宇宙的正是这个……"就好像是大学的教授，布鲁诺自在地继续其布鲁诺宇宙学课程：

"另外，在这个宇宙里，我引入了宇宙神意，正是根据这一神意，每一个物体生活、生长、运动或者保持在其完美的状态之中。我以两种方式理解这一点：第一种，在每一个物体中灵魂整个儿地无所不在，即物体的每一个部分有完整的灵魂，这便是我所谓的自然，即神的影子和遗迹；第二种方式，根据一种无法描述的模式，强大的并拥有本质的上帝存在于一切物体中并且超于一切，然而上帝不是物体的一个组成部分，然而这种方式是不可解释的。"

他援引了亚里士多德曾经说过的"上帝在，世界和自然依存于他"以及善良的圣托马斯所想的"世界依存于第一原因"。这点变得复杂起来了，超出了这些警觉的刑事法庭人员的理解力。唉，诺兰人想，他的法官们不是哲学家，他们的使命不是探讨哲学问题，应该讲信仰。在这一点上被告不隐瞒他对什么都没有搞清楚，他接着说："这一产生于圣灵的智慧，哲学家们称之为智力，神学家们称之为圣子，根据教义，它可以化为肉身，我承认，如果我坚持哲学的说法的话，我没有明白，我怀疑……"什么都没有搞懂不是一个多么严重的罪行，他做好准备要做一些努力。

他曾向公众解释过他的这些怀疑吗？诺兰人不记得在这个上面曾经写过或者说过什么，"如果有的话，那也像所有其它的，是以间接的方式或者是遵循着自然之光而写或说的。关于被看作第三位格的圣灵，我没有办法明白应该以何种方式来相信。我坚持毕达哥拉斯的观点，与所罗门的观点也一致，我把它诠释为灵魂或者宇宙助手，所罗门的智慧是：**上帝的灵魂充满了这个世界，这个世界包含万物。**"囚犯又引用了维吉尔的史诗《埃涅阿斯记》(*Enéide*)的第六卷。

法官们的思想本身这时也被一种微妙的怀疑贯穿：在他们面前的是一位大基督教思想家还是一个会所有伎俩的卓越的异端分子呢？这个诺兰人不想让他们睡了吗？他真的是源源不竭："这个（维吉尔的）圣灵，"他一口气地说下去，"在我的哲学里则成为了每个活着的和运动着的物体的生命和灵魂。灵魂和物体在其本身的实体中是不灭的，因为除了组成部分的分裂外没有其它方式的死亡……"这个厉害。太厉害了！被告毫不犹豫地承认其理论上的某些弱点——谁没有弱点？但是否认有损于教会，他只是在阐述其哲学观点。

现在转入真正的、在这里唯一有价值的论战，即围绕起诉的论战。墨塞尼格指控他曾经说过"基督是一位可怜的人物，既然他实现过某些悲惨的圣业以吸引众人，他当然同样能够预言他可能会被钉上十字架；基督制造了假圣迹，他其实与那些使徒完全一样是一个魔术师；而他，布鲁诺，自诩能够做同样的事情，甚或更多；基督曾表示他并没有想死，他曾尽其所能逃避死亡"。

诺兰人脸色苍白，这意味着他正压抑着怒火，他回答说，他从来没有说过任何指责基督圣迹的言语，也从来没有把它们贬低为魔术实践。法庭书记员记录着。法官们一言不发。确实，他们没有读过《驱逐趾高气扬的野兽》，在这本书中，俄里翁以滑稽模仿的形式使基督的圣迹变得可笑。诺兰人因此能够否认这一点并证明自己无罪，并宣誓自己十分地尊重正教理论。不管怎样，宗教裁判所法官们在属于他们的领域里坚持下去：教义。布鲁诺如何理解"圣父、圣子、圣灵三位一体"这句话？布鲁诺把手放在心上，像一位诚实的忏悔罪人，承认他对三位一体理论不清楚，他说：

"我对圣子和圣灵二位的名字抱有怀疑，因为我不明白以怎样的方式来区别这两位与圣父，除非采用我的解释，也就是说用哲学语言来说，把圣父的智力派定给圣子，圣父的爱派定给圣灵，同时，对三位的区别不系于过多的重要性，况且，根据圣奥古斯丁，在基督教里原来并没有这一区别，而是后来甚至是最近才有的。这是我18岁时的见解，仍然是我现在的见解，但是，我从来没有教授和写作这一见解，而只是在内心深处怀疑，正如我先前所说的那样……"

审讯在这种安静的气氛里继续下去。大家谈论着——在权威之间——适合圣父、圣子和圣灵的属性。布鲁诺解释说，"我怀疑第二位即圣子化为肉身理论……但是，关于圣子如果我说过什么的话，那也只是引用别人的见解。"法官们父亲般地训诫被告，而被告则谦恭地解释其自由地讲"正义和真实"的愿望。他为自己辩护得非常出色，对自己的科学和语言充满了一种美好的自信。他暗忖这次诉讼最终与他15年前想避免的多明我会的那次十分相似。但是这次更加危险！法官们难以对付。他们想探测到其思想的最深处。布鲁诺应该保持耐心。不然的话，他有其它的可能吗？

法庭不停地回到其偏爱的领域上，提出一些狡谲的有时是陷阱的问题，布鲁诺则不示弱，不规避。在回答一个关于他对基督可能持有的"看法"的问题时，他表现得十分高明，甚至对其怀疑的说明也如此：

"以个别的方式，圣子的神性见证了基督的人性，但是我不清楚这是否是一种类似于灵魂和肉体的结合；在我看来，这更多地是让我们能够说，这个人是神，这个神性是由人构成的；之所以这样说，是因为在无限的和神性的实体与有限的和人性的实体之间，不存在像灵魂与肉体之间那样的对应关系。因此，依我之见，圣奥古斯丁在应该说出这位人子的名字时便发抖；同样，对于所有关于化身的问题，我想我曾对其能够实现的不可言传的模式不确定……

关于圣迹，我曾说过它们是神性的证明，但是在我看来，更好的证明是福音法则。"

聪明。如果不想刺激法庭的好奇心，不想激发法庭把这位辩口利辞的人逼到绝境的欲望的话，这些也许过于聪明了。问题现在愈来愈具体：比如，为什么自从逃离那不勒斯后他从来没有去望弥撒？回答：

"……约18年以来，我没有去见听忏悔的神甫，除了两次以外，一次是在图卢兹，当时通过时下在巴黎的教廷大使贝加莫的莫格尔主教和门多萨的唐•贝尔纳丹，我去了一个耶稣会会士家里，我与之谈判，意图忏悔，希望能够归返宗教。但是他们说他们不能宽恕我，因为我已经是背教者。再者，我不能参加圣事。"

另一个令人震惊的问题：他读过的书。他没有读过异端的神学书籍吗？读过哪些？回答：是的，他读过梅兰希顿、路德、加尔文以及其他几位主张绝对王权的异端分子，但是，目的不是为了学习他们的理论，并以此来炫耀自己。况且他对他们的评价是比他自己更加地无知，他读他们是出于好奇。

"我没有特别地保存那些**任意**与天主教教义唱反调的书，我保留了一些被判罪作者的论述哲学题材的书，比如，吕勒以及其他几位……。我一直坚持认为，我仍然坚持认为拯救人类灵魂需要好书，如果你们愿意核实的话，你们只需要读我的一本名为《论原因、原理和统一性》的书或另一本《论无限性、宇宙和众世界》的书。在前者的第19页的对话一中，你们尤其会发现这些话：'这种教育人民去依靠教义，不用关心其行为——然而全宗教人士都应该注重行为——的教士，比蛇、龙以及其它有害动物更应从地球上被彻底地消灭……'"

　　这是中肯的。然而过于中肯了，基调有点过于大胆了。显然，布鲁诺还不能想象其生命这时会有危险。然而一个法官这时向他问了一个颇有暗示性的问题："您从来没有指责过圣母教会为了让基督教民不偏离天主的道路，用暴力的方法对待偏离天主教义的人吗？"

　　"过去使徒们通过其传教、正确的生活模式、榜样和圣迹，"诺兰人毫不犹豫地回答道，"比现在那些对不愿意成为天主教徒的人施行暴力的教士取得了更多的成效。我并不否定后一种方法，但是我赞同前一种……"

　　谈私生活没有意思，但是法庭应该了解一切，因此谈到了女人，众多的属于诺兰人的女人，他被指控爱过过多的女人。乔尔丹诺几个月来第一次微笑了。他再次想起姬玉莉娅、嫫尔尕娜和其他的那不勒斯的女朋友们，回忆起在图卢兹、巴黎和其它地方那些过于短暂相遇的脸庞。他不否认。哪儿不好？这只关系到他。他不至于向这一小撮老年人泄漏他不曾在其文章和演说中吐露过的东西吧？他将不会在这里挑起一场关于世俗之爱的论战吧？于是他只泛泛而谈。那么是的，他喜欢女人，反之亦然。但是他还没有达到所罗门所拥有的女人的那个数字……他不同意教会把与自然协调得如此好的东西当作罪恶，而他则对它们怀有崇高的敬意。

　　他忘记了这里不是表达这种敬意和对教会做这样批判式的评论的地方。他的言辞以及这种藐视的方式让法庭非常地不快。

　　次日 6 月 3 日谈到了政治。布鲁诺不得不确切地说明他在异端国家所从事的活动。难道他没有希望纳瓦拉的亨利这位异端国王取得胜利吗？以及，以"圣神"的字眼称呼女王伊丽莎白吗？

　　纳瓦拉的亨利？布鲁诺不认识他，也不认识其大臣，他从来没有见过他们。他当然谈论过纳瓦拉，是为了说他之所以是加尔文教派信徒和异端分子，是出于政治上的需要，如果他没有宣扬异端的话，就没有人会追随他。但是，诺兰人曾希望，在平定王国后，纳瓦拉的亨利会认可前任国王的统治秩序，并在教授哲学方面给予他同样的恩惠。英国女王？是的，他曾称她为"神圣的"，但这不是为了授予她一个宗教属性，而只是一个简单的形容词，古人在赞颂他们的王子时就有这样的习惯……

被传作证人的出版商对被告是有利的，他们没有见到布鲁诺去望弥撒，但是他们也没有听见他发表异端言论。这是一个哲学家，毫无疑问，对他的控诉是强加于他的恶言中伤。两个月又过去了。布鲁诺再次出庭站在其审判官们面前时，是一副深深懊悔的样子，他请求上帝和法庭原谅他所有的过错。他保证改造他的生活，并请求宽恕：

"对直至今天我所犯的所有有关天主教信仰的过错，所有我宣扬过的异端邪说，以及所有对天主教教义和圣教会已经确定的主题我曾持有过的怀疑，今天，我讨厌它们，我痛恨它们，我后悔我曾经做过、说过、坚持过和相信过某些非天主教的东西。我请求本神圣法庭，在了解了我的弱点之后，仍愿意接受我来到圣教会里面，给我良药以拯救我的灵魂，并对我使用其慈悲。"

他想他说了为了找到出路应该说的话。如果说跪下就行的话，他也许会马上赶紧地……五天以前，教皇原谅了法国及纳瓦拉国王，这位过去的胡格诺派教徒的战争首领、异端分子和重归异端的基督教徒亨利四世，在一次在圣但尼举行的一次屈辱的仪式中，他发誓弃绝耶稣教，这件事情给布鲁诺的政治和宗教机会主义提供了论证。贝尔维尔的本堂神甫班奈兄弟在罗马为国王交涉了这次皈依。然而与表面现象相反，这不是一次天主教极端主义分子的胜利，而是一个由枢机主教贝宏这位布鲁诺曾经认识的亨利三世过去的哲学教授制定好的定时的"政治家们"的成功。神圣联盟的极端顽固分子不是没有看到这一点。7月28日,"所有巴黎的传教士在布道时都说,这位虚伪的纳瓦拉国王在福音说**狼将披着绵羊皮而来**的那天皈依,这个狐狸特意选择了这一天听弥撒,是为了能够披着绵羊皮进入羊舍,进而吞噬羊群。然而,这是一个被开除了教籍并重归异端的恶毒的基督教徒,一只老灰狼,大家应该轰他,赶走他……其佯装的皈依一文不值,其遵循的仪式,是一出真正的笑剧和街头杂耍。"然而尽管如此,这些执拗的神甫服从罗马并与之保持一致。

布鲁诺自由?难道他看不见自己搞错了吗?看不见威尼斯不是热内瓦吗?看不见一个具有批判和危险思想的知识分子不是一个国王吗?看不见教堂在两者之间会做出区别吗?

罗马没有睡觉,罗马不想让其猎物溜走。被称作圣枢机主教的大宗教裁判所法官桑塔若在那里跟踪了整个诉讼。布鲁诺对他来说不是一个陌生人,其父亲乔万尼·布鲁诺曾经是其兄弟的战友。圣枢机主教已经听说过乔尔丹诺这颗厉害的脑袋,况且这颗脑袋非常藐视他。他有他的材料。他要求威尼斯对其严加看守,一有可能就把这个异端分子交给他,一次引渡就行了。

9月28日:在公爵府里对罗马的要求展开了讨论。威尼斯的宗教裁判所法官之父来到了萨维们的身边,这些圣哲们与总督和市政议会,共同组成共和国的十人议会。他以罗马枢机主教阁下的名义,请求引渡布鲁诺:"这个人,"他说,"不仅是个异端分子,而且是个异端鼻祖、背教者、亵渎宗教书籍的作者,他已经在那不勒斯和其它地方因同样的事项被法庭跟踪。"

宗教裁判所对布鲁诺的情况了解得如此清楚让圣哲们十分地吃惊,就好像16年来它从未让布鲁诺从其视线里消失。他们犹豫、规避、支吾,最后说:"这是一件重大的值得注意的案件,然而共和国需要处理的严重事情繁多，因此目前对此不能做出一个决定。"

诺兰人可以抱希望吗？威尼斯会让步吗？梵蒂冈提出了这样的理由：布鲁诺对威尼斯来说是一个外国人，况且他是一个背教徒，因此对他的审判属于罗马司法部门的范畴。虚假借口！事实上，在那不勒斯的那次对年轻布鲁诺的诉讼，与宗教裁判所没有关系，而只是关系到多明我会教会。按照常规，威尼斯的宗教裁判所只限于向其罗马上级汇报情况，但是由自己做出决定。除了一些困难的案子以外，所有的材料都留在威尼斯的诉讼档案保管室。对于布鲁诺一案，宗教裁判所法官萨路左认为需要给罗马寄一份整套诉讼材料的复印件，他很卖力，梵蒂冈对此举的重要性作了更明确的评语，并加强了对共和国的压力。

威尼斯抵抗是为了荣誉。总督亲自会见教皇时援引了"在教皇陛下权力之下"威尼斯所有的合理司法权。在几次程序之后，于是决定在一个叫作孔塔利尼——真是布鲁诺之不幸，这个人对他持有严肃的结论——的领导下展开一次调查。然后在上议院进行了表决——唉，学者们的保卫者伟大的萨尔皮缺席，引渡以142张赞成票对30张反对票被决定了下来。

1593年2月27日，布鲁诺在安科纳港登岸，来到了罗马。

# 圣职部的法庭

**乔尔丹诺·布鲁诺如何不得不面对一次新的洪水般的指控？**

在雷奥尼那城里，靠近圣彼得大教堂，普希枢机主教原来的府邸现在成了罗马宗教裁判所所在地，布鲁诺则被幽禁在其中的一个狭窄黑暗的囚室里。这所监狱被禁止参观。但是人们议论。而且我们能够想象里面所发生的事情。曾与他在同一个囚室里作伴的有数学家斯提格辽拉、医学大学生克拉利奥，后来，自1594年起，有卡拉布里亚的多明我会革命者康帕内拉，他将是一个共产主义乌托邦计划《太阳城》的作者，以及，朴西，一个受到了一次神圣"使命"启发的有顽固的宗教幻象的人。还有布鲁诺已经在威尼斯监狱里认识的瑟莱斯提诺，他将很快被用来反对他。罗马监狱被公认为一所"好监狱"。我们的囚犯当然不能与邻牢里的囚犯交谈，不能阅读，也不能写与自己的诉讼没有关系的东西，也不能寄信，但是他总算可以与室友交谈。听说他有一张桌子，一张有床单的床以及一个星期换两次的毛巾和擦手巾。还给他配备了一件大衣，一顶无边圆帽以及一本圣托马斯的《神学大全》！他甚至可以向教廷圣部提出自己的物质需求。他可以让人替他理发、洗澡、洗衣服、缝补衣服和增添衣服。听说他有过得去的饮食，而且有葡萄酒喝。会计簿上明确地记录着，乔尔丹诺·布鲁诺兄弟在1596年9月花了4个埃居，0.1个埃居用于理发，同样的数目用于缝补一条内裤。账单细节……

因此无论如何，关于教廷圣部监狱人们了解一些情况，然而人们不了解其主要的方面。少数的证人即那些幸存者在他们能够离开罗马有一定的距离之后所作的叙述则非常的恐怖。康帕内拉不久将忆及他在里面长达 27 年的生活：

"我曾相继被关在 50 个监牢里，遭受七次最残忍的刑罚。最后一次延续了 40 小时，双手背在背后，我被悬吊在一个让我鲜血淋漓的尖锐木桩上，紧紧捆着我的绳索撕开了我的肌肤。40 分钟后，他们以为我死了，于是停止了刑罚：在我的刽子手当中，有几个一边咒骂我，一边摇晃吊着我的绳索，以增加我的痛苦，其他的则在我的下面承认我所表现出的勇气。什么也没有让我动摇，他们没有能够从我的嘴里掏出一句话。"

我们应该把这一证词保留在脑中，因为布鲁诺也将面对这一镇压系统。事实上，秘密地行动、频繁地使用刑讯和系统地为嫌疑犯的辩护设置羁绊是这个关押布鲁诺的机构的特点。

为了再次赋予正在衰退之中的宗教裁判所以活力，创建于 1542 年的罗马教廷圣职部现在由教皇把持。为了信仰的统一，一位枢机主教被任命完成圣职部部长这一领导这个机构的职责，同时有一个高级教士担任其助手。诉讼案件交给一位宗教裁判所的法官特派员，他又有两位多明我会神甫做助理。另外还设有一个检察员——即公共起诉人、一个律师和一个公证人的岗位。圣庭的主人是真正的"灰衣主教"，传统上把这一职位交给一位多明我会修士，其神学专家，即其"顾问"们则负责起始的检查和阅读书籍。

所有涉及到天主教教义和可能使正统教义受到危险的案件均在这个法庭的管辖范围内。它受理所有对异端、魔术、迷信以及怀疑信仰的起诉,尤其关注与圣事教义、阅读禁书以及异端邪说有关的情况。它可以以各种名目起草判决书、宣判或宽免。它自认其司法范畴遍及地球上大凡有人居住的地方,它能够派遣密使到最远的地方实行其决策,迫害异端分子、教会分立分子、异教徒、犹太教徒甚或天主教徒……它甚至可以审判一个神职人员,除了枢机主教和教皇,因为他们享有司法豁免权和特赦权。

被告从来不与指控证人对质,也不能请辩护证人出庭。实际上法官接受任何犯罪证明,以各种手段取得供认,并篡改案件笔录。而被告必须证明其无辜。布鲁诺将面对这个砸碎思想和人的机器。

诺兰人能够"自由地"与牢友交谈,他不选择牢友,当然。他可以与有着"满载的"过去的老相识瑟莱斯提诺聊天,1587年在罗马他被宗教裁判所判刑,被释放后又在威尼斯被作为"重归异端的基督教徒"再次被捕,他已经在好几个康帕内拉的诉讼案件里"作证"。他被宣判是个"顽固不化分子"和"罪大恶极分子",尤其是因为他竟敢说基督不是人类的救世主。为什么,在什么样的压力下,以什么样的方式,这个瑟莱斯提诺将变成乔尔丹诺的原告证人、密报员和一只平庸的绵羊?他们给了他什么保证?谁知道呢?唯一确认的是:关于布鲁诺可能宣讲过的可恶的异端邪说,他将在墨塞尼格老爷的指控基础上,再增加一个新系列的指控。

根据瑟莱斯提诺,布鲁诺可能说过:

1. 当基督违背我主的意愿在橄榄园里做祈祷的时候,当他说:"我主,如果可能的话,请给我这个圣杯"时,他就犯下了致命的罪孽。

2. 基督没有被钉在十字架上,而是被吊在了一个长柄叉形状的两块木板上,就像我们过去制作的那样,这个东西叫作绞刑架。

3. 基督是一条狗,一个被鸡奸者;统治世界的人曾是个叛徒,因为他不会正确地统治,他举起双手是嘲笑天。

4．没有地狱，没有永久入地狱的人，随着时间的推移，每个人都会得到拯救，先知说过：在永恒里的上帝也永恒地愤怒吗？

5．世界不只有一个，所有的星星都是世界，相信只有一个世界便是极大的无知。

6．肉体一旦死亡，灵魂将从一个世界转生到另一个，从一个肉体转生到另一个。

7．摩西是一个非常诡诈的魔术师，因为他十分精通魔术，他便轻而易举地战胜了法老的魔术师们；而且他佯装曾在西奈山上与上帝对话，他给希伯来人民的法是他自己想象和臆造出来的。

8．所有的先知都是一些诡谲的人、说谎者和骗子，为此，他们的结局都不好，也就是说他们被正义宣判了与他们相配的耻辱的死亡。

9．祈求圣人的保佑是一件应该避免的可笑的事情。

10．该隐是一位不错的人，他完全有理由杀死其弟亚伯，因为他是一个坏人，一个动物们的刽子手。

11．如果有人要迫使他再次成为圣多明我的兄弟的话，他便抛弃其将居住的修道院，立刻到德国或英国的异端分子那里去，在那里过更加舒适地生活，并在那里传播其新的无限的异端思想。

12．组织和做日课经的人是一条悲惨的狗、一个被鸡奸者、一个可怜虫；日课经就好像是一架走音的诗琴，在其身上可以找到众多亵渎的和离题的东西，为此，它不配被正人君子读，它应该被烧掉。

13．至于教会的教育是否是好的，至今没有得到任何的证明。

在这些指控里，有让布鲁诺被烧死一百回的东西，然而为了验证其真实性，法官们则有的可做。布鲁诺在这上面通过绕圈子大概走不出来，况且，其他的囚犯也将要使之更复杂。萨洛、瓦亚、希勒维特里在被审问时当然都试图减轻对布鲁诺指控的罪名，然而他们却说他蔑视圣遗物。格哈兹诺将确认诺兰人对多元世界的信仰，并说他谴责对圣像的崇拜。也许他们绝对该闭住口，但是在这样一个宗教狂热主义的上层领域里，什么都不说可能吗？1593年这年，面对这些像湍流一样扑面而来的恶魔般的指控，布鲁诺五次被提审，然而他始终忠于自己，坚持他在威尼斯的解释：他不是一个异端分子，也不是一个亵渎神灵的人，而是一位哲学家。他准备接受教义，承认怀疑三位一体说，但是否认所有强加于他的关于地狱、基督、无神论和颠覆性言论的背信弃义的指控。关于魔术，他引证摩西，并以哲学的方法和假设的方式解释其定义。魔术是对"自然秘密的认识，并能模仿自然作品，成就一些在世人眼里显得神奇的事情"。

布鲁诺于是又对一组神学家阐述其哲学思想。如果是在另外一个地方的话，这种相遇也许会极为令人感兴趣，然而这些与他对话的人在这里不是为了寻求理解，更不是为了试图改变他们自己，他们是原告。这是两个对立的世界。那些重复的问题表明，这是一位哲学家与一些聋子之间的虚假对话。他们只是在对准他们的猎物最后一次调整射线。他们的弹药是什么呢？

——首先，墨塞尼格的指控：对于刚毅的并出色地为自己辩护的诺兰人来说略显轻了一些。不敬和凌辱的言辞等罪名不足以引起严重的后果，尤其是其中最重要的指控所依据的唯一证据是可疑的，而布鲁诺从来不隐瞒其在哲学和宗教上的怀疑。至于瑟莱斯提诺的证词，它们也同样值得怀疑，况且他自己不久将在鲜花广场上的一个柴堆上被焚烧。

——其次，布鲁诺的哲学思想：在这些法官们看来，它们更加地有害。而布鲁诺既没有退路也不能搪塞，既然有其著作和宣言作证。是的，他确实说过世界是无限的，地球在旋转，他确实阐述了其灵魂理论，他确实相信亚当前人类存在的学说，在《论单子》（*De monade*）中他曾提到了在亚当前存在的人。

布鲁诺因此没有辩护的选择。面对这堵无情又谨慎细微的法官之墙，他的战略似乎只能是争取时间，并模糊地希望，也许有一天能够越过这个法庭，与教会的最高法官教皇对话。但是他没有可能来管理他的时间，他应该回答所提出的问题，再别无其它。

大家就这样又听见他对一些过于精细的问题进行辩论，比如说基督死在上面的那个十字架的形状的问题。他曾在某一天说过，十字架是由两块木板组成，就像是一个绞刑架，或者是四块同等长度的木板，就像是埃及的十字架吗？它是圣安托万十字架呢还是四根树枝的十字架？"我想，在菲奇诺的书中我曾经读到过类似的句子。事实上人们了解十字架这个词的力量和神圣性的时代，要早于我主基督耶稣化作肉体的时代。在埃及宗教盛行的时代，也就是说在摩西时代前后，它非常著名，它的标记被辍在萨拉匹斯的胸前……"

有好名声的菲奇诺是一个很好的参照。这位《论生命》的作者确实在其书中解释了埃及人的十字架形状预示了基督的到来。于是布鲁诺不停地致力于使属于哲学范畴的东西从宗教里区分开来。他并不不屑于向他的法官们教授基督教有很大部分得益于古代神话和永恒哲学。但是这些课，在这个地方，难道无论如何不是徒费唇舌吗？

这个世纪末，宗教裁判所按惯例重新进行预审。他们说这是出于对尽善尽美的考虑，以便让被告更好地为自己辩护。事实上，这一重复只能加重起诉状。原告证人总是一再添枝接叶，对乔尔丹诺也是如此。被请来确认前几次证词的墨塞尼格、戈拉兹亚诺和瑟莱斯提诺又想象出来其它的东西。墨塞尼格发现了一个新的论据：在一本布鲁诺最早期的著作《喀耳刻的歌声》里，教皇陛下化作了一头猪！于是法官们为他增加了一条新的罪状："曾经丑化罗马教皇。"布鲁诺当然否认其悲哀读者的译释。94 年夏季，他为自己写了一篇 80 页的辩护词。

一切都已经各就各位只等判决……1595 年 2 月 16 日，罗马教皇却又改变了主意：也许在其囚犯的著作里还有其它可怕的东西。他于是请法庭详细地检查其印刷品。宗教裁判所已经检阅过《论最小值》、《论单子》和《论原因》，但是他们手中只有《喀耳刻的歌声》。必须去找尚缺的书。诉讼将在新的基础上重新开始。

1597年3月24日，布鲁诺被提审，"被严格地审问，然后被暴力地带走和审查"。这是当时用刑的司法术语。他们要求他放弃"其多元世界的虚空乏味理论"和结束其关于三位一体和化作肉体的精神错乱的言谈。

布鲁诺迎战。

由梵蒂冈出版的《摘要》（Sommario）对这一时刻做了小结。我们看见除了在圣经里的几处让步以外，布鲁诺成功地保持了其基本思想：无限的上帝制造无限的物体；人类的灵魂按照不同的度反映原型；地球旋转，并且这不与圣经相悖。对关于其立场与神甫权威相对立的异议，他回答他"与他们对立时，是当他们在哲学上不太精通和当他们不太关注自然的东西时，而当他们是圣人、好人和榜样时，他并不与他们对立"。诺兰人再次阐述了其关于世界多元性的观点。

诉讼开始涉及诺兰人著作里的内容，因此不管怎样有了哲学的色彩。布鲁诺保持着谨慎。他在圣经里汲取可以捍卫其哲学的东西。他努力地把圣经中模棱两可的东西展现出来，试图表明对教义的亚里士多德-托马斯式的解释是虚假的。他迎战，如果说绝对必要的话，他则尽量把自己个人的观点减少到最低的限度，他说即使它们显得与正统教义相悖，但是从哲学上来说，它们能够以某种方式证明自己有理有据。他同时还证明自己捍卫宗教，更好的是，他把宗教看作是对人民有用的，它为人民提供了一个伦理的范畴，并对世界做了一个形象的解释。他只要求有权利自由地做哲学。他们拒绝了他。当然。

还将需要一年的时间才能最终完成起诉状的撰写和列出布鲁诺所犯的"错误"。

# 莎士比亚反驳诺兰人

绚丽多彩的斯特拉特福天才大剧作家如何以其
《徒劳的爱的痛苦》来反对诺兰大哲学家的疯狂？

1597年圣诞节的这天晚上，多瑙河上面下着雪，雪花在威斯敏斯特街上排列成行的火把前飞旋，为女王举办的晚会更添增了光彩。客人们从几百只灯火通明的船只上，从丝绸窸窣的声音里，从缎子和缎绒的闪光里以及毛皮的光泽里和钻石的光辉里，纷至沓来。他们成双成对，带着风帽和手套，穿着皮革软底鞋，飘散着香水味，直接进入了金碧辉煌的宫殿里。这样的富丽令人想起威尼斯大运河上的某些晚上，即使某些要人在这里是乘着四轮华丽马车而来。

乔尔丹诺与这个社会永别已经有十年之久……这时候他能在哪里呢，这位飘游的哲学家？而正是他将是这个盛大晚会的中心人物，因为事实上王室内侍组织上演的是年轻然而已经有名气的剧作家莎士比亚的剧作《徒劳的爱的痛苦》，人们说这是一部赞美女人和奚落某种疯狂的剧作。懂得意大利语的人知道，某种疯狂便是那个不安分的那不勒斯人乔尔丹诺·布鲁诺曾经在这里辩护过的那种无情的疯狂。

剧作的推理并不神秘：一位国王与其身边的三位年轻绅士许下诺言，他们花了三年时间去研究女性社会，然后毫不留情地离开她们。他们打算通过对理论进行实践，攻破世界秘密。可是，忽然来了由一位可爱的公主率领的女性外交使团，四位探索者无法抵抗这些女大使们闻所未闻的魅力，他们掉入了情网。人性自然再次占了上风，不可能实现的严肃生活的诺言被忘记。这是一次爱情的胜利，一个益于生活的中断。莎士比亚以与布鲁诺之疯狂完全相反的疯狂来证明他错了。

达官富贵们已聚集在了剧场里：坎特伯雷总主教华特吉福特、伦敦主教邦考夫特、王室内侍长亨德松老爷、英国财务大臣布克斯特老爷以及陛下身边的贵妇人沃尔辛翰夫人、丈夫逝于90年的弗朗西斯寡妇、瑞克夫人以及布格雷夫人等。大家没有看见埃塞克斯伯爵，他大概正在与伊丽莎白赌气。而她，身着一件白色丝绸连衣裙，富丽堂皇，按照惯常的礼节进入了场内，走在她前面的是获得英国嘉德骑士勋章的骑士们及其掌玺大臣。她是尊严的，其颇有光泽的橙红色头发（假发）、骄傲的仪态、富丽的服饰、年轻的眼神，总之她身上的一切遮没了脸上的细小皱纹、被腐蚀的牙齿以及最近的困难岁月所留下的痕迹。她来到一个几乎是在台上的华盖下面坐了下来，首要人物们坐在她的两旁。剧目开演了，其他的被邀请者则站着观看。《徒劳的爱的痛苦》！除了里面有一个优美和精致的公主给一个大理论家上爱情课的喜剧，还有什么剧作更能够圆满地取悦这位心事重重的女王呢？而剧中这位得到掌声的主角，这个尖酸刻薄并且让其永不枯竭的灵感化作了长长的抒情或讽刺独白的布柔南，她确切地知道是谁……因为她曾经在餐桌上接待过他。她了解他的科学和他对女人的鄙视，也许她不无高兴莎士比亚以如此美妙的方式在这上面为她与他之间算了账。[①] 作者这时与喜剧演员们一起呆在幕后。五年前在一位近友向他介绍了《英雄的疯狂》之后，他便一气呵成了《徒劳的爱的痛苦》。他感到诺兰人写给其老板南安普顿伯爵亨利·里奥谢思利的友人思德尼的诗体题词信很怪异，其后续十四行诗的燃烧的字句异乎寻常。他

---

[①] 评论界对莎士比亚的这部早期剧作在文学上的起因避而不谈。英国学院排斥布鲁诺及其《英雄的疯狂》，《疯狂》很晚才被译为英语（1887年）这一事实，无疑是这个谜长久未被解开的原因。

觉得自己被两种相互矛盾的猛烈情感所分割：对诺兰人的写作才能及其能够"截取上帝的声音"的载满意义的语言是诚挚的敬仰；对其英雄式的爱情宣言是绝对的不轻信；对其"神秘的"言论是直觉的排斥，他不信任这种发现的醉意和喜悦，他不能够相信一个男人能够以知识的名义控制其情感和藐视自然的爱情。没有人即便是最高尚的人能够抵抗自然的法则，尤其是，当"自然"是位有着优美和聪慧的迷人面貌并生来为了被爱的尤物。要相信这样的自负并敢于想人们可能超越人性或违背它飞向神圣，必须具备有南安普顿伯爵的法语老师和意大利语老师弗罗里奥那样一种人的整个抱负……

《徒劳的爱的痛苦》力图表明在读布鲁诺的文章时所感到的这一种痛苦。英国诗人应该很想与布鲁诺相遇，但是，唉，当他从家乡斯特拉特福来到伦敦时，他则刚刚离开英国。

莎士比亚首先让诺兰人成为一个国王即斐迪南国王，关于这一点在其通过变换字母位置而构成的姓名上可以找到痕迹。① 他把这个王国归于他，是因其显然的自然王威及其战胜时间的抱负，对这一点，他诠译成这样一句凶猛的话："尽管时间像鸬鹚一样吞噬一切，然而通过此昙花一现之存在的努力，我们能够获得让时间长柄镰刀之利刃变钝继而继承完整永恒的光荣。"

鄙视女人的言词则使他活生生地恼火。他还记得这些话：

"事实上，除非传宗接代的缘故，就像人们所说的那样，一件除了其躯体之美而没有其它光彩的东西不配因其它的缘故被爱；而且我认为，因之而自我折磨更应该属于一头猪或

---

① 通过变换 FERDINAND 这个词的字母位置，可以得到 F. IERDAN D. N.，也就是说，除了一个字母之差我们可以得到：frère Iordan de Nola，乔尔丹诺·布鲁诺的本名和签名。在比宏（Biron）这个人物身上，诺兰人被分成两部分。在手稿上是 Berwne，把它译成 Biron 有点过于快了，与纳瓦尔国王的联系也很脆弱。Berowne 或 Browne 是 Bruno（布鲁诺）的英文译名。乔伊斯崇拜我们的哲学-艺术家，将称他为 Browne de Nola（诺拉的布鲁诺）（《芬尼根的守灵夜》）。

一只马之所为。至于我，这样的美从来没有比我现在所能看到的一幅绘画的或者一座雕像的美更使我被迷惑，由此看来，我似乎觉得，它们是些同类的东西。"

莎士比亚注意到布鲁诺从未提及有思想光彩装饰的女性身体。当然，绝大多数男人鄙视女人，并且认为女人是为了他们而被创造的，而不是相反，他们并不因为尊敬他们的女王就不去伤害被他们置于从属地位的女人。但是所有这些都深为不公正。为了向布鲁诺阐明他鄙视女人的爱情和爱情的快乐是错的，莎士比亚决定回应，于是他把这位既天才又错误地鄙视女人的复杂的布鲁诺搬上了舞台，同时为了更好地表演其内心的感情冲突，他把他分割为两个人物：布柔南和斐迪南国王。前者是不为人知的布鲁诺，他很快就降服于一位精神焕发的美人鱼之魅力，另一个，是这个生硬、执拗和不妥协的布鲁诺。作者让一位美丽迷人的公主及其身边的同样优雅和才华横溢又活泼的女人们出现……他想象着这种相遇，同时采集布柔南-布鲁诺的最隐秘的思想：

"哦！这些苦修简直太艰苦而难以忍受：不见女人、研究、绝食和不眠！在您在漆黑里发现光明之前，光明已经变成了黑暗，因为你们的眼睛都已经失明。更应该研究如何让您的眼光更有魅力，让它凝视一双更加柔和的眼睛，如果它们的目光炫耀您的眼睛，它则将成为您的星辰，并将其光明借给您失明的眼睛！研究正如天上的光荣的太阳，不愿意让无礼的眼光审视……

哦！这可能吗？我，恋爱了！我，这个讨厌爱情的人，我，这个扼杀多情的叹息的刽子手、严厉的批评家和夜间的警察，我，这个教师，他以比任何人都更以傲慢方式，责骂这个蒙着眼睛的小孩，这个唉声叹气的人，这个盲人，这个忧郁的儿童，这个未老先衰的人，这个庞大的侏儒，这个唐·丘比特，这个写爱情诗的摄政王，这个袖手旁观的老爷，这个哀叹和呻吟的圣王，这个所有谄媚者和所有抱怨者的封建君主，这个所有裙钗的可怕王子，这个男裤前面开裆上的国王，这个专制皇帝，这个让如此多的守卫东奔西走的大将军……"

在让骄傲的布柔南沉没到这种放弃的痛苦中的时候，莎士比亚感到了一种微妙的快乐。在这种布鲁诺风格的仿作中，他兴高采烈：

"哦，我目睹了什么呀？这是怎样的疯狂、叹息、呻吟、痛苦和忧伤景象啊！什么时候您才听我赞美一只手、一只脚、一张脸、一个眼神、一个姿态、一种仪容、一个额头、一个胸脯、一个腰、一条腿，或一只胳膊呢？"

布鲁诺的一首关于年轻阿克忒翁出去打猎时自己却变成猎物的诗给他启发了一个打猎的场面：在一片矮林中伏猎的公主变成了狄安娜狩猎女神。《疯狂》结尾时的九位盲人在他的笔下变成了九位勇士，布鲁诺最后的幻想者之歌被其嘲讽的"杜鹃"和"猫头鹰"小曲所替代！

他太会嘲讽人了！

那么当伦敦笑的时候布鲁诺在哪里呢？

这天晚上的这个剧目着实合女王的尊意。她对喜剧演员们娴熟地用一个媚眼或者一种语调说给她的爱抚的话听得很明白。在听到赞颂若萨丽娜之美的赞辞时，她快乐得身上起了一阵轻柔的颤栗：

> 美丽给了年龄永远明亮的光彩,
> 正好似太阳给予美丽了光明。

　　这时剧场正厅后排的王室观众则在玩智力文字、以开玩笑的方式岔开问题或猜人物谜语等游戏,比如当布柔南说到其三个疯子时,或者当那个粗野的陶涅自己折断一根胫骨时,大家明白这些暗示,大家知道是针对谁……大家也认出了霍劳费尔纳是弗罗里奥这个学究,然而对他的刻画非常诙谐,既不残酷,也没有恶意。尤其是他在其著作之一中所写的最后的前言中捍卫他的"诺兰老伙伴"①:"让阿里斯托芬及其喜剧演员们去搞他们的剧本并且在苏格拉底身上磨利他们的牙齿吧,"他对剧作家说,"他们做的怪相将变成一种让其力量升华的途径。大概苏格拉底不会使驴招,但是其他的人不会这样老实……"苏格拉底是布鲁诺。②

　　于是伦敦公开嘲笑这位语言学家及其杰出的和不安分的那不勒斯朋友,然而,戏剧观众们肯定要比剧作家更有恶意,戏剧家至多只不过是射出了一些无毒的和友好的剑……是的,在英国诗人的字字句句里,有心,有理,有尊敬和友谊:

> "为了发现研究的本质而拒绝女人美丽的脸庞?啊!过分的研究窒息了血管里微妙的生活精神,就像过长时间的运动和行动让矫捷和刚劲的旅游者变得疲惫不堪一样。在不允许自己看一张女人的脸时,您同时舍弃了对您眼睛的使用,

---

① 请参阅钱柏翰在这方面的研究:《乔万尼·弗罗里奥》,帕耀(Payot)出版社,巴黎,1921年。作者阐明了意大利语言学家对莎士比亚的影响,以及他们之间的冲突。弗罗里奥说谈论爱情是"徒劳的痛苦"。布鲁诺所有的著作在弗罗里奥字典中被引用为参考,《第二批果实》,出版于1591年,此书由一篇诺兰人与托尔夸多之间的对话开篇。

② 耶兹在对《徒劳的爱的痛苦》做了一番研究后,发现其中有一些与《驱逐趾高气扬的野兽》相符合的东西。她认为正应该"从一个新的角度来涉及布鲁诺和莎士比亚的问题。这是一个十分广泛的问题。"(《乔尔丹诺·布鲁诺与赫尔墨斯传统》)

甚至研究，即您的誓约的内容。世界上能够像女人的目光那样好地教授您美的东西是怎样的呢？知识于我们自己只是一件附属的东西，我们在哪里，我们的知识便伴随我们到哪里。那么，如果我们在一个女人的眼睛里看到了我们自己，在其中我们不也看到了我们的知识了吗？哦！我们发誓研究，我的老爷们，然而通过这个誓愿，我们同时舍弃了我们的真正的书……"

这是一个伟人对另一个伟人所说的话。
苏格拉底-布鲁诺不能回答。

# "异端分子的锤" 登场

在哪里圣法庭决定乔尔丹诺兄弟应该受刑?

1598年,教皇带着其朝臣、枢机主教以及几个宗教裁判所法官离开了罗马,开始了一次为期八个月的旅行,其囚徒没有使他感到丝毫的不舒服。

1599年1月12日,一位新的主要人物登场了:罗伯尔·柏拉尔曼。这位教皇马赛二世的侄儿,这位严守教规的人、诡辩派学者、护教雄辩家和教会圣师著作的渊博学者,是在耶稣会会士那里受到教育的。他曾在卢汶教学,后来曾在罗马主持一个拉丁语论坛。1592年,他是罗马大学校长,1594年,是那不勒斯耶稣修会省会长,然后是教皇克雷蒙八世的神学家,教皇后来任命他为圣职部顾问和赦罪院院长,总而言之,他成了教皇的右臂。当其《异议》被禁时,他曾与易怒的西克斯图斯五世之间有过一点小烦恼,说是他为教皇专制制度辩护的不够充分。从此他在这一点上纠正了自己,他现在拥护教皇在地上和天上享有所有的权力和所有的王子都是其附庸的理论,以及,按其尊意,他可以让他们的法律减少到虚有……拥护他废黜国王的权力,如果是教会的利益要求这样做的话……认为教皇是地球上的上帝,怀疑他的权力就无异于怀疑上帝……

响鼓不用重锤敲!

人们说他是一个绝对克己的人,一个不知疲倦的工作狂,他以其虔诚和信仰而令人惊奇,他经常因祈祷和苦行而形容憔悴,并遵守其贫穷的誓愿。他喜欢音乐,有时禁不住流泪,这是因为灵魂得到了慰藉,即一种艺术家的感觉,可以这么说。他可爱,脾气好,有时快乐甚至调皮,并且并不是不屑于玩游戏比如同音异议词的文字游戏。当他思考的时候,其锐利的目光似乎获得了灵感,其伊特鲁里亚的脸、方下巴和胡子给了他一点狡诈的神态,他的眼睛有些像犬类,也许是它们彼此过于靠近的缘故。

他写一些笃信宗教的小论文,直至 20 世纪仍在使用的基督教理问答书就出自于他的羽笔。他在天文学方面也很自负,在佛罗伦萨曾做过一次关于《天球与恒星理论》的讲课,他曾"以哲学的方式和天文学的方式"论述天:

> "我自己有一次突然地想知道太阳落到海上需要怎样的一段时间,为此,我开始诵圣诗《请慈悲》(*Miserere*),我快要诵完第二遍时,太阳便已经完全落下了。因此,在这短短的时间内,太阳应该越过一个 7000 多里的空间。如果没有确定的推理来证明这一点的话,谁能相信呢。"(《朝着上帝上升》)

他也观察太阳、月亮和星星里的征候,与专家们讨论天球:"我个人相信,"他说,"只有八个天球,不会有更多;但是我说服不了任何一个天文学家,他们坚持要抱着喜帕恰斯和托勒密的观察结论不放,就好像它们是一些法律条款。"

其重要的工作是与耶稣教徒、与威尼斯元老院、法国教会信徒、君主政体理论家,总而言之,所有革新异端分子做斗争。听说圣巴泰勒米惨案后,他喊道:"这是天主教徒多么著名的一天啊!"关于他的行动,他曾说:"我曾经操纵过具有神圣力量的船橹,我曾经投掷过载着真理之火的闪电。"他还为自己树立了一些可怕的敌人，比如后来在巴黎出版的《国王的警钟》(1610) 里有这样一句话："这个枢机主教吸王子们的血，这个钩牙爬行动物用置各王国于他的控制之下和占有全世界之野心填喂教皇。其书中的文字就像一只疯犬的流涎一样危险。哦，昏沉的法国，睁开你的双眼吧。"英国传教士们把他看作"教皇的乞丐和教士狗窝头目"，一个"疯狂的和魔鬼般的耶稣会会士"。在伦敦，人们用叫作柏拉尔曼的绘有大胡子人头像的圆肚罐子喝啤酒。

不久之后，枢机主教团褒扬他的时候特意指出：变换其名字的拼写字母位置可得到这样一句话：**异端分子的锤**。

这个人将审判布鲁诺。

布鲁诺知道与谁交手，关于这些驴他写得够多的了。柏拉尔曼也知道布鲁诺怎样想他及其追随者。

柏拉尔曼不是一个易于上当的人。在他的领导下，法庭将所有指控总结为一份包括八条指控的诉状，并把它交给布鲁诺，而他必须做出选择：公开放弃自己的学说，他将拯救其性命，但是要留在监狱里。如果他拒绝承认自己的过错，那就是柴堆。

在这上面，布鲁诺十分地清楚他系于什么之上。自从 1022 年于格之子罗贝尔国王在奥尔良及其夫人孔斯唐思想了这个公开烧死某些议事司铎的主意起，这个习惯便形成了。几个世纪以来，人们烧死那些看来被错误思想之罪孽所玷污的人。事实上上帝要求异端分子有这样的结局，为此有一个不容置辩的理由，即上帝在另一个世界以同样的方式惩罚他们，所有的执政官，一如所有的王子和所有王子的代理长官，都是上帝在下面这个世界上的代表。在欧洲各处，依据这一推理人们烧死巫师和有害分子这些受到魔鬼支配的人，或者那些人们想象比巫师更加有罪和更加危险的持异端思想的人。

1599年2月3日或4日，诺兰人大概先接受了否认自己的学说。对多明我会总会长贝卡日亚神甫和柏拉尔曼来说，这是一次全胜。2月15日，布鲁诺承认八条异端指控，并声明"已做好准备在圣职部乐意的场所和日期公开表明放弃自己原来的主张和学说"。然而几个星期后又有了戏剧性的变化。4月5日，在柏拉尔曼按惯例探视囚徒时，布鲁诺向他呈递了一篇稿纸，他直到8月25日才审阅！布鲁诺否认两条指控，并且写了一篇新的辩护词。

他们给他提供纸张、羽笔和眼镜，但是拒绝给他一个圆规（这也许证明他打算让其宇宙思想更为精确）。这是一篇写给教皇克雷蒙的新辩护词。

原先是阿道博让迪尼枢机主教的克雷蒙八世想做一个虔诚的模范。他邀请一些穷人与他共餐，每天晚上做忏悔，并且像一个修道士一样绝食和苦修。他尤其是一位行动有效的人和一位"伟大的教皇"。他再版祈祷书、日课经、罗马教廷的禁书目录、教皇与主教仪典，修订官方版本的圣书圣经，同时，他与异端分子做无情地战斗，因为他确信，犹豫的时候已经过去。最近他开始想到，关于这个流浪的异端分子大家谈论得过于多了一些。克雷蒙八世一直紧密跟随布鲁诺案件的进展。他第一次听说这个无耻之徒还是在成为教皇之前，在布拉格的一次旅途中。这个奇怪的诺兰人要求宗教之间互相理解和信徒之间的自由讨论。他把自己当成谁了？1600大赦年之际，将有几百万朝圣者来罗马。教会在此期间对他做一个榜样式的宣判以益于信仰是最好不过的了。七年以来，在每次审讯过程中，宗教裁判官们都能从布鲁诺所说或所写之中发现新的调查线索和犯罪证明。法庭现在有足够数量的证据证明被告的异端和邪恶。

9月9日，圣法庭对布鲁诺一案开碰头会。被告仍在顽抗？那就要让他折腰。

出席这个会议的尊敬的神甫们和高级教士们轮流发表意见。蒙特让休斯检察官首先定了基调，他认为在诉讼的第一阶段中，布鲁诺的某些罪行没有按照指控罪名成立，他要求"针对没有成立的罪名对他用刑"。第二个发言人，尊敬的神甫费罗纳尔杜和法庭陪审官发表了同样意见：乔尔丹诺兄弟尚不能被看作是已被驳倒，"因此必须对他施以重刑，并且对他限定悔悟期限。"圣职部特派员尊敬的神甫福劳让肖拉持同样的观点："鉴于这个男人之无耻，鉴于我们无法具备除了罪犯以外的其他证人，鉴于他不打算承认某些指控，因此针对这些指控以及他已经不再辩护的指控，应该对他用重刑，并对他限定悔悟期限。"尊敬的神甫密里努也持完全同样的观点。尊敬的神甫马日亚兄弟则补充要求"不仅仅用一次刑，最好两次，然后根据其口供内容作审判"。最后表态的尊敬的神甫党迪努斯也要求"针对三位一体这一主要罪状用刑，如果回答不令人满意的话"，则可建议"把他交给俗权"。

特别神圣的教皇克雷蒙八世听了尊敬的神甫、高级教士、神学博士和法律博士们的决议后，断然做出了决定：他命令对于布鲁诺已经承认的方面要确定其悔罪的期限，同时研究其忏悔内容及证人的证词，最后重新呈递起诉书。

这样这一悲剧又将继续下去，这一缓慢的程序是表演中所需要的，因为为了宣判必须有一个调查的样子。补充材料进一步证实了这些尊敬的怀着残酷意图的神甫和高级教士们的失败，在八年的拘留和诉讼之后，他们没有成功地征服这位哲学家。独尊的教皇陛下命令继续调查。乔尔丹诺像1593年3月那样被审问了吗？从来没有人提起这点。法庭显得很有自信，在那次险恶的碰头会之后的一个星期内被告已经折服。诺兰人也许该承认他的"过错"。他再一次给教皇写了一篇80页的辩护诉状。离跪在圣玛利亚-密涅瓦教堂否认自己所有成果的日子只剩下40天了。不少重要的推断都令人想到在诉讼的这一阶段他们使用了刑法。实施刑法在这一类案件里是一件习以为常的事情。《宗教裁判所法官手册》的使用"规定"并不含糊：对在其回答中动摇不定、时而肯定时而又否定，同时又否认最重要的控告要点的被告施以刑法。布鲁诺否认主要的指控，对诽谤之词提出争议。对名誉不好的被告施以刑法，即使他只有一个控方证人。布鲁诺有好几个证人。对已有几个形迹成立的名誉不好的被告施以刑法。布鲁诺有所有自己的著作为控方作证。对可耻的神甫加以刑法。宗教裁判所的尊敬的神甫和高级教士们评价他"有罪"和"可耻"。

12月21日，新的戏剧性变化：布鲁诺宣布他"不愿悔悟，他没有什么可悔悟，他没有悔悟的原因，他不知道他应该悔悟什么"。

与其否认自己，他选择了死。

所有为了"向他表明其盲目及其错误理论"的努力皆是徒劳。他已经决定由他自己来结束这个冗长的悲喜剧，以及，做最后一次努力，最后一次"英雄式的疯狂"，来拒绝把胜利交给他的敌人。他不期待克雷芒八世这个异端分子屠杀者的丝毫恩惠和柏拉尔曼的丝毫宽容。他知道在不到三年前，那位可怜的幻想家朴西与其不幸的同伴色拉菲尼是怎样在悔悟后被烧死在鲜花广场上的。然而，朴西曾向教皇陛下献过一部著作，向柏拉尔曼献过另一部……诺兰人不允许自己公开演出这幕发誓弃绝的喜剧，因而给予他们这一极度的满意，即使可以以此为代价交换到一个温柔一些的死，即在上柴堆之前被砍首，监禁这一缓慢死的可怕酷刑，哲学家已经经历得够长的了。

一月份一到，他们又交给他一份材料，他不同意。1600年2月9日，他们把他带出监狱，让他来到玛德如兹枢机主教那沃纳的家里面对一群被邀请的观众听宣判。布鲁诺被判贬黜和交给罗马政府在公共广场上处以火刑。听完宣判后，诺兰人抬起头，凝视着法官们的眼睛说：

"你们这些宣判对我的判决的人，也许比承受这一判决的我有更多的惧怕。"

他的书籍被列入禁书的行列。判决书的原件今天已消失，只有通过交给政府的一个复印件可以了解原判决书的大概内容：

> "我们宣判和宣布，你，多明我会乔尔丹诺·布鲁诺兄弟，是一个不忏悔的和顽固不化的异端分子，为此，你落入了所有为像你这样不忏悔和顽固不化的异端分子所制定的宗教审查、圣经正典刑罚、普通和特殊宪法和法律的制裁。现在，我们向你传达你被贬黜，而且，我们宣布你应该被贬黜……出教会里所有重要的和次要的级别，你应该被驱逐出我们神圣的和圣洁的教会，因为你不配……。你应该被交给俗法……。而且，我们宣判、否认和禁止你的所有书籍和文字，因为它们是异端的和错误的，它们包括很多的异端思想。我们命令在圣皮埃尔广场上的阶梯前面烧毁所有现在教廷圣职部手中掌握的，以及后来可能得到的你的书籍，因此，它们被列入禁书……"

这一唯一有关判决的文件丝毫没有对被指控的诺兰人异端思想做出解释。但是大家知道有 34 条指控他的主要罪状被保留了下来，其中的一条是肯定众多世界的存在（第 7 条主要罪状）。烧毁其书籍这一事实则让人明白了教廷圣职部谴责的是他的新哲学。一个世纪之后，一位耶稣会会士基戈斯①提及了各种天文学理论，确认布鲁诺被判处"火刑""是因为支持了一不得体的理论"。②

---

① 基戈斯，《La Sfera geografica-celeste》，罗马，1700 年。
② 法兰西学院院士达涅勒-郝帕斯认为，"对乔尔丹诺·布鲁诺的宣判有充分的理由"，《改革和文艺复兴时的教会》，卷Ⅱ，第 397 页，法亚出版社，1955 年。

## "你将是一团炽烈的火"

### 哲学家乔尔丹诺·布鲁诺如何面对火刑？

在托尔·迪·诺那，当司法大臣们出现在囚室门口时，布鲁诺保持着沉默。从破晓起，他便重复着这几句话："把我身上有的神性的东西带给宇宙中有的神性的东西……不要感觉……漠然，就像雷古鲁斯藐视刑桶，卢克来修藐视匕首，苏格拉底藐视毒药，阿那克萨哥拉藐视石臼，斯卡沃拉藐视火，考克雷斯藐视台伯河漩涡以及其他勇敢的人藐视其它的在最残酷的刑法中用以恐吓常人和胆小者所使用的工具和物件……坚强地承受……"他拥有理性的力量，这点他知道。他保持着安静。他的灵魂将与宇宙里的神会合。但是这段旅程将是怎样的呢？到极限时他还会有气力保住自己的尊严吗？最残酷的念头恐怖地袭向他：知道在太阳倾斜之前他的眼睛将化为灰烬。他的喉咙打结。他的身体的重量让他恶心。即使到了极限，也必须支持住，不后悔，不给他们赠送一个悔悟的和不尊严的死。他的名字应该留在所有人的记忆里。

政府的派遣官员把他唤回到了现实中，于是他机械地穿上形似无袖法衣并饰有火焰、魔鬼和一个圣安德烈十字的浸硫衬衣。他的刽子手们与他想得一样的一点是，他的死是为了作典范，不同的是另一个意义上的典范。

他应该在这个时候死，没有再见诺拉祝圣过的天、朋友、甚至躲在密云后面的太阳，这一残忍的念头从其内心的最深处像钳子一样紧紧地夹着他，他悄悄地呻吟着。他再次对自己悄悄地说："为了把我身上有的神圣的东西带给宇宙中有的神圣的东西，我做最后的一次努力"，这是伟大的普罗丁的临终留言，他曾经是教会神甫们的模范。

火已经点着了，可以看到火把的微光在墙上及天花板上舞蹈。乔尔丹诺想到他自己的一个预言时，双唇动了一下，就像是为了启动内心里的一个微笑："如果上帝触摸了你，你就将变成一团炽烈的火。""他在触摸我"，他喃喃地说。他们在那儿，执火焰的人和歌手们，石头上暗玫瑰色和黄色的微光让他这样猜测。他想他没有惧怕。他要走了，对自己如此完成的并已播种的一生感到满意。

很长时间以来他必须排除来自忏悔神甫们的可鄙的压力。一个被指派完成到场参观这一微妙使命的德考拉脱兄弟回忆道：

> "这个不悔悟的异端分子诺拉兄弟，曾被我们的兄弟以所有尽可能有的慈悲规劝；他们曾请来了两位圣多明我会神甫，两位耶稣会神甫，两位新教会神甫，一位圣哲罗姆的神甫，他们皆以很多的感情和很多的理论向他证明了他的错误；他最终守在他的可诅咒的顽固不化里，在他的脑子里和他的灵魂里有上千种错误和自负在转圈；他执迷不悟直至被押到鲜花广场上。"

人群拥挤着看火炬手和穿着火衣的将下地狱的人经过，唱连祷的以及规劝他放弃其愚蠢顽固态度的教会兄弟们围绕着他。这真是一行漂亮极了的队伍。一阵长长的好奇的和惊惧的窃窃评论声跟随着这个从他们面前经过的面色苍白的男人。人们并不议论他的男性举止，他似乎对朝着柴堆和地狱的前进麻木不仁，对于他的血将在脑壳里沸腾、他的心将在胸中燃烧和爆裂、他的脏腑将很快成为一堆暗红色的燃烧殆尽的肉瓣和肉酱、他的眼睛将像正在融化的玻璃球一样冒出火焰的念头似乎也无动于衷。人们不会懂得这种安静。在鲜花广场上，各种人组成的人群等待这一残忍的时刻已经很久，在这个大杂烩一样的人群里有为了得到一点宽大而来的人、好奇的人、绝望的人、可怜的人、流浪的人、暴风雨中幸免遇难的人、无用和萎靡不振的人、做贼的人、各种行骗的人以及做小生意的人，还有儿童、富人甚至耶稣教徒和路过罗马的符腾堡王子殿下。柴堆竖在广场的中央，离泰日那喷泉不远，从这个喷泉里曾喷出到附近的剧院里去战斗的角斗士们的喊声："我们这些去死的人向你致敬，凯撒！"现在，这里耸立着布鲁诺的塑像，上面扎印着这几个字："这里，在这个柴堆燃烧的地方，岁月将记着他。"

人群中有人朝着他的脸吐唾沫，不耐烦的人现在喊让他死，其他的人则为他请求临终涂油礼。人们在等待这场大剧目中骚动着。在刑场围栏里的乔尔丹诺这时感觉到在人群的哄闹声里有了更多的恐惧和反感的基调。这个广场其实是个恶棍们聚会的场所，他们现在充斥于广场及其邻近的街道，汇聚在窗口和阁楼上，有的被身穿紧身胸甲和执槊的士兵所遏制。鲜花广场！不如说是一个火花广场，一个向日葵脑袋的广场，一个束薪广场或一个散发着干树叶以及好树香气的广场……

布鲁诺想着一个在蜡烛边飞旋的蝴蝶，想着苏格拉底和阿那克萨哥拉。为了待在自己的最深处，他闭上眼睑，然而他的身体这时却禁不住地颤抖着，因为 2830 天的囚禁和煎熬使它变得十分的虚弱。

他想不应该这样死，像一只雏鸡。这是不可能的……在最后的一刻，神意将让这布满乌云的阴沉沉的天穹破裂，落下的水柱将淹没一切，第一批火舌将被风吹向这个人群，在雷电之下，他们溃逃、恐慌……这是不可能的，他不相信奇迹。他固执地凝视着这个天空，是为了更好地向他们表明他不惧怕。他们已经捆上了他的双手，并把他系在了木桩上。他们可以支配他的身体。但是他们没有能够战胜他的思想和征服他的灵魂。他们是永远的战败者。

他听不见鼓声。

他忍受着可怕的干渴，但是他什么也不说。他不想接受那个含醋的海绵。

一切都进行得很快。他们脱下他的衬衣，然后粗暴地把他赤裸裸地系在木桩上，就在他们用一个木爵子堵他的口之前，他清清楚楚地说："一个人越是有智慧，就越是被人愚弄。"

他记得曾经写过："愿至高无上的恩泽朝着我在其中死去的那个火焰投去几许没有怒火的目光……它限制燃烧我的火焰的烈度吗？……我是从多么久远的昔日就已经辨认出燃烧我的火焰的火光……但愿我的影子有用，但愿我的灰也燃烧……"

他是那么地热爱生活……他还很乐意向他们说话……向这些亲爱的基督的小孩子们……

当最先的火舌舔他的皮肤时，他有力量不让自己喊出来，有力量转过脸去，不看被呈在他眼前的十字架。几个在场的人后来说他们听见了一声喊。

他是否在说："父亲，你看不见我正在燃烧吗？"

兄弟们没有停止唱歌，为了陪伴这个他们相信是犯了最可怕重罪之中的最大和最严重罪行的有罪的男人。

布鲁诺还没有52岁，他的创作生涯被中止于45岁。

他刚刚，作为哲学家，进入了历史。在应教皇教廷邀请于1600年2月17日这一天到鲜花广场的人当中，有一个叫思科皮尤斯的，最近归顺天主教的原耶稣教徒。他在目睹了这场泰然自若的死后，当晚给友人热泰尔索森写了一封长信：

"今天给我提供了一个给你写信的新理由：在鲜花广场

上，庞培剧院前面，乔尔丹诺·布鲁诺刚刚因异端被活活当众烧死。假如您这时在罗马的话，大多数意大利人会向您说刚刚烧死了一个路德派信徒，这也许证实了您原有的认为我们残酷的想法。但是您应该知道一点，我亲爱的热泰尔索森，我们意大利人没有学习如何辨认各种不同的异端分子，他们把任何一个异端分子都叫作路德派教徒，而我祈祷上帝把他们保持在这种简单之中，永远不知道异端与其它东西之间的区别……

如果我没有出席宗教裁判所对他的宣判，因而知道他是一个怎样有罪的异端分子的话，根据一般的传言，我自己也许也会相信这个布鲁诺是因为信路德教而被烧死……。要对所有他在其书中或者在其讲演中发表的极端可怕的东西做出完整的评论是不大可能的。总而言之，我觉得，他所坚持的不是一个我们所知道的异教哲学家的、或者过去或者现代异端分子的错误。在威尼斯，他最终落入宗教裁判所手中，在那里被拘留了很长一段时间后，他被送到了罗马，经过教廷圣职部审讯了几次后，他被第一批神学家们说服，他们先给了他40天进行思考，他保证作公开弃绝。然而后来他却重又开始为其疯狂的思想作辩护，然后他又请求另一个40天的期限用来思考，最后，他只想寻求蒙混教皇和宗教裁判所。结果是，在被拘留两年后，去年2月9日，在宗教裁判所大法官的府上，当着教廷圣职部的特别杰出的枢机主教们的面（他们的年龄、实践经验和对法律及神学的知识都属于第一），当着神学家顾问以及世俗执政官市长的面，布鲁诺被带入宗教裁判所大厅，在那里他跪着听了对他的宣判。在宣判书里有对其生活、研究和主张的描述，以及为了让他皈依宗教裁判所所投入的热忱，他们兄弟式的劝诫，以及他所表现出的顽固蔑视宗教的言行。因此他被判贬黜和开除教籍，将被交给俗权，他们还祈祷对他做宽大和不留血的处罚。对这一切，布鲁诺只以这一句威胁性的话作答：'你们刚刚拿来的判决书给你们所带来的慌乱比我听到它时所感到的也许要更多。'于是地方执政官的护卫把他带到了监狱：在那里，他们继续努力让他弃绝他的错误，这仍旧是徒劳。于是今天，他们把他带上了柴堆。当他们让他看十字架上的救世主时，他推开了他，表情野蛮和蔑视。这个不幸的人在火焰中死去，我想他将到他想象的其它的世界里去叙述罗马人如何有这一对待那些蔑视宗教和亵渎宗教的人的习惯。我亲爱的朋友，在我们这里，就是以这样的方式来对待这种人，不如说，这种类型的恶魔……"

行政部门向斯道纳主教颁发了两枚盾形文章，以奖励他贬黜了异端分子布鲁诺兄弟。

这一年，在伦敦的一个舞台上，哈姆雷特朗诵道："请向我描述这个会控制感情的男人，我要把他放在我的心上。"

后来，1603 年 8 月 7 日，梵蒂冈圣宫监督官博拉歇兰斯命令将所有布鲁诺的书籍列入禁书目录。

1605 年，威尼斯督治在尊贵的共和国与罗马之间的冲突表现得最尖锐时向他们发出这样的声明："是你们在讲异端，然而你们从来都没有证明什么。现在我第一次也是最后一次请求你们了解这一点：直至现在，我们一直是以语言答复你们的行动，然而从今以后，我们将同时以语言和行动答复你们。"对于诺兰人来说这些话来的太晚了，一个威尼斯本堂神甫从中似乎得出了一个这样的教训："我的结论是，被开除教籍 30 年比被火烧半小时的不适要少得多，因为王子们绥靖，活着的人享受着和解的益处，但是被烧死的人则被排除之外。"

# 理性定律


为何罗伯尔·柏拉尔曼想象他以力量战胜了
这颗"骄傲的脑袋"是自欺欺人？

死刑十年以后，1610年3月的一天，在德国南方施泰尔马克省姆尔河畔的格拉兹小城，枢密院顾问沃肯费尔斯在开普勒宅前停下他的四轮华丽马车，然后向这位著名的皇家数学家打了一个手势。最近宫廷里正在对伽利略的一个不可思议的发现议论纷纷，他想听听他的见解。大家都在说，通过一个装着两片透镜的管子，即一个望远镜，帕多瓦数学家看到了四个新的行星。它们是不是一颗恒星的卫星呢？那么，正如顾问正在想到的，乔尔丹诺·布鲁诺也许有道理，或许是其它行星周围的月亮？……

这天，这两位男人，一位站在门槛上，另一位胳膊肘在车门上[①]，长时间地讨论着这些天文学问题。他们说起了布鲁诺……假如他能听到他们的谈话，在这里找到了几颗播下的种子，聊以补偿他所有的努力，他就该是最幸福的哲学家了。

开普勒拒绝多元世界理论以及布鲁诺的无限主义的视野，但是他对他所取得的成果抱有最大的尊重。几年之后，他给伽利略写了一封信，专门对他说："不应该忘记我们所有的人都是多亏了布鲁诺，今

---

① 开普勒在其论《今日诀》（Dissertatio cumnuncio sidereo）中这样叙述。

天我们之所以能够进行这些研究，仍然是多亏了他。"几天之后，伽利略在其《天上的使者》这本题名非常漂亮的书中确认了其对天体的观察结果，开普勒惊讶地看到书中竟没有提到诺兰人的名字。4月15日，开普勒的好友哈斯达勒给伽利略写信告知这件事情，而他则对这一批评装聋作哑。伽利略并不感到自己十分地自由，他有很好的理由保持缄默，他惧怕最糟糕的事情发生。

第二年，1611年6月11日，柏拉尔曼在耶稣会曾问道："你们认为地球围绕着太阳转动吗？"对犯了错误的伽利略的预审将不会拖延。柏拉尔曼四年之后在写给火热支持哥白尼学说的弗斯卡利尼兄弟的一封信中作了一个漂亮的二难推理：

"想证明太阳处在我们宇宙的中心，并且，它只以其自身的轴为中心而旋转，并且，它不自东走向西，以及，地球处在第三重天上，并且它以最大的速度围绕着太阳运转这些事实，是一件特别危险的事情，这不仅会煽动起所有的哲学家和神学家，而且，在与圣经唱反调的同时，会损害我们的信仰。"

哥白尼的著作于1616年被列入禁书目录，同时还有诸如祖尼卡以及弗斯卡利尼等神学家的著作，他们捍卫受到日心说影响的"圣经"学。伽利略在2月16日被召唤到梵蒂冈听第一次警告。17年以后，在经历了一个在各点都与布鲁诺的案子相似的审理过程后，他被判刑……

如此在思想的发展史上，布鲁诺的名字被长时期地隐没了起来。
1626年，在其生命即将停止的征兆——举目维艰、气息时时地中断、双唇微颤——促使他喃喃地说出最后的遗愿时，罗伯尔·柏拉尔曼年近80了。他将其一半的灵魂遗留给圣母玛丽亚，另一半遗留给耶稣基督。

在场的人叙述说，他是如此地耐心以至于接受苍蝇和其它上帝的小虫子在他褶皱的脸上来来去去。他忍受它们，并且说除了能够自由地飞翔和自由地停留在它们觉得好的地方以外它们没有其它的天堂。当他感到自己的力气离他而去的时候，医生们便在他身上放了一些水蛭。他断了气，于是大家看见其亲朋好友争着要他的血，因为，他们在他身上看见了一个真正的圣人。他被葬在了罗马圣依纳爵教堂里的科学与宗教塑像中间。他带走了相当一部分的关于乔尔丹诺·布鲁诺案子的秘密。在其墓碑身上，凹版雕刻的碑文述说这位枢机主教保存了洗礼后的纯洁状态和童贞，从来没有说过谎言；以及以下两个日期：1542-1621年；碑额上则是这样一句自负的谎言："我以力量折服了那颗骄傲的脑袋"。

"那颗骄傲的脑袋"事实上不可避免地有了许多弟子。开普勒受益于布鲁诺的是一个研究方向——这一点比某些关于宇宙的明确的解释更为重要，以及布鲁诺给予日心说的惊人的肯定，因而为他后来确定天体运动的三项基本定律以及开创现代天文学提供了前提条件。除此以外诺兰人还为他配备了一样独一无二的财富：理性定律。

笛卡尔也读和思索布鲁诺，斯宾诺莎从中受到的启发也甚多，还有托兰德、莱布尼兹、谢林等等……他们围绕着这颗黑色太阳运转，所有的人都以或多或少的诚实态度，从这幢三个世纪以前建筑的震惊世界的哲学-神学大厦中汲取好处。

通过诺森伯兰英语社团、黑尔、赖特、西拉诺·德·贝尔热拉克、丰特奈尔……世界多元性这一布鲁诺的思想繁荣昌盛起来，最终成为宇宙科学中一个严肃的待解之谜。

这样，诺兰的哲学家在火的另一边又继续存在了。但是他太孤独了。制造论战，大肆攻击陈旧思想和落后于时代的信仰和习惯，有过于炽热的英雄之爱和不妥协的革新思想，一句话，他过于妨碍别人打盹以至于在死后仍不能免遭石击。我们不见就在今天仍有某些"平脚板"和"朱庇特语法专家"——他曾经如此勇敢地与他们战斗——的后代为了让他更好地待在一边,给他贴上了"小丑"、"小生性的伽利略原型"、"宗派创始人"、"失败的先驱者"、甚至"有宗教幻象者"或"疯子"这些恶意的标签吗?

疯子不是他,而是这个怒不可遏的世纪,是这个按照"上帝的选民和入地狱的人、异端分子和思想正统的人"的原则被分为两部分的世界,在这个世纪和世界里,他以少有的美德来反对教会和宗派之间的愚蠢混战,他们互相厮杀,嘴上念着同样的咒语,都认为自己拥有了至高无上的和永恒不变的**真理**,都对其他人怀着熄灭不了的仇恨。在他的这"另一生",即我们的这一生,他仍旧要说话。直至今天,有关其著作及其人的长期的争论,印证了关于生存如何面临未知事物这一基本问题的争论。

1931年,罗伯尔·柏拉尔曼在被列入真福品后又被追认为世界教会博士,这件事情表明了事实上在教会内部至今仍旧存在着同样的压力,就好像科学在向神秘的自然发起进攻时,不可避免地同时把信仰置于了危险的境地,就好像科学本身就是一个卓越的异端分子。

罗马教廷圣职部的前身罗马理论教义圣部部长拉经格枢机主教认为,天主教和科学之间离异的可能性是当前的一个"最严重的"问题。[①] 曾有一个教皇认为学者们不应该过问宇宙的最初时期的事情,即"上帝创造世界的时期"的事情,继这一忠告之后,英国天文物理学家斯蒂芬·霍金补充说"他不想分享伽利略的命运"。

过去的一个政权对乔尔丹诺·布鲁诺的惧怕,这一延续至今并超出了所谓"宗教"世界范畴的惧怕,难道不是对刚刚破壳而出的新思想的惧怕吗?

---

① 《世界报》(*Le monde*),1987,4月2日。

图书在版编目（CIP）数据

逃亡与异端：布鲁诺传/(法)让·昊西著；王伟译. —
北京：商务印书馆，2014
（世界名人传记丛书）
ISBN 978 - 7 - 100 - 10375 - 6

Ⅰ.①逃… Ⅱ.①昊… ②王… Ⅲ.①布鲁诺，
G.(1548～1600)—传记 Ⅳ.①B503.923

中国版本图书馆 CIP 数据核字（2013）第 252225 号

所有权利保留。

未经许可，不得以任何方式使用。

世界名人传记丛书

逃亡与异端
——布鲁诺传

〔法〕让·昊西 著
王伟 译

商务印书馆出版
（北京王府井大街36号 邮政编码 100710）
商务印书馆发行
北京瑞古冠中印刷厂印刷
ISBN 978 - 7 - 100 - 10375 - 6

2014年6月第1版　　开本 787×960　1/16
2014年6月北京第1次印刷　印张 15¾
定价：40.00元